Tudo para entrar no Guinness

Tudo para entrar no Guinness
A jornada de um homem para entrar no livro dos recordes

Larry Olmsted

Tradução:
Alexandre Martins

Ediouro

Título original
Getting into Guinness

Copyright © 2008, Larry Olmsted
Copyright da tradução © 2010, Ediouro Publicações Ltda.

Capa e projeto gráfico
Priscila Cardoso

Diagramação
Filigrana

Copidesque
Flávia Midori

Revisão
Letícia Féres
Juliana Souza

CIP-BRASIL. CATALOGAÇÃO NA FONTE
SINDICATO NACIONAL DOS EDITORES DE LIVROS, RJ

O61t

Olmsted, Larry
 Tudo para entrar no Guinness: a jornada de um homem para entrar no livro dos recordes / Larry Olmsted; tradução de Alexandre Martins. – Rio de Janeiro: Ediouro, 2010.

 Tradução de: Getting into Guinness
 Inclui índice
 ISBN 978-85-00-02678-2

 1. Curiosidades e maravilhas – Anuários – História. 2. Recordes mundiais – Anuários – História. I. Título.

10-2174.   CDD: 031.02
                                     CDU: 030

Texto estabelecido segundo o Acordo Ortográfico da Língua Portuguesa de 1990, em vigor no Brasil desde 2009.

Todos os direitos reservados à Ediouro Publicações Ltda.
Rua Nova Jerusalém, 345 – Bonsucesso
Rio de Janeiro – RJ – CEP: 21042-235
Tel.: (21) 3882-8200 Fax: (21) 3882-8212 / 3882-8313
www.ediouro.com.br

Para Allison, Armstrong, Stretch e Sundance
Muitos motivos, muitos anos, muito amor

Adrian Hilton recitou as Obras Completas de Shakespeare *ininterruptamente, ficando cinco dias sem dormir para ter o reconhecimento do Guinness. Em um momento difícil de sua vida, Hilton disse ter ouvido de um amigo: "Adrian, se você desistir agora, é porque não foi feito do material certo."*
INVESTOR'S BUSINESS DAILY, 30 DE MARÇO DE 2007

Sumário

Nota do autor	11
Introdução	15
1. Conheça Ashrita, o recordista de Deus	21
2. O maior recorde de todos: pássaros, castores, cerveja e a pergunta impossível de sir Hugh	45
3. Entrar para o Guinness se torna uma questão pessoal	63
4. Guinnesporte: entrar para o Guinness chega ao horário nobre	75
5. Quinze minutos de fama	107
6. Setenta e duas horas no inferno: voltando ao Guinness	125
7. O queijo não está sozinho: comida gigante e o Guinness	143
8. Recordes globais	157
9. O lado negro: os recordes Guinness do mal	169
Epílogo	187
Apêndice 1: As histórias dos meus recordes preferidos	195
Apêndice 2: O longo caminho rumo ao Guinness: uma ode ao esforço	205
Apêndice 3: Então você quer ser um recordista?	211
Apêndice 4: Linha do tempo da quebra de recordes	219
Agradecimentos	223
Notas	225
Índice	239

NOTA DO AUTOR

Guinness World Records é o nome do livro que se tornou o maior best-seller do mundo de todos os tempos, publicado pela Guinness World Records Ltd., uma empresa de Londres. Porém, tanto o título do livro quanto sua propriedade mudaram várias vezes ao longo de sua história. Para tornar as coisas menos confusas, ofereço a breve explicação a seguir.

O livro, originalmente intitulado *The Guinness Book of Records* [O livro Guinness dos recordes], foi lançado em 1955 pela Superlatives Ltd., uma subsidiária de propriedade da Arthur Guinness & Sons, a gigantesca empresa que também produzia a cerveja Guinness Stout. A Superlatives Ltd. depois passou a ser conhecida como Guinness Publishing, e a empresa-mãe, como Guinness PLC. A Guinness PLC hoje é parte do conglomerado multinacional de cervejas, vinhos e destilados Diageo PLC. Em 1999, a Guinness Publishing adotou seu atual nome, Guinness World Records Ltd., foi vendida, revendida e atualmente não está de modo algum ligada à cervejaria ou ao Diageo, a não ser pelo uso da palavra "Guinness" na cerveja e no livro.

Quando lançado nos Estados Unidos, o livro foi por um breve período intitulado *The Guinness Book of Superlatives* [O livro Guinness dos maiores], depois rapidamente ganhou uma capa com o título *Superlatives Book of World Records* [O livro dos maiores recordes mundiais], para logo voltar a ser *The Guinness Book of Records*, e a seguir *The Guinness Book of World Records* [O livro Guinness dos recordes mundiais], que acredito ser seu título mais conhecido e usado e pelo qual seus muitos admiradores o chamam hoje. Para confundir ainda mais, por mais de vinte anos a versão americana foi produzida e distribuída, sob licença, pela Sterling Publishing de Nova York, mas hoje é produzida e controlada exclusivamente pela Guinness World Records Ltd. As edições americana e inglesa serão citadas indiscriminadamente ao longo deste trabalho, embora com frequência tenha havido pequenas diferenças entre ambas no mesmo ano — além de alguns recordes serem reconhecidos apenas por uma versão ou por outra.

Uso, neste livro, o título original, *The Guinness Book of Records*, o atual, *Guinness World Records*, e o intermediário, *The Guinness Book of World Records*. Utilizo ainda as expressões simplificadas "livro Guinness", "livro dos recordes" e até "O Livro" para me referir a ele. Assim, para descrever os recordes propriamente ditos — oficialmente chamados de "Recordes Mundiais Guinness" —, alternadamente me refiro a recordes Guinness, Recordes Mundiais Guinness, recordes, recordes mundiais ou Recorde Mundial Guinness, e identifico as pessoas como recordistas, recordistas mundiais ou recordistas mundiais Guinness, entre outras possibilidades.

Como hoje a empresa, o livro e os recordes têm praticamente o mesmo nome, uso *Guinness World Records* em itálico quando me refiro ao livro e deixo Guinness World Records em redondo ao me referir à empresa e a seus editores, seus funcionários, suas políticas e outros produtos. Da mesma forma, a criadora do livro é identificada alternadamente como Arthur Guinness & Sons, Guinness PLC ou simplesmente Guinness, além de "a cervejaria".

Finalmente, as expressões "entrando para o Guinness", "entrar para o Guinness" e suas variações sempre são atribuídas a uma tentativa de quebrar ou estabelecer um recorde com o reconhecimento da Guinness Records Ltd. e do *Guinness World Records*, com a intenção de conseguir um certificado oficial, ser publicado no livro e/ou ser incluído na base de dados da empresa. Embora já não haja relação alguma entre a cervejaria e a publicação, eu gostaria de acrescentar que a cerveja *stout* continua excelente após todos esses anos, e várias foram consumidas por mim, à escrivaninha, enquanto escrevia estas páginas.

LSO, novembro de 2007

Durante minha pesquisa para *Tudo para entrar no Guinness,* consultei um enorme número de fontes impressas sobre as origens e o desenvolvimento dos Recordes Mundiais Guinness e entrevistei muitos dos mais impressionantes recordistas mundiais Guinness. Somando esta pesquisa às minhas próprias experiências como fã e como detentor de dois recordes, tentei contar a fascinante história de cinquenta anos dos Recordes Mundiais Guinness do ponto de vista do recordista (ou aspirante a recordista) que estuda uma empresa que o encanta desde a infância. Este livro não é uma história oficial dos Recordes Mundiais Guinness, não foi financiado, endossado, autorizado nem de modo algum apoiado pela Guinness World Records. De fato, a Guinness World Records poderá em algum momento publicar um livro deste tipo, e, com o grande arquivo que tem, estou certo de que seria fascinante.

Introdução

13 DE JUNHO DE 2004, FOXWOODS CASINO, LEDYARD, CONNECTICUT

Percebi que estava com problemas quando me perdi no caminho de volta do banheiro. Ou, mais precisamente, eu deveria ter percebido que estava com problemas, mas não fiz a ligação de imediato pela mesma razão pela qual fiquei perdido: eu estava enlouquecendo. Ficar perdido em um lugar desconhecido não é algo surpreendente. Ficar perdido olhando para onde você quer ir, a menos de trinta metros de distância, quando você já conhece o caminho, é inteiramente diferente. É meio maluco.

Foi um segurança quem primeiro notou meu problema, talvez ciente do meu semblante confuso e vago. Ou provavelmente ele tenha se alarmado com o que poderia ser definido como sinais de loucura, sinais que ele certamente já tinha visto antes, considerando seu local de trabalho. Afinal, era o Foxwoods, o maior cassino do mundo, uma cidade fechada, um labirinto de bebedeira, mau comportamento e luzes piscando.

— Posso ajudá-lo? — perguntou ele, desconfiado.

— Estou tentando achar a sala de pôquer — gaguejei em resposta, e então o reconhecimento surgiu no rosto dele.

— Ah, você é o cara do recorde mundial! Claro, eu mostro o caminho!

Segui seus passos ansiosos, e, quando estávamos a alguns passos da mesa, meu amigo Joe Kresse veio em minha direção, em pânico.

— Por onde você andou?

— Eu me perdi.

Ele não disse nada. Não tinha o que dizer. Alguém que não consegue andar em linha reta durante trinta segundos até um lugar que se tornara seu segundo lar tem problemas sérios. Naquele momento meu problema mais sério era o sono, ou melhor, a absoluta falta dele. Já tinham se passado quase setenta horas desde que eu dormira pela última vez. Pode não parecer muito até você pensar que significam dois dias e duas noites inteiros, mais uma metade de dia. Tudo isso somado a mais sete horas. Se você estiver lendo isto na noite de domingo, pense em ficar acordado até o meio-dia de quarta-feira. E não terá acabado. Mas estará cansado, confuso e, provavelmente, tendo alucinações. Eu estava.

Tinha começado a jogar pôquer no Foxwoods Casino de Mashuntucket, Connecticut, às 13 horas de quinta-feira, 10 de junho de 2004. Já estava acordado havia mais de seis horas quando comecei a jogar, pois tinha ido a Hartford para aparecer no noticiário matinal da emissora de TV local. Após retornar ao cassino, eu tinha jogado a quinta-feira inteira, depois o dia e a noite de sexta e finalmente todo o sábado. Àquela altura, estava em algum momento por volta de 4 horas da manhã de domingo, e eu estava cansado, mais cansado do que imaginava que alguém pudesse estar. Estava exausto, além de quaisquer limites que conhecera ou concebera, não apenas física, mas mentalmente. Para simplificar, meu cérebro tinha parado de funcionar.

Uma vez fiz um passeio de bicicleta por 24 horas, uma proeza física árdua, incluindo uma noite inteira na floresta. Em muitas das minhas viagens como jornalista, voando da Ásia e para lá, enfrentei *jet lags* severos e privação de sono. Em várias ocasiões voei à noite para a Europa depois de um dia de trabalho, trabalhei outro dia inteiro e até tarde da noite seguinte. Virei noites ao longo da faculdade, e naquela época tive alguma experiência com embriaguez e eventuais substâncias alteradoras da consciência. Mas nada disso era de longe comparável ao estado desconectado em que mergulhei no Foxwoods simplesmente permanecendo acordado. Evitei completamente o álcool, bebi muita água e muito café, mas na 48ª hora comecei a ter distorções visuais e, no momento em que me perdi no caminho de volta do banheiro, eu evoluíra para alucinações totais bem ao estilo miragem no deserto. Eram setenta horas sem dormir e 64 jogando pôquer, faltando apenas mais oito. As 12 horas anteriores tinham sido as piores: cada vez que eu erguia os olhos da mesa, as coisas pareciam bastante diferentes de antes. A sala mudava de tamanho e forma com preocupante frequência, as paredes se expandiam e contraíam, criando alternadamente um espaço tão vasto que parecia infinito e tão pequeno que eu parecia estar jogando cartas na garagem de alguém. O mesmo valia para a mesa e para o que a cercava, que se metamorfoseavam a cada minuto. Em dado momento fiquei absolutamente convencido de que a mesa estava instalada em um mirante branco elevado acima de todas as outras mesas de jogo no piso do cassino. Os jogadores, alguns dos quais estavam ao meu lado havia oito horas ou mais, de repente eram desconhecidos e irreconhecíveis. Olhei para os rostos deles e subitamente me convenci de que eu estava na mesa errada, pois todos e tudo me pareciam estranhos. Em pânico, me levantei e tentei sair, desesperado para ir aonde achava que deveria estar, mas o crupiê pediu que eu ficasse, sabendo que eu estava no lugar certo — ou pelo menos no lugar onde se esperava que estivesse. O lugar realmente ideal provavelmente era um hospital psiquiátrico. Eu achava que não tinha como piorar mentalmente. Mas ainda não tinha chegado ao fundo do poço.

Como havia chegado àquele ponto? Que maluquice me compelira a arriscar minhas saúdes física e mental? Por que eu — ou qualquer um — poderia achar que jogar pôquer dias a fio sem parar era uma boa ideia? A resposta é simples: para estabelecer um Recorde Mundial Guinness.

2005, LONDRES, INGLATERRA, QUINQUAGÉSIMO ANIVERSÁRIO DO GUINNESS WORLD RECORDS

Quando o livro Guinness chegou à marca de meio século, seus editores comemoraram com festas, especiais de TV, eventos de quebra de recordes e uma edição especial da publicação, com uma capa metálica dourada. Meu nome está naquele livro e estará para sempre. Muito adequadamente, isso foi fruto de uma visita à Irlanda em 2003, o berço de tudo ligado ao Guinness: foi uma reportagem de um jornal local que reavivou meu interesse de infância pelo livro dos recordes. Eu conhecia o livro, claro, todo mundo conhece, mas não tinha ideia de que guardava uma história tão rica. O mais impressionante nele era o status único de livro com direitos autorais mais vendido de todos os tempos, com mais de 100 milhões de exemplares em 37 idiomas diferentes. A matéria descrevia um livro que se tornara um fenômeno, criando um império global de entretenimento com programas de TV, centenas de outros livros, uma história em quadrinhos sobre recordes, com ampla distribuição, e uma série de museus pelo mundo. Além disso, os recordes eram reproduzidos em copos de papel, cartões de felicitação, camisetas, e viraram até jogo de tabuleiro. Ainda segundo a matéria, a mania de recordes não dava sinais de se extinguir: todos os anos, como um relógio, o livro vende mais de um milhão de exemplares nos Estados Unidos e 3,5 milhões em todo o mundo, entrando anualmente nas listas de best-sellers nos Estados Unidos e no exterior.

O jornalista freelancer dentro de mim avaliava todos esses desdobramentos. Pensei que certamente valeria a pena escrever sobre tudo aquilo. E valeu. Menos de dois anos depois eu estaria lendo sobre mim mesmo nas páginas do *Guinness World Records*. Mas ainda tinha muito a aprender.

JUNHO DE 2006, HANOVER, NEW HAMPSHIRE

— ELE está no *Guinness Book of World Records*! — diz um conviva ligeiramente bêbado à namorada, em alto e bom som.

Estou em um jantar, e o vinho é servido à vontade. Eu sei o que acontecerá a seguir. Um silêncio vai tomar conta da mesa, e ignorá-lo não será a solução. Não sairei dessa sala sem contar pelo menos uma de minhas empreitadas de recordista Guinness e responder às mesmas perguntas que inevitavelmente se seguem. Você foi pago? Qual era o recorde anterior? Como você fez isso? Por que você fez isso? Como pensou nisso? Por que pôquer? Por que golfe? Por que Austrália? Por que 72 horas? Qual o próximo? Você apareceu na TV? Isso tem alguma coisa a ver com a cerveja?

Pessoas de todas as idades e formações têm uma sede insaciável por todo o universo Guinness, e acabei aprendendo que, quando o tema surge, o gênio sai da lâmpada: gostando ou não, me torno o centro das atenções. O que acontece é que o livro tem o efeito de glorificar todos os seus recordistas, por isso as pessoas ficam tão ansiosas para estar nele. O *Guinness World Records* é uma coletânea de celebridades, pessoas famosas e também paradoxalmente anônimas, que promete a seus leitores mais dedicados um momento ao sol. Oferece a pessoas desconhecidas, como eu, a oportunidade dos 15 minutos de fama e um lampejo da chamada "grandeza", ao ingressar no grupo de atletas de elite, cientistas, líderes mundiais, exploradores e aventureiros que compõe sua longa lista de recordistas. No circuito de coquetéis, um recorde Guinness faz de você uma celebridade instantânea em uma cultura mais obcecada do que nunca pelo mundo das celebridades, e para muitos de nós esse é o único caminho. Posso dizer com certeza que nunca serei o primeiro homem a pisar na Lua, nunca me tornarei o chefe de Estado há mais tempo no poder, o colunista mais publicado em jornais, nem estabelecerei a marca imbatível de maior número de ossos quebrados, maior bilheteria, faturamento no PGA Tour, rebatidas em toda a carreira desportiva ou títulos do Tour de France, mas consegui me juntar a Neil Armstrong, Fidel Castro, Ann Landers, Evel Knievel, Harrison Ford, Tiger Woods, Ty Cobb e Lance Armstrong nas páginas do Guinness. Mas eu estabeleci mais recordes que alguns deles.

Meus recordes são estranhos, excêntricos, provavelmente sem sentido e, comparados com os de meus parceiros, absolutamente mundanos. Quando apresentei a proposta deste livro à minha agente, ela pediu que eu a tornasse mais divertida, me sugeriu escolher meia dúzia de recordes realmente impressionantes que chocassem e/ou arrancassem gargalhadas dos editores interessados em comprar meu trabalho. Surpreendentemente, essa escolha acabou se revelando o componente mais difícil da proposta. Porque selecionar seis Recordes Mundiais Guinness especialmente absurdos é o mesmo que pedir para escolher seis pessoas famosas para ilustrar a história da civilização. Será que a tentativa de uma pessoa de quebrar o recorde por ficar mais tempo vestido com uma armadura — viajando de avião — é mais estranha que a saída inventada por um prefeito espanhol que perdeu na tentativa de criar a maior salsicha do mundo e se dedicou a convencer a equipe do livro a instituir uma categoria especial para o "maior chouriço"? Uma pessoa encher a boca com dez cascavéis venenosas enormes e vivas é mais chocante do que comer um avião inteiro reduzido a pedaços de metal? O que é mais impressionante: deixar crescer a barba mais longa do mundo, que demora anos, ou ter a maior "barba de abelhas", conseguida em minutos por um criador de Ohio, de 68 anos, que usou uma abelha-rainha dentro de uma caixinha presa abaixo do maxilar para atrair impressionantes 17.500 abelhas para seu queixo? Pensando no eterno debate entre quantidade e qualidade, os 14.718 recordistas japoneses que beberam chá juntos superam o maior encontro de pessoas vestidas de gorilas, meros 637 participantes da Great Gorilla Fun Run de Londres? Talvez minha única escolha fácil tenha sido Rudy Horn, da Alemanha, que me conquistou com sua fanfarrice. Para Horn estabelecer o recorde de "maior número de xícaras apanhadas com a cabeça, andando de monociclo", ele jogou seis xícaras e pires — com os pés —, apanhou-os e equilibrou-os na cabeça e, não podemos esquecer, tudo isso andando de monociclo. Mas o estiloso alemão não ficou satisfeito: após conseguir o recorde, os dedos de seus pés enfaticamente acrescentaram uma colher e um torrão de açúcar à coleção em sua cabeça. Se o feito dele fosse o único envolvendo múltiplas habilidades exóticas reunidas em uma combinação aparentemente impossível, minhas escolhas teriam sido fáceis, mas há dezenas, ou centenas, em cada nova edição do livro.

Como se chegou a isso? Como o Guinness, que começou a vida como uma estoica obra acadêmica concebida para ser tão sensual quanto um dicionário ou uma enciclopédia, de repente se tornou, para a surpresa de seus autores, um best-seller galopante e, no final, *o* best-seller galopante de todos os tempos? Como ele passou de almanaque de referência a um ícone cultural interativo para o qual dezenas de milhares de pessoas querem "entrar", dedicando um enorme volume de energia, de tempo, de dinheiro e algumas vezes até mesmo de suas vidas? Por que gerou uma miríade de programas de TV, museus, imitações e subprodutos? Por que é tão universalmente amado, com seu apelo cruzando sem esforço fronteiras linguísticas, religiosas e culturais? Por que o mundo dos recordes é tão fascinante para os leitores e tão obcecante para os recordistas? Essas são as perguntas que me guiaram na jornada pelo mundo do mais famoso livro de recordes e que me colocaram cara a cara com algumas de suas maiores personalidades. Vou dividir com vocês, nas próximas páginas, as respostas que encontrei.

1
Conheça Ashrita, o recordista de Deus

> *Algumas coisas na vida não devem ser explicadas. Ashrita Furman é uma delas. Este homem é um fenômeno atlético cuja habilidade só não é maior que sua imaginação.*
> — JUST FOR THE RECORD (TELEVISÃO AUSTRALIANA)

> *Estou tentando mostrar aos outros que nossa capacidade humana não tem limites se acreditarmos em nós mesmos. Espero que depois de ler isto você se inspire para tentar realizar seus próprios feitos. O acontecimento específico não tem importância desde que dê a você a oportunidade de dançar no limite de sua capacidade. Mas esteja preparado: os benefícios podem ser ao mesmo tempo reveladores e de longo alcance.*
> — ASHRITA FURMAN, EM SEU BLOG NA INTERNET

Para confirmar o velho dito de que "a verdade é mais estranha que a ficção", basta olhar para Ashrita Furman. Se Ashrita não existisse, o pessoal de marketing da Guinness World Records teria de inventá-lo — mas nem mesmo o publicitário mais criativo conseguiria conceber um personagem como ele, que hoje está intimamente ligado ao livro há muito mais tempo que qualquer um dos responsáveis pela publicação. Nos trinta anos que se passaram desde que ele começou a quebrar Recordes Mundiais Guinness, todos os homens que inventaram o livro morreram, editores chegaram e saíram, o próprio Guinness foi comprado, vendido e revendido. Na Era de Ashrita, em meio a todas essas mudanças, a obra se tornou o livro com direitos autorais mais vendido da história e, de acordo com alguns relatos, o segundo livro mais lido de todos os tempos — atrás apenas da Bíblia.

Felizmente para os mais de 110 milhões de leitores que compraram um exemplar do *Guinness World Records*, Ashrita existe, e ninguém nesses cinquenta anos teve maior impacto em suas páginas ou fez mais para divulgá-las do que ele. Furman era apenas um dos milhões de outros pré-adolescentes que compravam o livro todos os anos e durante décadas fizeram dele um best-seller anual do *New York Times*. Como seus colegas, Ashrita estudou suas páginas e examinou imagens que hoje são icônicas para gerações de leitores: fotos dos homens e mulheres mais altos, mais baixos e mais gordos, daqueles com longas barbas, longos bigodes e longas unhas. Como a maioria dos garotos, Ashrita desejava estar em suas páginas, mas, diferentemente dela, realizou esse sonho em proporções épicas. Depois de uma revelação que mudou sua vida, Ashrita colocou sua própria foto no livro em 1979, e não parou desde então: continuou a entrar no Guinness em um ritmo frenético, com feitos cada vez mais bizarros de disposição, força e criatividade. Ashrita Furman é "O Livro" reduzido ao seu limite lógico, se é que essa palavra pode ser usada na mesma frase que *Guinness World Records*, o pai de todos os outros quebradores de recordes. Paradoxalmente, Ashrita começou como um reflexo contemporâneo do livro, como parte de seu público-alvo, e trinta anos depois o livro se tornou um reflexo contemporâneo dele: seu foco se voltou de forma drástica para ele e para aqueles que, como ele, cada vez mais apresentavam recordes inventados, em muitos casos tão difíceis de imaginar quanto de executar. Mais do que qualquer outro, Ashrita ajudou a transformar o *Guinness World Records*, antes um simples livro, em algo em que dezenas de milhares de pessoas lutam para entrar todos os anos. E fez isso com um estilo único e cativante: tomando o fascínio de toda criança pelo livro, somando essa paixão ao fervor de um fanático religioso e salpicando a receita com seu senso de humor e sua habilidade de estrela. Esse homem de voz suave, nascido no Queens, em Nova York, se tornou nada menos que o maior recordista Guinness de todos os tempos.

A despeito de todo o sucesso, ele continua a ser um humilde servo de Deus. "A revista *People* me ligou pedindo para eu entrar na lista dos 50 solteirões mais cobiçados", disse Ashrita, que fez voto de celibato, ao *New York Times*. "Eu disse a eles: 'Só há um problema: eu não namoro.'"

Além disso, o celibatário vegetariano nunca dirigiu um carro (embora tenha um recorde por empurrar um). Viveu no mesmo apartamento, com poucos bens, a maior parte dos últimos trinta anos. Sua coleção de certificados de Recordes Mundiais Guinness — a maior fora da sede da empresa — fica no chão de seu closet, em uma pilha modesta. O único a ser exibido é o centésimo, um certificado especial que o livro fez para ele em homenagem ao feito, o único do tipo já impresso.

"Ashrita é, de longe, o mais prolífico quebrador de recordes", disse Stewart Newport ao *New York Times*. Newport é há tempos o Guardião dos Recordes, nobre título atribuído ao funcionário que melhor protege as regras. Em janeiro de 2008, Furman detinha 72 recordes, sendo o mais recente parte de um esforço coletivo: ele e uma equipe internacional formada por pessoas de 15 países, todos motivados por sua extrema devoção religiosa, passaram duas semanas construindo o maior lápis do mundo. Eles modelaram 18,88 metros cúbicos de madeira e 2.040 quilos de grafite em um instrumento de escrita de 22,5 metros de comprimento e 10,5 toneladas, um anacronismo numa época cada vez mais digital. "Não foi fácil", escreveu Ashrita — não em um legítimo bloco gigantesco, mas em seu blog. "Tivemos de fazer o lápis em escala, ele tinha de se parecer perfeitamente com um lápis normal e ser feito dos mesmos materiais. (...) chegamos até mesmo a fabricar uma borracha de 112,5 quilos." Esses 72 recordes são apenas os que ele ainda detém, mas no total Ashrita estabeleceu ou quebrou 177 Recordes Mundiais Guinness ao longo da vida, muito mais que qualquer outro na história. Na verdade, mais que o dobro: em 2003 ele atingiu um dos seus muitos marcos do Guinness ao ultrapassar o lendário halterofilista peso leve russo Vasily Alekseyev, antigo campeão dos campeões, que tinha estabelecido oitenta recordes em sua impressionante carreira. Para se igualar à marca de Alekseyev, Ashrita demonstrou paciência, disposição e, acima de tudo, estabilidade ao permanecer equilibrado de pé em uma bola de exercícios inflável por duas horas, 16 minutos e dois segundos no místico Stonehenge, na Inglaterra. Pouco depois, entrou em território desconhecido com seu 81º recorde mundial, dessa vez pela mais rápida maratona concluída por alguém que pulava ao percorrer os 42.195 metros em cinco horas e 55 minutos — e de uma forma decididamente infantil. Nos cinco anos que sucederam ao seu 80º recorde, Ashrita permaneceu sozinho em primeiro lugar no mundo dos recordes.

Assim como muitos de seus feitos inacreditáveis, o próprio Ashrita desafia generalizações. Em certo sentido ele lembra um viciado em esqui, a não ser pelo fato de que sua descarga de adrenalina vem de quebrar e estabelecer Recordes Mundiais Guinness. Como o viciado em esqui, Ashrita organizou sua vida e seu trabalho em grande parte em torno do objetivo de quebrar e estabelecer Recordes Mundiais Guinness, e esse entusiasmo o levou não apenas a Stonehenge, mas a todos os cantos do planeta.

Em outro nível, pode-se dizer sinceramente que Ashrita está entre os grandes atletas do mundo. Nas Olimpíadas da Grécia Antiga, o decatlo era o grande acontecimento atlético, e o melhor decatleta, considerado o maior atleta do mundo. Se a superação em dez disciplinas merece tanto respeito, por que não dar o crédito ao melhor em dezenas delas? Ashrita foi chamado de muitas coisas em sua ilustre carreira, mas o único apelido que pegou foi o de "Sr. Versatilidade", o alter ego de super-herói pelo qual ele é conhecido por muitos de seus fãs (sim, ele tem fãs). Mesmo que você descarte algumas das especialidades mais ridículas de Ashrita, como estalar dedos, saltar como sapo e equilibrar ovos, ele tem um número mais que suficiente e impressionante de recordes de força, velocidade e resistência que realmente fazem corar o melhor decatleta. Ashrita sustenta firmemente que, embora alguns de seus recordes possam provocar mais risos do que respeito, todos eles exigem um compromisso com a excelência e uma grande dose de determinação, concentração e preparo físico. Aos 54 anos, quando a maioria dos atletas profissionais já se aposentou, Ashrita ainda joga seu melhor jogo, quebrando recordes em um ritmo impressionante: embolsou mais de três dúzias apenas em 2006, seu melhor ano. Apesar do ritmo frenético nos dois últimos anos, estabelecendo em média um recorde a cada dez dias, a paixão de Ashrita não diminuiu, e segundo ele: "O que eu adoro no livro Guinness é que eu posso folheá-lo e escolher algo que nunca fiz antes, treinar e me tornar o melhor do mundo naquilo."

Qualquer pessoa pode dizer que Ashrita Furman é um homem incrível. A menos que ele esteja vestindo uma de suas muitas camisetas enquanto tenta um novo recorde, não dá para perceber seus músculos retesados. Um tipo comum, ele tem cabelos curtos e usa óculos, não é nem magro nem gordo, mas forte, e, se você tivesse de definir em uma palavra que tipo de atleta ele é, essa palavra seria "ginasta". Ashrita certamente não parece ser o melhor do mundo em nada, quando na verdade é o melhor do mundo em muitas coisas; ele passou a significar o limite máximo daquilo que o *Guinness World Records* tornou possível. É a prova viva da versão Sonho Americano da história do Guinness, que costuma ser muito contada pelo pessoal do livro: se você se esforçar o bastante e se dedicar, tudo é possível. Ele também demonstrou a faceta midiática da quebra de recordes, a de que se você fizer o bastante, estará repetidamente na televisão e nas revistas. Depois de tudo isso, o que ele mais valoriza não são os certificados oficiais empilhados no chão do seu closet, mas seus livros de recordes, com uma página para cada um dos recordes que ele tentou quebrar, ilustrada com suas próprias fotos, juntamente com eventuais cartões-postais e recortes de jornais locais. São mais como álbuns de retratos de uma viagem à Europa no verão do que a principal documentação do objetivo de toda uma vida, e, enquanto ele folheia as páginas ansioso, colocando o livro de cabeça para baixo para me mostrar, começam a fluir as lembranças de várias tentativas e de vários lugares. É uma jornada que hoje se estende por quase trinta anos.

Quase todo recordista em série e devoto do Guinness começou essa história na infância, folheando o livro até que ele ficasse gasto. Furman não é exceção. Nascido Keith Furman no Brooklyn, em Nova York, ele foi criado em uma casa judaica muito religiosa. Seu pai era presidente de uma organização sionista; o jovem Keith ia regularmente à sinagoga e estudou em uma *yeshiva*,* numa época em que se des-

---

* Instituição para o estudo do Torá e do Talmude dentro do judaísmo. (N. do T.)

creveu como "traça de livro", tornando-se o melhor aluno. Em meio aos estudos, encontrou tempo para se apaixonar pelo *Guinness Book of World Records*, pelo menos por tabela. "Eu era fascinado pelo livro", ele me disse, "mas era algo inteiramente teórico. Não me interessava por esportes nem tinha habilidades."
Isso mudou, e nos anos seguintes ele refletiu muito sobre o assunto.

> *O público-alvo do Guinness é formado, imagino, por garotos de 8 a 12 anos, e há diferentes teorias sobre isso. Garotos nessa faixa etária estão tentando encontrar seu lugar no mundo ou algo do gênero, e, seja como for, de certa forma me encaixo nesse padrão. Naquela época eu era apenas fascinado pelo livro. Costumava andar com ele para cima e para baixo, me lembro de tê-lo levado para um acampamento e lido com uma lanterna sob as cobertas. Não apenas pelos recordes, mas pelos lugares exóticos onde eles eram quebrados, como no Taj Mahal e nas pirâmides, que apareciam em todas as partes do livro. Isso também se tornou parte do desafio, de certo modo criando um sonho de não apenas quebrar recordes, mas de fazê-lo em lugares exóticos.*

Como Stonehenge.

O jovem Keith Furman pode ter sido um bom aluno, mas não era atleta nem estava satisfeito com seu lugar no mundo. No ensino médio Furman considerava os esportes "uma completa perda de tempo" e se lembra de ter sido "agredido no primeiro dia de aula por ser tão nerd". O esporte não era o único aspecto de sua juventude que o fazia se sentir deslocado. Apesar de sua criação, Furman nunca se sentiu à vontade com os limites do judaísmo, e sua constante busca por um sentido para a vida o levou a pesquisar sobre a filosofia oriental e a estudar ioga. Isso, por sua vez, acabou levando o adolescente a uma turma de meditação com o guru Sri Chinmoy, que mudou sua vida para sempre.

Até sua morte, no final de 2007, Sri Chinmoy foi o líder espiritual de milhares de devotos por todo o mundo, partilhando não uma religião organizada, mas um conjunto de crenças, o estudo do espírito interior e paradigmas para se levar uma vida correta. Ele tinha um terreno em Jamaica, no Queens, onde tinha sua própria comunidade, um reino em miniatura de seguidores reflexivos, como uma espécie de Chinatown ou Little Italy baseada na fé. Eu me encontrei com Ashrita lá, em um dos muitos restaurantes vegetarianos dos seguidores ou para esses, já que é proibido o consumo de carne. Vários outros negócios ligados ao guru, incluindo uma floricultura e a loja de comida natural administrada por Furman, dão a esses poucos quarteirões uma espiritualidade difusa, surreal.

O caminho de Chinmoy não é uma religião em si, mas uma filosofia que enfatiza o amor a Deus, a meditação diária e o servir ao povo, com uma grande tolerância religiosa e a visão vedanta de que todas as religiões refletem a divindade. Escritor, artista e atleta, Chinmoy ficou famoso por organizar grandes eventos públicos, incluindo concertos e corridas, para demonstrar a paz interior e a harmonia mundial. Nascido Chinmoy Kumar Ghose em 1931, onde hoje é Bangladesh, estudou por vinte anos na Sri Aurobindo Ashram, uma comunidade espiritual na Índia, na qual meditou, se exercitou, escreveu e pintou. Em 1964 ele se mudou para Nova York, e, segundo sua biografia oficial, Chinmoy "considera a aspiração — o anseio incessante do coração por realidades cada vez mais elevadas e profundas — a força espiritual por trás dos grandes avanços em religião, cultura, esporte e ciência". "Nossa meta é ir do brilho ao brilhante e ao mais brilhante ainda, do alto ao mais alto e ao mais alto de todos. E mesmo no mais alto de todos não há um fim para nosso avanço, pois o próprio Deus está dentro de cada um de nós e está a todo momento transcendendo a Sua própria Realidade", disse ele certa vez.

Chinmoy teve um movimentado passado atlético, e, para demonstrar o que o desejo incessante do coração pode conseguir, ao longo da vida embarcou em uma série de feitos guinnessianos, sem os certificados e o reconhecimento oficial. Grande corredor e halterofilista, concluiu muitas maratonas e ultramaratonas e, em 2004, aos 73 anos, quebrou seu próprio recorde levantando 66.119 quilos em um dia. Em 2002 ele levantou mil ovelhas acima da cabeça por seis dias na Nova Zelândia, e na semana seguinte ergueu cem vacas. Em 1998 criou um programa chamado *Lifting Up the World with a Oneness-Heart* [Levantando o mundo com um só coração] para homenagear as pessoas que achava que tinham dado uma contribuição notável ao mundo ou à humanidade. Ao longo dos seis anos seguintes, Chinmoy aplicou literalmente o nome do programa e levantou 7.027 homenageados acima da cabeça — sempre com um só braço. É fácil ver de onde vem a inspiração de Ashrita, não apenas espiritualmente, mas criando extravagantes demonstrações de força. O mestre também organizou uma Corrida da Harmonia Mundial bienal para pregar a paz, um revezamento com cerca de 18 mil quilômetros que passa por oitenta países com o objetivo de produzir boa vontade entre os povos da Terra. Em tal corrida, a tocha de Chinmoy já foi carregada por pessoas como Sting, Carl Lewis, Muhammad Ali, Mikhail Gorbatchev, Nelson Mandela, Madre Teresa de Calcutá e o papa João Paulo II.

Chinmoy também se dedicava à arte e à escrita, e alegou ter concluído mais de 100 mil pinturas em menos de um ano, incluindo mais de 16 mil em apenas um dia. É igualmente responsável por um número incalculável de livros de poemas, ensaios e peças. Para difundir sua mensagem, organizou concertos, palestras e sessões públicas de meditação — como a primeira à qual Ashrita foi —, todos eles eventos gratuitos.

Sri Chinmoy exerceu profunda influência sobre Ashrita, e até hoje, trinta anos após experimentar pela primeira vez a ilimitada capacidade física e espiritual, Furman inicia quase todos os seus comentários com "meu mestre acredita", "meu mestre me mostrou" ou "em homenagem a meu mestre". De fato, a busca por bater Recordes Mundiais Guinness tem sido o meio pelo qual Ashrita divulga a espiritualidade de Chinmoy e chama atenção para sua causa — e tem sido muito bem-sucedido nisso. Ele veste uma camisa de Sri Chinmoy em qualquer tentativa de quebra de recorde e raramente deixa de dar o crédito a seu mestre. Por isso, ele trabalha como gerente de uma loja de alimentos naturais nos domínios de Chinmoy, onde tem grande flexibilidade. Durante anos também fez duplo expediente como administrador de viagens da orquestra de seu guru, organizando excursões e viajando pelo mundo com ela, aproveitando para quebrar recordes pelo caminho, frequentemente nos mesmos lugares exóticos com os quais sonhara quando menino.

Furman se tornou seguidor fiel de Chinmoy pouco depois da primeira meditação com ele, abandonando tanto o judaísmo quanto a Universidade de Colúmbia para buscar a realização espiritual. Em seu site, Ashrita lembra suas primeiras experiências. "Sri Chinmoy mudou radicalmente o modo como eu via as coisas (...). A filosofia de meu mestre — de transcendência pessoal, de superar seus limites e diariamente fazer progressos espirituais, criativos e físicos por intermédio do poder da imaginação — realmente me animou! Contudo, eu estava um pouco inseguro quanto ao aspecto físico em função de meu compromisso de toda a vida com o nerdismo!" Percebendo a relutância de Furman em usar a mente para ampliar os limites do corpo, em 1978 Chinmoy o estimulou a participar de uma corrida de bicicleta de 24 horas pelo Central Park de Nova York. Como Furman me disse: "Foi basicamente um 'apenas participe, você não precisa se sair bem'. Eu estava com vinte e poucos anos e nunca tinha sido atlético na vida, então pensei 'certo, vou participar'." Com 1,75 metro e 75 quilos, sem praticar atividade física, ele tinha poucas expectativas. Não sabia que, movido por uma força interior descoberta durante a corrida, iria completar impressionantes 650 quilômetros, sem treinamento algum, muito mais do que conseguiria a maioria dos ciclistas amadores mais dispostos, mais preparados e com os melhores equipamentos de hoje. De fato, embora Ashrita não soubesse, ele tinha ficado bem perto do Recorde Mundial Guinness de 1978 para 24 horas de ciclismo: apenas 761 quilômetros.

Toda a minha descoberta aconteceu durante aquela prova de ciclismo. Realmente foi uma mudança de vida para mim, e eu aprendi que aquilo não tinha nada a ver com meu corpo. Aprendi que podia usar o corpo como um instrumento, como um modo de expressar meu espírito e também de fazer progressos em outro nível. A ideia de usar a espiritualidade para conseguir isso era absolutamente estranha a mim. Foi uma revolução. Naquele momento em que saltei tropeçando da bicicleta após pedalar por 24 horas, me lembro de ter prometido a mim mesmo que iria quebrar recordes Guinness, porque sempre tinha sido um objetivo quando menino, mas eu nunca achara possível fazer isso. Não para o meu próprio ego, mas para falar às pessoas sobre meditação, e foi assim que tudo começou.

Ashrita não demorou a deixar sua marca no livro: já no seu 11º recorde, estabelecido em 1987, ele ganhou um destaque especial e único na edição de 1988, um título pelo qual se orgulha já que ninguém mais o tem. Seu site reproduz o telegrama original do primeiro editor do livro, Norris McWhirter, parabenizando-o. "ASHRITA FURMAN, DE JAMAICA, NY, ESTABELECEU UM RECORDE DE VERSATILIDADE COM RECORDES GUINNESS EM DEZ CATEGORIAS DISTINTAS. MEUS CALOROSOS PARABÉNS POR SEU 11º RECORDE." Foi o seu decatlo, um feito que não passou despercebido pela imprensa. Em uma matéria intitulada "Em busca de uma espécie de excelência", o *Globe and Mail* do Canadá reconheceu o feito, mas observou: "Por outro lado, resmungam os puristas que esse pode ser o decatlo mais idiota de todos os tempos. De fato, é difícil imaginar alguma situação em que sejam necessárias mais de duas das habilidades do sr. Furman simultaneamente."

A maior parte da imprensa que se dedicou a Ashrita desde então foi mais elogiosa. O *Toronto Star* o chamou de "Rei dos Recordes Mundiais". O *New York Times* o apelidou de "Rei das proezas estranhas pela paz interior". Foi o *Christian Science Monitor* que escolheu "Sr. Versatilidade", o apelido que pegou e que se torna mais preciso ano após ano.

Se há uma coisa que a estranha história do livro demonstra repetidamente é que, não importa quão esquisita seja a façanha, entrar para o Guinness nunca é tão simples quanto parece — mesmo para Ashrita, que, a despeito de ser o melhor, ainda assim fracassa. Como na vez em que um tubarão se chocou contra ele enquanto tentava quebrar seu próprio recorde de malabarismo submerso — com equipamentos de mergulho. Entrar para o Guinness não é uma tarefa fácil, principalmente no início. Apesar de ter descoberto a sua força interior enquanto pedalava no meio da noite e entendia sua missão, durante algum tempo o livro frustrou seus maiores esforços.

Não foi fácil assim. Foram necessárias algumas tentativas e alguns erros antes de conseguir entrar para o Guinness. A primeira tentativa foi no pula-pula, por ser a única coisa em que era realmente bom quando criança. Mas era loucura, porque eu tinha passado por aquela experiência inacreditável com a bicicleta e imaginei: "Certo, eu posso fazer isso de novo sem *treinamento."* Então, alguns meses depois eu encontrei as regras para o pula-pula, arrumei um punhado de pula-pulas, chamei a imprensa e tentei sem treinamento. O recorde era de 100 mil saltos. Era loucura, mas eu tinha tanta fé no sistema, nos cânticos, na visualização, em todas as coisas que tinha feito na bicicleta, que simplesmente comecei, e depois de três horas tudo estava doendo. Eu tinha decidido saltar de pula-pula durante 24 horas porque meu mestre havia feito uma maratona de pintura de 24 horas; queria homenagear isso mostrando minha fé, passando 24 horas lá sem treinamento. Funcionou. Eu fiz. O recorde era de 100 mil saltos em 15 horas, e eu superei isso em apenas 13 horas e meia, depois continuei porque no exato momento em que quebrei o recorde comecei a ouvir gritos, barulhos muito estranhos no parque. Eram os pavões do zoológico do Central Park. Isso me impressionou, já que na mitologia indiana os pavões simbolizam a vitória, e, no exato instante em que consegui, os bichos começaram a gritar. Eles não estavam perto de nós, não havia como terem nos ouvido. Foi uma espécie de momento cósmico. Sentia muita dor, mas continuei pulando.*

Ashrita deu 131 mil saltos naquelas 24 horas, mas os fiscais do recorde o desclassificaram por uma questão técnica. Assim como em muitas longas tentativas, as regras determinavam que o participante tinha direito a um intervalo de descanso de cinco minutos após cada hora. "Como eu havia quebrado o recorde em uma hora e meia a menos que [o] cara antes de mim, por estar saltando muito mais rápido, fiz um intervalo muito maior após ter superado a marca. Eu não sabia direito como as regras eram aplicadas."

A tentativa seguinte também falhou por causa das regras. "Tentei fazer malabarismo. Sri Chinmoy tinha feito 100 mil pinturas, e eu queria, em homenagem a ele, fazer malabarismo com 100 mil arremessos, então fui para a Grand Central Station e comecei a jogar. Passei a noite inteira lá e fiz 100 mil arremessos." Só depois de ter apresentado as provas do feito Ashrita descobriu que não havia uma categoria para malabarismo contínuo — e que o Guinness não queria uma. "Eu ainda não entendia o processo como um todo, ter aprovação antecipada etc., e especialmente naquela época eles eram muito menos abertos a novas categorias. Se você quisesse entrar para o livro, tinha de escolher algo que já estivesse lá."

A terceira vez foi certeira, quando Ashrita tentou polichinelos. "Naquela vez eu me dei conta de que você tem de escolher uma coisa que esteja no livro, tem de treinar para isso, descobrir todas as regras e depois fazer. Então eu fiz", disse ele, que em 1979 concluiu 27 mil saltos. "Percebi imediatamente que queria continuar pulando. Aquilo me encheu de alegria, e realmente achei uma experiência positiva. Você deve lembrar que para mim era novidade usar o corpo para fazer coisas. Eu nunca havia praticado esportes na infância, então era incrível pensar: 'Sou um atleta, posso fazer coisas.' É como uma jornada: não há limites; você pode fazer qualquer coisa se tiver determinação e espiritualidade suficientes." Foi sua terceira tentativa de quebrar um recorde Guinness, o seu primeiro sucesso, e a partir de então ele tinha sido fisgado.

"Acho que a maioria das pessoas fica satisfeita quando consegue um recorde, dois, sei lá. Tem gente que é recordista em série, mas a maioria fica satisfeita com um só e com os 15 minutos de fama que ele lhe garante. Mas para mim a motivação era completamente diferente, pois o que de fato desejava era viver a filosofia de transcendência que Sri Chinmoy ensina. Esse é o segredo e o motivo pelos quais continuei quebrando recordes." Mas o próprio Furman admite que ali havia mais do que paz interior. "Admito que quando vi minha foto pela primeira vez no livro Guinness, junto à da impressionante ginasta Nadia Comaneci, fiquei bastante empolgado."

No curto período que se seguiu, Ashrita mergulhou em uma falsa sensação de segurança com uma série de recordes que hoje estão entre seus mais banais: carregar maca em equipe, bater palmas, criar a coroa de flores mais cara e ultrapassar sua própria marca de polichinelos (33 mil). Ele tinha começado bem, mas apenas em 1983, em seu sétimo recorde mundial, sua impressionante fortaleza atlética iria brilhar, dando início à Época de Ouro de Ashrita.

Equilibrar garrafas de leite não parece tão atraente quanto, digamos, arremessar dardos. Mas, como muitos Recordes Mundiais Guinness, quando o leitor compreende e avalia as regras, começa a dar valor à verdadeira dificuldade. Segundo Ashrita, o equilíbrio de garrafas de leite exige o uso de uma antiquada garrafa de vidro equilibrada na cabeça enquanto a pessoa anda sem parar. Como em muitos recordes de resistência ao estilo maratona, o participante faz intervalos para descansar ou comer, mas nesse caso a garrafa não pode sair de sua cabeça, apenas ser ajeitada duas vezes por hora. No sétimo recorde, Ashrita manteve a garrafa na cabeça durante 38,4 quilômetros de voltas intermináveis pela pista de corrida de uma escola, vestindo, como sempre, uma camiseta de Sri Chinmoy, sem deixar a garrafa de leite escorregar. O próprio Ashrita admite que o recorde, um de seus preferidos, parece divertido, mas na verdade enfrentar esse desafio durante todo esse percurso não é nada engraçado. Com isso, ele subiu o nível dos recordes de resistência mais esquisitos do Guinness, para ele e para os outros. Sua marca foi logo quebrada, e, como muitas de suas especialidades, o equilíbrio de garrafa de leite passou por um período de intensa disputa. Ashrita conseguiu manter esse recorde específico por distâncias cada vez maiores em pelo menos sete vezes diferentes. Quando outros competidores quebram seus recordes, eles estão apenas acordando o gigante adormecido, estimulando-o a levar o limite a um ponto em que seja impossível alcançá-lo, assim firmando seu posto. Esse cabo de guerra de vontades foi avançando pouco a pouco. Ashrita conseguiu equilibrar a garrafa de leite pela distância de uma maratona, 42.195 metros, em 1986, e 52.936 metros, dois anos depois. Mas em 1998 ele levou o equilíbrio de garrafa de leite a um patamar inédito — que permaneceu imbatível por uma década — ao caminhar 130.248 metros com a garrafa de vidro na cabeça. A imensa maioria das pessoas, mesmo atletas amadores bem-preparados, não consegue caminhar tantos quilômetros! "Quando comecei, um palhaço [literalmente, um palhaço de circo] tinha feito isso. O palhaço tinha andado 28,9km, e eu andei 38,6km, depois 41,8km, então alguém andou 48,2km, e outro, 53,1km, e continuou assim, 64,3km, 70,8km, subindo, até eu fazer quase 130,3km; ninguém superou essa distância desde então. É um grande compromisso, e é um processo gradual. Você não sai simplesmente e anda por 23 horas equilibrando uma garrafa de leite. Seria um senhor salto aparecer alguém, sair assim e quebrar esse recorde." O equilíbrio de garrafa de leite é um dos recordes preferidos de Ashrita e também o meu, porque é tão difícil quanto absurdo. É também um dos mais antigos dos mais de setenta recordes que Ashrita detém atualmente, que se manteve inquebrável por dez anos.

O processo competitivo que Ashrita tanto descreve acabou se tornando um preço a ser pago, na medida em que sua fama crescente fez com que seus recordes ficassem cada vez mais cobiçados pelos devotos do *Guinness World Records*. A marca de 38,6 quilômetros foi o momento em que Ashrita se transformou de candidato a recordista improvisado em atleta sério. Ele começou a praticar aeróbica, corrida e fortalecimento muscular, mas percebeu que suas especialidades demandavam treinamentos específicos. Para ser bom em alguma coisa, como em equilíbrio de garrafa de leite por longas distâncias, por exemplo, você tem de praticar — o que com frequência é mais complicado do que parece. É um dos motivos pelos quais ele faz boa parte de seu trabalho na pista de uma escola de ensino médio, sem trânsito ou interferências externas. Em seu site na internet, Ashrita fala da dificuldade de treinar para o recorde da garrafa de leite:

> *As reações que vi enquanto caminhava pelas ruas treinando para este recorde são fantásticas. No Japão, as pessoas fingiam educadamente não haver nada de errado, mas assim que passavam por mim costumavam dar risinhos abafados. Em Nova York, pedestres riam abertamente, aplaudiam, debochavam e até mesmo jogavam pedras para derrubar a garrafa da minha cabeça. Um garoto chegou a usar um estilingue! As reações mais surpreendentes foram em Cancún, no México, andando pelo principal bulevar do bairro turístico. Transeuntes tentavam me assustar para que eu deixasse a garrafa cair... Adolescentes passavam de carro gritando e buzinando. Um camarada criativo se aproximou de mim por trás e latiu como um*

cachorro no meu ouvido! Mas o melhor foi o motorista de ônibus que foi para o meu lado da rua, jogou o veículo em uma enorme poça e me deu um banho de lama quente.

Nada disso perturba Ashrita, pois ele tem a fé ao seu lado. Ele ri dos incidentes e de vez em quando precisa de algo desse tipo para se lembrar de que a paixão de sua vida ainda parece estranha aos outros. Um de seus muitos recordes incomuns é o de empurrar uma laranja com o nariz por uma milha, o que, em se tratando de recorde mundial, implica acertá-la com o rosto, fazendo a fruta rolar o mais rápido possível, depois se arrastar até ela e repetir o movimento. Esse é um daqueles recordes considerados mais difíceis de treinar do que de quebrar, tendo em vista que seus treinamentos ocorreram em parques da cidade, enquanto o estabelecimento do recorde em si aconteceu num longo corredor do aeroporto JFK especialmente isolado. "Isso de certa forma caracteriza os recordes Guinness: é maluquice, e se alguém vê você fazendo isso acha que perdeu a cabeça. Lembro que, enquanto treinava no parque, vi pessoas fazendo piquenique e pensei comigo mesmo: 'Eu realmente tenho peito de fazer isso? Ficar de quatro e começar a bater em uma laranja com o nariz?' Quando você faz parte do mundo normal, pode perceber o quanto isso parece coisa de doido", ele me disse durante um almoço.

O ano de 1983 foi um divisor de águas para Ashrita, que marcaria cinco recordes importantes nos três anos seguintes, começando com o equilíbrio da garrafa de leite e levando sua luta ao extremo. Como ficou claro no fracasso das 24 horas de pula-pula, sua capacidade única de ignorar a dor e de fazer coisas por longos períodos de tempo se tornaria a base de muitas de suas maiores realizações. Também se esforçou para ser bem-sucedido em um punhado de especialidades que, combinadas, formam o grosso de seus recordes e que ele categoriza como "atividades infantis".

Muitos dos recordes envolvem atividades infantis, como malabarismo, amarelinha, monociclo, pula-pula, saltos mortais, cantar em falsete e equilibrar objetos na cabeça ou no queixo. Sabe o modo como as crianças são tão próximas dos pais? É como meu mestre Sri Chinmoy diz que devemos ser de Deus; você deve se sentir uma criança afetuosa e doce para com Deus. Isso se encaixa na natureza infantil. Eu gosto de fazer essas coisas. Quando as pessoas me perguntam como escolho um recorde, sempre digo que escolho algo que adoro fazer, algo que dê alegria, porque será preciso treinar horas a fio. Há um recorde de comer cebola. Sou bom nisso, como rápido e termino em segundos, mas não consigo fazer. Tentei e não senti prazer algum, então é melhor deixar quieto. Posso fazer muitas outras coisas.

Assim como descascar e comer um limão inteiro, algo de que ele deve gostar mais que de cebolas, já que estabeleceu o recorde em 2007, pela segunda vez, em menos de 11 segundos.

Outro motivo pelo qual Furman é famoso são as locações que ele escolhe para estabelecer recordes. Seus sete primeiros, incluindo o equilíbrio da garrafa de leite, aconteceram na cidade de Nova York, na pista de corridas de uma escola ou no Central Park. Mas o oitavo foi o início de algo novo em sua busca espiritual e por recordes. Apesar de ter sido desclassificado em sua primeira tentativa de entrar para o Guinness, Ashrita deu uma nova chance ao pula-pula e se tornou a primeira pessoa a subir e descer o monte Fuji, no Japão, pulando, em uma difícil trilha de caminhada até o cume e de volta. Essa façanha o inspirou a escolher cuidadosamente os cenários de seus recordes, mas, no caso desse feito tão memorável, sem o cuidado suficiente. Depois da missão no monte Fuji, sua atenção a ambientes de significado espiritual ou histórico o levaria a seu Recorde Mundial Guinness mais duradouro e, para ele, o mais difícil de todos. Essa marca talvez nunca seja ultrapassada, já que o Guinness a "aposentou", em parte devido ao perigo envolvido. Para que o décimo recorde fosse marcante, Ashrita levou saltos mortais — ou "rolagens para frente", como são conhecidos na linguagem do Guinness — ao extremo.

Naquele tempo Ashrita ainda não era obcecado por treinamentos específicos para recordes como é hoje.

Agora eu tenho uma noção muito melhor de quanto preciso treinar para um recorde. Naquela época eu não treinava muito. Era muito mais baseado na minha fé. Agora sou muito mais exigente quanto ao treinamento e não tento um recorde antes de sentir que meu corpo está pronto. Naquela época não era assim. Estava planejando quebrar de algum modo o recorde de saltos mortais. A revista People ligou querendo fazer a cobertura, mas não havia tempo para me exercitar, e eu só tinha treinado alguns quilômetros. Eu simplesmente fui e fiz, e tudo isso contribuiu para a dificuldade. Além disso, eu sequer examinei o caminho. Era terrível. Só tinha treinado em trilhas planas, e o local em questão era cheio de inclinações. Eu me limitei a dizer: "Vou lá fazer a corrida de Paul Revere."

Isso, claro, se refere à histórica rota da Guerra Revolucionária percorrida a cavalo por Paul Revere à meia-noite entre Charlestown e Lexington, Massachusetts, para alertar a população de que "os soldados estão chegando!". "Eu sempre meio que tive essa ideia de tornar os recordes mais criativos e interessantes. Começou com a corrida de Paul Revere, os saltos mortais. Foi a primeira vez que escolhi um lugar, e foi por impulso", recorda Furman. No caso do monte Fuji, ele estava no Japão para negócios ligados a Chinmoy e, lá, decidiu tentar estabelecer um recorde, mas não tinha viajado especificamente para isso. A corrida de Paul Revere surgiu porque, como ele disse, depois de sua entrevista à revista *People* "eu fiquei um pouco fascinado". A rota de Paul Revere tem cerca de 19,5 quilômetros, boa parte deles em ruas urbanas sujas. Ashrita levou dez horas e meia.

Mesmo em sua brilhante lista de recordes, dez horas e meia de saltos mortais é um destaque e tanto. Desde então Furman percorreu muitos quilômetros em pula-pula, em corrida de saco, pedalando para trás em monociclo, fazendo malabarismo, sobre pernas de pau, carregando uma pessoa nas costas e empurrando uma laranja com o nariz. Mas fazer a corrida de Paul Revere em saltos mortais parece a mais impossível: a distância é comparável a uma meia maratona montanhosa, agravada por ter de rolar continuamente sobre a cabeça — em piso duro. Ele vomitou diversas vezes durante o percurso. "É realmente como bater a cabeça contra a parede", disse Ashrita, fazendo uma careta, claramente incomodado com a lembrança. "Descobri que, quando treino, meu cérebro fica meio fraco por um ou dois dias. O salto mortal de Paul Revere foi o mais difícil. Foi cruel", disse, usando palavras fortes para um adepto da meditação.

Foram necessárias décadas até que a agonia dos saltos mortais diminuísse o bastante para que ele pensasse em quebrar seu próprio recorde — mesmo no mundo ultracompetitivo do Guinness, no qual os recordes de Ashrita são os mais cobiçados, ninguém havia tentado ultrapassar a marca em mais de vinte anos. Mas quando ele fez o pedido para uma nova tentativa, o Guinness recusou.

> *Recebi um questionário que perguntava: "Quando você tentou pela primeira vez foi realmente contínuo?" E eu tive de dizer não, porque algumas vezes parei para vomitar. Não acho que seja possível fazer de fato continuamente, pois você precisa vomitar. Então disseram: "Pelas regras rígidas não foi consecutivo; portanto, se quiser tentar agora terá de ser o maior número de saltos mortais em doze horas." Mantiveram o que eu tinha feito, mas, se quisesse tentar novamente, o recorde seria redefinido e entraria numa nova categoria. Eu respondi: "Certo, vamos lá." Mas eles devem ter feito uma reunião ou algo assim, porque me mandaram um e-mail dizendo: "Não queremos fazer isso, não queremos uma categoria como essa." Devem ter pensado que era perigoso demais. Não tenho saída, mas tudo bem, há muitas outras coisas que posso fazer. Não vou me aborrecer com isso, há muitos outros desafios.*

Assim como subir e descer o monte Fuji de pula-pula, fazer a trilha de Paul Revere em saltos mortais ensinou duas coisas a Ashrita: a importância da locação e como um lugar vistoso pode tornar um recorde Guinness ainda mais atraente, consequentemente, dando mais publicidade à sua causa espiritual. A rota histórica cativou a imprensa, e seu ritmo ininterrupto de quebra de recordes praticamente transformou Ashrita em uma celebridade hegemônica, criada exclusivamente por intermédio dos Recordes Mundiais Guinness. Além de deter a maioria dos recordes, ele tem os que chamam mais a atenção, mesmo que bizarros às vezes, ambientados em lugares exóticos. Ele também gosta de levar seus recordes para estúdios de TV, onde se pode quebrar marcas ao vivo, a pedidos. Por essas razões se tornou o queridinho da mídia, valendo-se de seu destaque para divulgar a palavra de Sri Chinmoy. Ashrita foi pauta de centenas de matérias em jornais e revistas, e convidado de muitos programas de TV, entre eles os de David Letterman, Oprah Winfrey, Joan Rivers e Bill Cosby. No final de 2007, ele participou do programa *20/20*. Apareceu com frequência em vários programas sobre o Guinness nos Estados Unidos e na Inglaterra, e ainda hoje é procurado pelo menos uma vez por semana por rádios, emissoras de TV e jornais de todo o mundo. Equipes de TV do Japão o entrevistaram em sua casa no Queens, e ele participou de um programa comandado pelo que descreveu como "o Jay Leno da Bulgária" — durante o qual saltou para a mesa do entrevistador e se pôs de joelhos.

O histórico de recordes de Ashrita é grande demais para ser dissecado, mas inclui muitas combinações estranhas e variações de suas "atividades infantis", como pular corda usando pernas de pau e saltar de pula-pula debaixo d'água (chama essa variação de "pula-água"). Ele concebeu todo um conjunto de recordes de malabarismo: saltando de pula-pula, pendurado de cabeça para baixo e submerso. Uma das combinações mais difíceis é fazer malabarismo correndo. Furman conta que treinou mais tempo para seu primeiro recorde de maratona malabarista (impressionantes 3 horas e 22 minutos) que para qualquer outra tentativa. Ele ainda detém o recorde de malabarismo de ultramaratona de 80 quilômetros. Como muitos de seus feitos, soa extravagante, mas passa no teste do "se você acha que pode fazer melhor, deveria tentar".

Outra abordagem bastante comum hoje em dia para o estabelecimento de recordes Guinness, e que Ashrita ajudou a popularizar, é pegar algum recorde existente e fazer de marcha a ré. Ele estabeleceu recordes de monociclo em marcha a ré e de boliche ao contrário, marcando respeitáveis 199 pontos de costas para os pinos. Da mesma forma, ele pega exercícios tradicionais como polichinelos, flexões, alongamentos e abdominais e introduz uma variante. Ele já os praticou em cestas de balões de ar quente, equilibrado em bolas de exercício e até mesmo nas costas de elefantes. "Adoro elefantes, a vida inteira sonhei em estabelecer um recorde Guinness montado em um elefante", disse, como se fosse necessária alguma explicação.

Nos últimos dois anos ele estabeleceu em média mais de três recordes por mês, o que exige uma logística extremamente complexa. Para conseguir isso, Ashrita acumulou certificados não apenas por estranhas combinações de habilidades, mas também fazendo as mesmas atividades percorrendo diferentes distâncias. Ele revisitou sua imbatível habilidade no equilíbrio da garrafa de leite trocando a rapidez pela resistência. Além de subir o monte Fuji de pula-pula (duas vezes), ele estabeleceu recordes para pula-pula em 10 mil metros, milha em pula-pula (na mesma pista da Universidade de Oxford na qual Roger Bannister quebrou pela primeira vez o recorde da milha em quatro minutos e no principal marco da Austrália, Ayers Rock, perto do Polo Sul) e o pula-pula vertical, saltando os degraus da mais alta estrutura do mundo, a CN Tower de Toronto (duas vezes), galgando todos os 1.899 degraus em menos de uma hora. A primeira tentativa foi registrada em vídeo para o *Record Breakers*, um conhecido programa da rede de TV BBC baseado no livro Guinness. O veterano produtor do *Record Breakers*, Greg Childs, recorda:

> Um dos caras mais legais, embora maluco, é Ashrita Furman. O terrível dilema de ser um produtor de um programa de quebra de recordes é não ter conhecimento do resultado. Mas com Ashrita você meio que sabe: se ele diz que pode fazer, faz. Ele apareceu pelo menos meia dúzia de vezes no tempo que trabalhei no programa. Furman integra uma espécie de seita, e nunca teríamos lidado com ele se não fosse tão legal e honesto. Ele sempre se hospeda com membros da seita aonde quer que vá, reduzindo os custos, o que a BBC adorava. Ele fez uma coisa fantástica ao subir de pula-pula a escadaria da CN Tower de Toronto, a mais alta estrutura autossustentada do mundo. Nós filmamos tudo. Foi tão rápido que as equipes não conseguiram acompanhar. Depois tentamos fazer com que ele abrisse todo o trajeto da maratona de Londres, mas não conseguimos autorização.

Desde o início modesto no monte Fuji, o uso por Furman de cenários maravilhosos o levou a muitos cartões-postais em todos os sete continentes. A viagem mais difícil em termos de logística foi quando conseguiu uma carona em um cargueiro da Força Aérea argentina para uma breve parada na Antártica. Ele mal teve tempo de sair correndo, medir uma milha com uma trena de agrimensor e depois percorrer essa distância de pula-pula em tempo recorde. Ele fez uma milha de saltos mortais no Mall de Washington (levando o renomado estrategista de campanha James Carville, de passagem, a dizer a ele: "Você não é maluco. Sequestrar um ônibus escolar é loucura. Você não é louco. Talvez meio estranho..."). Foi do Oriente Médio à Islândia para quebrar recordes, e entre os cenários visitados mais memoráveis estão Stonehenge, a Grande Muralha da China, a Torre Eiffel, o Partenon, o Panteão, as ruínas de Tikal, na Guatemala, o gêiser Old Faithful de Yellowstone, o rio Amazonas (pula-pula debaixo d'água), as Grandes Pirâmides, a catedral de São Basílio, em Moscou, Ayer's Rock, Angkor Vat, no Camboja, e

Borobudur, na Indonésia, os dois importantes complexos de templos antigos da Ásia.

"Estou sempre tentando ser criativo e aparecer com lugares e ideias interessantes, mas muitas vezes é uma luta. Um dos problemas nos Estados Unidos e em muitos países ocidentais é o seguro, ou seja, alguns lugares não querem correr riscos e não veem vantagem na publicidade. Só se preocupam com os riscos. Achei que o Radio City era uma ideia legal [ele queria quebrar um recorde de chute mais alto no famoso palco das Rockettes, mas não foi aceito]. Queria o recorde de abdominais na estátua de Atlas, com o famoso músculo abdominal, no Rockefeller Center, mas eles não concordaram." Mesmo a famosa subida da CN Tower canadense de pula-pula foi fruto de o Empire State Building, o World Trade Center e a Torre Eiffel terem recusado o pedido de Ashirita. Mas estrangeiros, inclusive os canadenses, parecem gostar. "Em alguns dos outros países eles ficam ansiosos. O livro é bem conhecido e disseminado aqui, mas em alguns países asiáticos...", disse ele, revirando os olhos, espantado.

Viajei para a Malásia ano passado, e eles são fascinados por recordes, é inacreditável. Eu era uma celebridade na Malásia e não sabia disso até chegar lá. Foi ótimo para mim, porque podia escolher onde tentar os recordes. Eles diziam: "Claro, mas e se houver tubarões e você não sair vivo? Tudo bem, vá em frente. Quer o centro de convenções? A prefeitura? Fique à vontade." Praticamente qualquer lugar que quisesse. Na Índia, a paixão pelos recordes é realmente grande, e também em alguns desses outros países asiáticos, como Cingapura. Vi uma matéria na Índia sobre como lá os Recordes Mundiais Guinness são considerados medalhas olímpicas. Eles não se saem bem nas Olimpíadas por alguma razão, mas colocam seus recordes Guinness no mesmo patamar. A matéria falava sobre um cara, acho que era alpinista, que tinha conseguido alguns feitos atléticos impressionantes, e ele dizia: "É, eu quero quebrar aquele recorde da laranja do Ashrita Furman, aí talvez eu seja respeitado." É engraçado porque nos Estados Unidos não existe tal respeito.

Talvez a escolha mais estranha de cenário no histórico de Ashrita tenha sido em frente à estátua de cachorro Greyfriar's Bobby, em Edimburgo, Escócia. A escolha refletiu outra de suas paixões: os animais. "Adoro animais. Estabeleci o recorde na Nova Zelândia com o tubarão [malabarismo debaixo d'água, 48 minutos, o recorde que ele tentou superar depois, quando outro tubarão se chocou contra ele]. Aquele no elefante. Ano passado, na Malásia, estabeleci um recorde ao saltar em um pé só segurando uma coruja. O cachorro é um dos meus favoritos. O Guinness apareceu com um novo recorde, que eles inventaram, não eu: o maior número de saltos de pula-pula em um minuto. Eu sabia que era capaz, então para tornar ainda mais desafiador decidi segurar um cachorro em uma das mãos. Foi emocionante! Precisei ter um veterinário de plantão. Foi meu 101º recorde.

Se lugares exóticos e animais são bons desafios para estabelecer recordes, então é lógico que animais exóticos são ainda melhores. "Assim, um tempo antes do dia marcado para ir à Mongólia", escreveu Ashrita em seu blog, "comecei a pensar em qual animal exótico eu poderia encontrar na terra natal de Gengis Khan. Então me lembrei de ter lido que a Mongólia tem o segundo maior rebanho de iaques do mundo depois do Tibete. Nada pode ser mais exótico que um iaque! Acho que eu nunca vi um iaque em um zoológico. Peguei então o avião para Ulaan Bataar pensando nos iaques, e em algum ponto sobre o oceano Pacífico eu tive a ideia. Estava treinando para o recorde de corrida de sacos, então por que não correr uma milha enfrentando um iaque em um saco?" Na verdade a tentativa de recorde era de milha mais rápida saltando em um saco, portanto não importava se ele derrotaria o iaque ou não, mas a competitividade de Ashrita brotou e ele venceu o animal na linha de chegada. Mas sua diversão com animais mongóis não termina aí. Já tendo conseguido a milha mais rápida em pernas de pau convencionais, planejou fazer a mesma distância usando pernas feitas apenas de latas e corda, do tipo que crianças fazem com latas vazias, sua própria categoria especial de recordes Guinness. Inspirado pela vitória sobre o iaque, ele amarrou as latas nos pés e voltou à pista da milha, dessa vez fazendo um camelo mongol comer poeira.

Em uma ocasião o fascínio de Ashrita por recordes animais o levou a uma decisão questionável: tentar quebrar a marca de 5 mil metros pulando no mosteiro da floresta de Wat Pa Luangta Yanasampanno, na Tailândia, onde monges budistas cuidam de tigres feridos e órfãos. O plano era saltar os primeiros 25 metros carregando um tigre adulto pela coleira, a despeito das preocupações dos tratadores de que o recordista pudesse ser machucado. Conseguiu estabelecer o recorde ileso, mas Sri Chinmoy ficou muito chateado com o pupilo em função da crença em que a vida é valiosa e não deve ser arriscada desnecessariamente.

Embora Sri Chinmoy apoiasse a maioria das tentativas de recorde de Ashrita que não envolvessem tigres, até ele firmou uma linha entre o sublime e o absurdo. Segundo uma edição do *New York Times* de 2003, alguns anos antes Ashrita tinha começado a comer uma grande bétula perto de sua casa no Queens após saber que outra pessoa tinha estabelecido o recorde mundial de comer árvores. Ele arrancou alguns galhos e os moeu numa centrífuga doméstica quando seu mestre descobriu. "Ele soube e disse: 'Isso é absurdo. Diga a ele que pare.'"

No caso do tigre, Ashrita pode ter se deixado levar pelo significado do próprio nome. Em sânscrito, Ashrita significa "protegido por Deus". O nome, dado a ele por Sri Chinmoy anos antes, lhe coube muito bem, protegendo-o tanto dos animais quanto nos trinta anos que passou quebrando recordes. Seus dois únicos ferimentos significativos foram em treinamentos: cortou gravemente a mão com vidro quebrado enquanto tentava equilibrar uma enorme pilha de canecas de cerveja no queixo, cortando um nervo e tendo de se submeter a uma cirurgia na mão. Depois, quebrou uma costela enquanto praticava com um gigantesco bambolê de alumínio (outra categoria na qual ele quebrou vários recordes). "Quando Sri Chinmoy olha para uma pessoa, sente suas qualidades interiores em vez de ver a forma externa. Todos têm uma alma e todos são diferentes e exprimem qualidades interiores diversas. Assim, depois de estudar por algum tempo, ele lhe dá um nome que descreve suas qualidades interiores. Para a maioria das pessoas, os nomes não significam nada, são apenas algo que os pais deram a elas. Mas o nome faz com que você se lembre da missão de sua alma, pois todos têm uma missão na vida. Sri Chinmoy me deu esse nome, e é claro que preferi usá-lo, mudando meu registro legalmente. Meu pai não ficou muito contente com isso."

E não foi só com isso. O velho e religioso Furman ficou muito aborrecido quando seu filho trocou o judaísmo pelo que considerava uma seita, e os dois não se falaram por muitos anos. É interessante Ashrita achar que foi sua busca por Recordes Mundiais Guinness que acabou o levando a se reconciliar com o pai. "O Guinness realmente ajudou, pois era algo que ele podia aceitar. O que ele não aceitava era que me ligasse a esse grupo, pois ele achava que eu estava desistindo de minha religião — sendo que eu já estava inteiramente desiludido com ela. Quando comecei a chamar a atenção da mídia, isso foi algo que ele conseguia entender, e realmente ajudou bastante. Ele apareceu quando estabeleci um recorde de polichinelos, mas depois disse que era doloroso demais assistir. Foi a única vez que apareceu."

Ao longo dos anos, Furman reuniu uma lista impressionante de cenários para quebra de recordes, mas adotou um estilo de vida para que isso lhe ficasse barato. "A viagem parece ser melhor do que é. Meu mestre promove uns concertos grátis e eu organizo as viagens, recebendo uma passagem por ser guia da excursão, além das milhas. Às vezes ia especificamente a um lugar, como o Egito, para estabelecer um recorde nas pirâmides e usava as milhas, mas quase sempre isso acontece quando estou viajando com a banda. Ano passado fomos à Turquia, à Bulgária e à Tailândia, e eu não tive de pagar. Além disso, você sempre precisa de testemunhas, o que pode ser mais difícil em outros países, mas nas viagens com a banda tive ao meu redor todas as pessoas em que o Guinness confia, então eu me valho delas."

Os últimos anos foram particularmente intensos, já que o ritmo de suas quebras de recordes aumentou. Em 2006 ele estabeleceu 39 recordes diferentes, acrescentando outros 36 em 2007, um ritmo que não dá mostras de estar diminuindo.

Numa retrospectiva histórica, Furman levou 18 anos para quebrar os primeiros 50 recordes, apenas oito anos para outros 50 e dois para somar mais 77. Parte disso é fruto da profecia autorrealizável de seu sucesso: quanto mais ele faz, melhor fica em logística e forma física, e mais consegue fazer. Mas mudanças estruturais no livro também facilitaram isso. Enquanto no início ele tinha de vasculhar as páginas em busca de recordes já existentes, agora a administração da Guinness World Records se tornou muito mais permissiva quanto a recordes inventados. Vinte anos atrás muito provavelmente a existência de equilíbrio de taco de sinuca teria impedido a aceitação do equilíbrio de taco de beisebol de Ashrita, e a milha mais rápida de corrida de bambolê equilibrando uma garrafa de leite nunca teria sido aceita.

Ashrita recordou como as muitas mudanças no livro nas últimas três décadas afetaram a ele e à sua busca espiritual:

O Guinness era um livro de referência, uma enciclopédia, ao qual você podia perguntar "qual foi o máximo de abdominais que alguém já fez?". Abria-se e estava lá. Foi assim durante anos e anos, talvez até 1996. As mudanças ocorreram nessa época. O Guinness deixou de ser um livro de referência e se tornou apenas uma relação de fatos fascinantes. Isso me afetou de muitos modos. É mais difícil encontrar recordes. Eles eliminaram muitos deles, guardaram tudo numa base de dados à qual o público não tem acesso, e isso é um problema, porque você fica no escuro, não sabe se o recorde que pretende bater é inédito. Agora eles publicam uma pequena porcentagem de todos os recordes, algo como 2% [na verdade, 8% de todos os Recordes Mundiais Guinness oficiais são publicados todos os anos no livro]. Isso lhes permitiu acrescentar novas categorias e mudou a filosofia de ter de superar um recorde que já estava no livro para entrar nele. Nesse quesito acho que foi uma coisa boa, pois agora eles estão muito mais abertos a novas categorias. É uma oportunidade fantástica para mim, e estou vivendo uma grande aventura. Ao mesmo tempo há uma sensação de perda, já que não é mais possível folheá-lo e dizer: "Uau, vou tentar isso" ou "Seria ótimo quebrar aquele recorde". É a principal mudança. Mas eu ainda folheio o livro novo assim que ele sai. Devoro cada edição, e acho que já quebrei oito ou nove recordes do livro de 2007.

Ashrita me contou isso em março de 2007, apenas seis meses depois de o livro ter chegado às livrarias.

Para mim, a outra grande mudança é que, como nem todos os recordes estão sendo publicados no livro, eles não são mais tão competitivos. Alguém pode estabelecer um recorde — como o de arremessar o livro Guinness a distância —, e eu nunca ficaria sabendo se não tivesse lido uma matéria sobre isso. Aquele cara arremessou o livro e foi aceito. Certo, você precisa de cobertura da imprensa, mas digamos que apenas um jornal local cubra e o feito nunca apareça na internet. Ele tem o recorde e o certificado, mas não está no livro, e eu não faço ideia de quem seja ou do que ele fez, não havendo ninguém para tentar quebrar a marca. Assim, o recorde será mantido por dez anos e ninguém saberá. Não sei qual seria a solução para isso, e não estou me queixando, mas acho que muda as coisas. Isso definitivamente reduz o grau de competitividade e talvez um pouco os parâmetros.

A competitividade definitivamente é um fator muito importante no apelo e na história do livro, mas a maioria dos candidatos a recordista compete com oponentes sem rosto, desconhecidos. Na verdade eles até têm nomes, mas para todos os propósitos são anônimos para os leitores. Não Ashrita. Ele é um alvo cobiçado, e, devido ao status de campeão de todos os tempos do Guinness, seus recordes valem mais, tanto para um eventual quebrador de recordes quanto para alguns desafiantes que surgiram ao longo dos anos para enfrentar o Rei dos Recordes Mundiais. "Existem certas rivalidades que eu adoro", disse Ben Sherwood, ex-produtor-executivo do *Good Morning America* da CBS. Sherwood também é um antigo fã do *Guinness World Records* e autor do romance inspirado nele, O homem que comeu o 747. "Ashrita tem alguns grandes rivais. Tem um sujeito do Marrocos que tenta ir o mais longe possível carregando um tijolo, de modo que, em um ano, ele é o recordista, e, no seguinte, Ashrita precisa andar 8 quilômetros a mais com o tijolo sem soltá-lo. Um ano depois o cara do Marrocos tem de caminhar 8 quilômetros a mais. Há esses tipos de rivalidades engraçadas sobre quem consegue andar a maior distância com um certo tipo de tijolo sem colocá-lo no chão. Mas no caso de Ashrita bater os recordes tem a ver com a fé, e isso é algo incomum, atípico."

Ashrita admite que alguns recordes podem de certa forma se tornar bens pessoais, sendo doloroso perdê-los. Mas ainda assim ele se coloca como um alvo fácil. Sabendo que os recordes publicados no livro têm maior chance de serem quebrados, já que o conhecimento do público os torna alvos fáceis, Furman poderia manter o grosso de seus mais de 170 recordes — aproximadamente metade deles válidos — fora das vistas do público simplesmente deixando de mencioná-los. Geralmente cinco a dez de seus recordes entram para o livro propriamente dito a cada ano. Mas seu site constantemente atualizado oferece uma detalhada relação cronológica de seus feitos — juntamente com recomendações de como se tornar um quebrador de recordes. Isso sustenta o que alega ser o verdadeiro objetivo de sua missão, que é inspirar os outros, e ele não pode fazer isso escondendo seus recordes.

Quando meus recordes são quebrados, uma parte de mim diz "ah, não", especialmente se for um daqueles longos que exigem semanas ou meses de treinamento. Isso não me aborrece de verdade, pois realmente cheguei a bons termos com isso. Agora vejo isso como uma oportunidade. Porque, por alguma razão, não tenho a mesma motivação para quebrar um recorde quando eu sou o recordista. Todos têm dentro de si um impulso interno para evoluir, e acho que isso é evolução. Por que as pessoas escalam montanhas ou correm de automóvel? Acho que existe uma urgência em transcender. Essa é grande parte da motivação: ser o melhor e superar limites. Não estou enfrentando ninguém, estou enfrentando o ideal. Quando alguém quebra um dos meus recordes, fico feliz porque ele simplesmente aumentou o nível de exigência e, de alguma forma, subiu mais um degrau na evolução da humanidade.

Ashrita diz que nunca leva para o lado pessoal — pelo menos para ele. "O que importa não é competir com alguém, mas descobrir o talento dentro de si, a força interior, fazer o melhor possível e evoluir espiritualmente. No entanto, ao longo dos anos, algumas poucas pessoas se tornaram minhas rivais."

Uma delas é Steve, o Cara das Uvas, cujo recorde por apanhar uvas com a boca foi quebrado por Furman recentemente. Ashrita diz que o agente do Cara das Uvas telefonou tentando organizar uma demonstração de alto nível do recorde em Nova York. Ashrita recusou. "Desejei-lhe boa sorte, mas não queria quebrar o recorde. Não é nada contra a pessoa, mas contra o recorde." Suresh Joachim também o desafiou. Joachim é o que mais se parece com Ashrita no mundo do Guinness, tanto em número de recordes quanto em tipos e em impressionantes proezas de resistência física. Embora ainda esteja bem atrás de Ashrita no total de marcas, Joachim é outro grande exemplo de levar ao extremo o estabelecimento de recordes Guinness em série. Seu site na internet o apresenta como "Suresh Joachim, o Múltiplo Recordista Mundial Guinness". Ele alega ter quebrado mais de trinta recordes diferentes, alguns deles banais (andar de escada rolante), alguns românticos (maior número de madrinhas e padrinhos de um casamento, o dele mesmo), outros perturbadoramente difíceis (ficar de pé em uma só perna por mais de 76 horas). Ashrita se lembra de ter lido no site de Joachim sobre sua intenção de se tornar o homem com o recorde de maior número de Recordes Mundiais Guinness, o "título" mais precioso de Furman. Ainda assim, Ashrita tem uma profunda admiração por seu colega recordista, justamente por Joachim se destacar em proezas de resistência fenomenais, como correr durante mil horas. "Ele vem quebrando recordes há anos e detém os mais duradouros, alguns inacreditáveis. Algumas coisas se repetem, como o recorde de se arrastar por uma milha, que eu quebro, depois ele, e volto a quebrar. Acho que ele quer ser o cara com o maior número de recordes, então obviamente é uma rivalidade. Mas eu tento levar isso para outro nível, inspirar outras pessoas."

Quando conversei com Ashrita, percebi que ele é empurrado em direções opostas pela devoção à religião e pelo compreensível orgulho que tem de seus feitos. "Não quero ser o rei do Guinness, não é esse o meu objetivo", insiste ele. "Quero transcender meus limites físicos e espirituais. Nesse sentido, o Guinness é parte da minha busca espiritual."

O currículo de recordes de Ashrita é um microcosmo do próprio livro: é impossível dizer se um recorde é melhor que outro, mas alguns são muito impressionantes em sua aparente dificuldade, enquanto outros parecem apenas detalhes técnicos — que de algum modo foram aceitos pelo pessoal do Guinness — ou foram tiros em alvos fáceis, como estalar os dedos. Tanto o equilíbrio da garrafa de leite por 130 quilômetros quanto os saltos mortais de 20 quilômetros pela trilha de Paul Revere se destacam como inconcebíveis — e inalcançáveis —, o tipo de feito que Norris McWhirter, o criador do livro, gostava de chamar de "quase absolutamente impossível". Mas o recorde que eu sempre vou associar a Ashrita Furman é aquele sobre o qual o jornalista Ben Sherwood falou: carregar tijolos. Dói só de pensar. Imagine pegar um tijolo comum de construção. Ele pesa 4 quilos. Segure-o nos dedos, com a palma da mão para baixo, como determinam as regras. Assim que estiver com uma boa pegada, comece a andar. O objetivo é continuar em frente, com o tijolo na mão, o maior tempo possível. Se você parar de andar ou soltar o tijolo, tudo termina. Você não pode trocar de mão, encostar o tijolo no corpo nem de modo algum apoiá-lo em algo. Se precisar ajustar a empunhadura, terá de fazer isso com agilidade, sem usar a outra mão ou recursos externos. Por quanto tempo você consegue andar? Cheguei a pensar que conseguiria por alguns minutos e, depois de refletir, achei que talvez chegasse a meia hora. Talvez. Ninguém que conheço e que pensou sobre isso respondeu mais de duas horas. O antebraço fica com cãibras só de imaginar. Ashrita deteve esse recorde muitas vezes, e, assim como sua grande marca no equilíbrio da garrafa de leite, duvido que seu melhor recorde seja desafiado um dia. Ele carregou o tijolo durante 31 horas. Para piorar, se é que isso é possível, fez isso em uma trilha de terra, e pedras entraram em seus sapatos. Ficou com terríveis bolhas estouradas. Depois choveu. Não desistiu. Olhando retrospectivamente, até mesmo o inabalável Ashrita não consegue acreditar no que fez. "Depois que eu tive as bolhas, todas infeccionaram, e eu fui a um podólogo. Ele disse que era o terceiro pior caso que já havia visto na vida." Provavelmente foi a única vez em que Ashrita Furman terminou alguma coisa apenas em terceiro.

Pouco depois de nosso almoço, Ashrita estava de volta ao vício, quebrando o recorde de pular corda em pernas de pau no deserto de Gobi, na Mongólia. Como não gosta de desperdiçar a viagem, Furman também quebrou recordes de equilíbrio de taco de beisebol, além da corrida de saco e de lata e barbante com animais. No caminho, parou em Key Largo, na Flórida, para estabelecer o recorde de duração em bambolê debaixo d'água; depois foi para a Noruega quebrar um (diferente) recorde de lata e barbante. Seu recorde de bambolê como homem-rã, estabelecido em maio de 2007, foi o seu 150º. No final do ano ele tinha acrescentado mais 27 recordes ao total — número superior ao que a maioria dos recordistas em série acumula durante toda uma vida.

2
O maior recorde de todos: pássaros, castores, cerveja e a pergunta impossível de sir Hugh

A melhor coisa depois de conhecer algo é saber onde encontrá-lo.
— SAMUEL JOHNSON

A edição original traz uma introdução do presidente da Arthur Guinness & Co. Ltd., o conde de Iveagh. O que Vossa Senhoria escreveu em outubro de 1956 é muito interessante, talvez mais interessante hoje do que na época.

Sempre que as pessoas se reúnem para conversar, elas discutem, e algumas vezes a diversão é a discussão em si, que se perderia caso houvesse uma resposta definitiva. Mas com frequência a discussão se torna uma disputa de fatos, e pode ser muito exasperante se não houver um jeito de encerrá-la. Quem foi o primeiro a cruzar o Canal da Mancha a nado? Onde fica o poço mais fundo da Inglaterra, a árvore mais alta da Escócia, a igreja mais velha da Irlanda? Quantos morreram no pior choque de trens da história? Quem teve a mais folgada maioria no Parlamento? Qual o maior peso que um homem já levantou? Essas perguntas inocentes podem provocar discussões muito acaloradas!

O Guinness espera poder ajudar a resolver muitas dessas disputas e, quem sabe, transformar calor em luz.

— THE INDEPENDENT (LONDRES)

Desde sua concepção há mais de cinquenta anos, o livro *Guinness World Records* e seus leitores sempre foram fascinados por animais. A primeira edição já louvava os feitos de um terrier chamado Jacko, uma máquina de matar roedores cuja prodigiosa habilidade para o "raticínio" fez dele um recordista. Anos depois, Ashrita entrou para o livro nas costas de um elefante, pulando com um tigre e saltando de pula-pula segurando um cachorro. Jackie Bibby, "o Homem-cobra do Texas", se tornou um dos ícones eternos do livro quando dividiu uma banheira com cascavéis venenosas e as segurou pela boca. É natural que recordes animais sejam um esteio do Guinness, já que o próprio livro é um resultado direto da interação de duas espécies animais: o pássaro e o homem. Os pássaros, nesse caso histórico, eram um galo-selvagem e uma tarambola-dourada, e o homem, sir Hugh Beaver, um megaempresário cujo sobrenome — "castor", em inglês — era perfeito para o pai do *Guinness World Records*.

A edição original de 1955 do livro tem um verbete notável para outro gênio empresarial ligado a animais, Walt Disney, cuja fama se devia ao fato de ter conquistado o maior número de Oscars: cerca de duas dúzias. Depois de atingir um sucesso inigualável pela criação de uma das marcas mais conhecidas do mundo e de um império de entretenimento bilionário, Walt Disney disse a famosa frase: "Minha única esperança é que nunca percamos de vista uma coisa: que tudo isso começou com um rato."

É fácil esquecer um início tão humilde quando a marca passa a ser conhecida internacionalmente e quando um nome familiar supera fronteiras e idiomas. Disney, o sobrenome, é um ícone, reconhecido instantaneamente em todos os cantos do planeta. Seja ele utilizado para se referir a um homem, a uma empresa, a uma biblioteca de quadrinhos, a um estúdio cinematográfico ou a um conjunto de parques temáticos, todos conhecem Disney. Pouquíssimas marcas alcançaram esse nível de disseminação universal, e o *Guinness World Records* é uma das que conseguiram, desfrutando do mesmo reconhecimento global — e por uma boa razão: é o livro com direitos autorais mais vendido da história da humanidade e está disponível na língua nativa da maioria dos cidadãos do mundo. Surpreendentemente, pode ter superado até mesmo o reconhecimento de marca da cervejaria e da cerveja que deram origem ao seu nome. Seria difícil encontrar alguém, em algum lugar, que não reconheça os recordes Guinness, mas, ao mesmo tempo, a famosa coleção de superlativos e feitos impressionantes permanece sob um véu de mistério e desinformação. Todos sabem o que O Livro significa, mas quase ninguém conhece sua história. Enquanto a esperança de Walt Disney permanece, e todos compreendem que "tudo isso começou com um rato", quem lembra que o *Guinness World Records* teve início por causa de uma dupla de pássaros?

A metade da década de 1950 viu o alvorecer da Era de Ouro dos Conhecimentos Gerais dos dois lados do Atlântico, representada no Reino Unido pela explosão de interesse pelas trivialidades de pub e nos Estados Unidos pelos muitos "programas de perguntas", começando com *The $64,000 Question*, lançado pela CBS em 1955. A popularidade do programa nunca foi alcançada pelas grandes redes. "Foi o primeiro e único programa de jogos pré-Regis Philbin a ficar entre os mais assistidos do país", diz Ken Jennings, o maior jogador da história do programa *Jeopardy!* e autor de *Brainiac*, uma história dos conhecimentos gerais na mídia. "Os índices de criminalidade, a utilização de linhas telefônicas e a frequência a teatros e restaurantes nos Estados Unidos caíam significativamente nas noites de terça-feira, com impressionantes 82% dos telespectadores ligados na CBS", afirmou Jennings.

Em 1955, 64 mil dólares era muito dinheiro segundo qualquer parâmetro, especialmente para responder a uma pergunta, provando, como Jennings adora dizer, que nem toda trivialidade é trivial. Recentemente, para tentar recriar a dramaticidade desse sucesso, os game shows da TV tiveram que aumentar consideravelmente o prêmio, chegando a oferecer milhões de dólares apenas para atrair espectadores. De fato a oportunidade de responder a uma pergunta que valha tanto dinheiro não aparece todos os dias. Mas mesmo essa riqueza é pequena se comparada com a aposta que sir Hugh Beaver ganhou naquele ano, quando inocentemente perguntou a um companheiro de caçada qual era o pássaro de caça esportiva mais rápido da Europa, a tarambola-dourada ou o galo-selvagem. Sir Beaver não sabia que sua pergunta seria a mais debatida em muito tempo.

Nascido em Johannesburgo em 1890, Hugh Beaver se mudou várias vezes na primeira metade de sua vida, e sua carreira profissional começou servindo à Força Policial Nacional por 12 anos na Índia. Depois se transferiu para Londres, ingressando na empresa de engenharia Alexander Gibb & Co., da qual se tornou sócio em 1932. Em pouco tempo, a Gibb foi escolhida para construir uma nova grande cervejaria em Park Royal, na periferia de Londres, para a Arthur Guinness & Sons, então líder mundial do setor. Beaver foi encarregado do enorme projeto e durante anos trabalhou com C. J. Newbold, diretor administrativo da Guinness. Newbold ficou com uma impressão muito boa do colega e, em 1945, certamente estimulado por Newbold, Rupert Guinness — mais conhecido na Inglaterra como lorde Iveagh — convidou Beaver para ser diretor administrativo assistente da empresa. Beaver aceitou, e, quando Newbold morreu inesperadamente um ano mais tarde, Beaver o sucedeu como diretor administrativo, cargo que ocuparia por 14 anos, até sua aposentadoria em 1960. Durante seu período na Guinness e depois desse, ele ocupou muitos outros cargos importantes, dentre eles o de presidente do Instituto Britânico de Administração, presidente do Conselho Consultivo do Departamento de Pesquisa Científica e Industrial, presidente do Fundo Industrial para a Melhoria do Ensino Científico nas Escolas e presidente do Conselho de Diretores da Faculdade de Administração Ashridge. Também foi presidente da Federação de Indústrias Britânicas e do Conselho de Comércio Sino-britânico, tesoureiro da Universidade de Sussex e integrou a diretoria do Ministério do Trabalho, além de várias outras diretorias e instituições de caridade. No pouco tempo livre que lhe restava, o incansável Hugh Beaver liderou missões comerciais à China e à Alemanha Oriental.

Hugh Beaver foi uma espécie de filho clássico, de inspiração colonial, do Império Britânico, difícil de imaginar atualmente, para quem o mundo era um lugar pequeno demais e cujos talentos e realizações em tantas áreas pareciam mais matéria de ficção do que de realidade. Sem dúvida ele fora o pai do extenso império da Guinness World Records, mas isso continua a ser um pequeno detalhe em seu currículo. Além de comandar a maior cervejaria do mundo e de presidir ou integrar as diretorias de muitas instituições governamentais sem fins lucrativos, sir Hugh era apaixonado por causas, especialmente a poluição do ar e a reforma social. Ele considerava seu trabalho como presidente da Comissão sobre Poluição do Ar um dos mais significativos, e era muito preocupado com a questão e atuante nela; escrevia cartas a jornais e fazia discursos como um "protoambientalista". Da mesma forma, defendia a igualdade racial no trabalho e tirou proveito de sua posição para apoiar a causa das minorias tanto na Guinness quanto na sociedade. Uma de suas pastas pessoais é dedicada a recortes sobre essas questões, juntamente com as muitas cartas em que deixava bem claras suas opiniões. Na época, sua cervejaria não apenas fornecia bebida para bares; era uma das maiores proprietárias do Reino Unido, alugando muitos pubs a aqueles que os administravam. Sir Hugh não se envergonhava de usar o poder da Guinness em prol do que considerava o bem maior, e um de seus recortes de jornal era uma matéria sobre o cancelamento da concessão de um bar londrino pela gigantesca cervejaria por se recusar a servir "clientes de cor". A mesma pasta contém cartas intolerantes e agressivas que o atacam por suas opiniões progressistas, algumas impressionantemente violentas e perturbadoras.

Suas realizações sem dúvida foram admiráveis, e se alguém merecia o título de cavalheiro da Coroa inglesa era sir Hugh Beaver, KBE. Não há como questionar suas credenciais de líder empresarial, progressista social e homem de caridade, assim como sua postura incansável de assumir as muitas responsabilidades que aceitava. Talvez a única questão sem resposta na vida de Beaver seja quão boa era sua pontaria.

Dependendo de quem conta a história, sir Hugh poderia ser um ótimo ou um péssimo atirador, mas permanece a dúvida: sua pergunta sobre qual pássaro era mais rápido, a tarambola-dourada ou o galo-selvagem (em algumas versões os pássaros são o marreco e a narceja), foi fruto de seu sucesso na caça ao pássaro naquele dia ou de sua frustrante sequência de erros? Segundo seu obituário publicado em 1967 no *Guinness Time*, o boletim interno da cervejaria, "ele tinha uma mira particularmente boa", e este, como outros relatos, o descreve refletindo sobre a velocidade do voo junto a um conjunto de pássaros dos dois tipos abatido em um dia de caça no condado de Wexford, na Irlanda. Mas o relato mais preciso parece ser o de Norris McWhirter, editor do primeiro *The Guinness Book of Records*, que lembra uma conversa da qual ele participou. A história que Norris contou a *Ross*, a biografia de seu irmão gêmeo Ross McWhirter, parece ser a mais verdadeira:

> Uma tarambola-dourada passou bem alto, e ele errou. Depois, na casa do anfitrião, começou uma discussão sobre se a tarambola-dourada, cujos vinte exemplares da espécie os oito membros do grupo de caça tinham abatido naquele dia, era ou não o pássaro de caça mais rápido da Europa, como alguém alegara. Quando várias enciclopédias caras da biblioteca foram incapazes de definir se o galo-selvagem era ou não tão rápido, um irritado sir Hugh anunciou que "livros caros como estes deveriam responder a uma pergunta tão simples". Outro membro do grupo (...) observou que enciclopédias não necessariamente fornecem esse tipo de informação. Sir Hugh retrucou dizendo que recordes eram exatamente o que iniciava debates em pubs e bares, e que estava na hora de alguém produzir um livro cheio de recordes para acabar com esse tipo de discussão.

Sir Hugh, que não tinha papas na língua e não fugia à ação, assumiu a responsabilidade de fazer exatamente isso quando retornasse à Inglaterra e discutisse a questão com seus colegas. Na época, a Guinness atendia a cerca de 84.400 pubs nas Ilhas Britânicas. Ele percebeu que só esse mercado já era grande o bastante para um livro de recordes, e que também lhe daria uma oportunidade de marketing, ostentando o verde da Irlanda e o logotipo da Guinness, não muito diferente das toalhas de mesa ou das placas que a cervejaria fornecia aos pubs como propaganda.

Além da questão da pontaria de sir Hugh, outro mistério cerca a data do tiro. Sabe-se que fora disparado em Castlebridge House, propriedade rural de um amigo seu no condado de Wexford, no sudeste da Irlanda, onde a questão foi debatida fervorosamente naquela noite entre taças de vinho do Porto. Embora a Guinness tenha nascido em Dublin — o herdeiro de uma família nobre, Arthur Guinness, começara a produzir a cerveja *stout* na hoje mundialmente famosa cervejaria St. James Gate em 1759 —, sir Hugh vivia e trabalhava em Londres, onde a Arthur Guinness & Sons era negociada na bolsa de valores. A maioria dos relatos, incluindo o "oficial" que aparece hoje no site do *Guinness World Records* e no material promocional, afirma que o tiro foi disparado em 1951, mas a informação vai de encontro a outras evidências. Todos descrevem sir Hugh agindo rapidamente por instinto, e grande parte das versões da história fala da continuação do debate nas bibliotecas de Londres pouco após o retorno de Beaver de sua excursão, com a pesquisa se desenvolvendo em um período de apenas semanas ou meses. As conversas e os procedimentos que levaram à produção acelerada do primeiro Guinness — essa edição foi escrita em apenas 16 semanas — aconteceram todos no início de 1955, sem justificativa que explique um hiato de quatro anos entre a frustração de Beaver com o galo-selvagem e a tarambola-dourada e a publicação do livro. Tanto o *New York Times* quanto o *Scotsman* atribuem a gênese da ideia de sir Beaver a 1954, o que parece muito mais plausível. Nas agendas pessoais de Beaver, anotadas meticulosamente, com dias abarrotados de reuniões e viagens de negócios, não há nenhuma menção ao tiro entre 1951 e 1954. Contudo, no dia 8 de setembro de 1954, uma quarta-feira, sir Hugh escreveu, com sua caligrafia perfeita, a palavra *SHOOT* em duas páginas inteiras da agenda, representando uma semana toda. A falta de viagens anteriores e o momento desta sugerem que foi em meados de setembro de 1954 o instante de iluminação de sir Hugh sobre recordes mundiais. As agendas também sustentam a alegação de que ele não era um bom atirador, a não ser que conseguisse ficar sem praticar por anos seguidos. Considerando-se tantas responsabilidades empresariais, é difícil imaginá-lo treinando a pontaria. Descanso era uma coisa meio desconhecida para sir Hugh, e na primeira metade da década essa excursão corresponde à duração de seu único outro intervalo de uma semana, uma viagem à Itália, as únicas férias que a sra. Beaver anotou em seus diários. Fora essas duas viagens, no que diz respeito à diversão, ele aparentemente se satisfez com apenas uma noite no teatro com a esposa, algumas poucas partidas de bocha e jogos de golfe com intervalo de anos em cinco décadas.

Percebendo a necessidade de um compêndio de recordes que solucionasse as discussões, sir Beaver será para sempre conhecido como pai daquilo que inicialmente teve o título de *The Guinness Book of Records*. Mas, estranhamente, seu interesse pelo projeto parece ter se extinguido quase na sua gênese, como se encomendar a criação de um projeto para preencher um vazio de mercado fosse apenas mais uma das muitas decisões empresariais que ele tomava, não sendo mais importante que a cor da tampa de uma garrafa de cerveja. Nos papéis pessoais hoje preservados nos arquivos da London School of Economics, incluindo um primeiro esboço de um livro de memórias, quase não há menções ao livro, e fica claro que sir Hugh estava mais interessado em dedicar suas energias ao trabalho público do que a vender livros. Essa ideia fica bem clara em uma carta datada de 23 de novembro de 1964, três anos antes de sua morte, escrita à mão no papel timbrado da Park Royal Brewery do visconde Boyd, presidente da Arthur Guinness & Sons. Ela diz:

Meu caro Hugh,
Lamento muito que não possa vir ao jantar na sexta-feira, 13 de novembro, para comemorar o milionésimo exemplar do Guinness Book of Records. *Como foi você que começou tudo isso, é muito triste não tê-lo aqui, mas nós compreendemos, já que coincide com o evento na Universidade de Sussex. Todos estarão pensando em você e certamente beberão à sua saúde.*

Preferir participar de um evento de uma universidade da qual ele era tesoureiro — não indo a uma festa em comemoração ao que já era um impressionante feito publicitário — pode revelar o que sir Beaver pensava do empreendimento histórico que tinha iniciado. Ou talvez apenas refletisse sua natureza de trabalhador compulsivo. Talvez apenas não gostasse de festas. Qualquer que fosse a razão, sua ligação com aquilo que seria o livro com direitos autorais mais vendido de todos os tempos terminou com a contratação dos editores Ross e Norris McWhirter. Como tudo mais que sir Beaver fazia, esse momento foi registrado em precisas cartas a lápis, em tom sereno. No dia 3 de maio de 1955, oito meses depois da viagem de caça de Beaver, sua agenda registra simplesmente "sr. McWhirter e sr. Horst, almoço" em meio a vários outros compromissos do dia. Se ele foi o pai d'O Livro, como seus fãs passariam a chamá-lo com referência bíblica, Ross e, especialmente, Norris McWhirter foram suas babás, ou talvez seus pais adotivos.

Ross e Norris Dewar McWhirter eram gêmeos idênticos, nascidos com 20 minutos de intervalo, em Winchmore Hill, norte de Londres, no dia 12 de agosto de 1925. A partir daquele momento estavam aparentemente destinados a criar o *Guinness Book of Records*. Tudo o que os McWhirter fizeram desde bem pequenos os colocou no rumo d'O Livro, desde a carreira do pai no jornalismo, passando por seus passatempos de infância e as realizações escolares e atléticas, até sua memória fotográfica nata. Mais do que meros editores, os gêmeos se tornaram astros da televisão, personalidades políticas e divulgadores de primeira categoria. Sem dúvida, a estranha dupla desempenhou o papel principal na história desse épico editorial.

O pai dos gêmeos, William McWhirter, era um bem-sucedido jornalista que administrava três jornais de circulação nacional da Fleet Street e que se tornaria o diretor administrativo da Associated Newspapers e do Northcliffe Newspaper Group. Inovação e sede de conhecimento pareciam estar gravados no DNA da família, já que o avô dos gêmeos, também William McWhirter, foi o famoso inventor do voltímetro e do amperímetro. Dizia-se que o pai deles levava para casa cerca de 150 jornais por semana, que seus jovens filhos, fascinados por fatos, números, esportes e superlativos, devoravam da primeira à última página, mantendo um grande catálogo de recortes interessantes. "Desde pequenos, eu e meu irmão

Ross colecionamos fatos e números, assim como algumas crianças colecionavam bilhetes de bonde", recordou Norris mais tarde. Da mesma forma, em entrevista ao *Harvard Crimson*, Ross explicou que eles se interessavam por fatos desde cedo. Recortavam itens interessantes dos jornais e os registravam na memória, que depois se mostraria prodigiosa. "Tínhamos listas dos maiores prédios, esse tipo de coisa." Não foi um passatempo infantil ocasional; era uma paixão que os irmãos inseparáveis continuariam a dividir e a praticar ao longo de todo o tempo que passaram juntos na faculdade preparatória Marlborough, em Oxford, e na Marinha Real britânica. Décadas mais tarde, David Boehm, fundador da Sterling Press, editora dos livros Guinness nos Estados Unidos, ainda se impressionava com a atração dos gêmeos por fatos. "Eles decoraram todas as datas importantes da história mundial, todos os rios e as cadeias montanhosas, todas as capitais mundiais e, depois, todos os recordes do livro Guinness."

A maior paixão dos gêmeos era o esporte, e eles não eram atletas de sofá. Eram atletas de qualidade, que competiam nas pistas em nível nacional e internacional, e também se superaram no rúgbi. Ambos cursaram o Trinity College de Oxford, onde correram as 100 jardas rasas, e Norris foi bom o bastante para enfrentar (e perder para) o atleta de Trinidad e Tobago Emmanuel MacDonald Bailey, na época recordista do Reino Unido. Foi "pré-selecionado" para os 200 metros na equipe olímpica britânica de 1948, mas distendeu um tendão na parte de trás do joelho antes de garantir a vaga. O sucesso de ambos nas pistas foi ainda mais notável considerando-se a árdua disputa: Ross e Norris estavam na mesma equipe de Oxford que o lendário Roger Bannister, que se tornou amigo íntimo antes de ficar conhecido como o primeiro homem a correr uma milha em menos de quatro minutos. A equipe de corrida também incluía Chris Chataway, outro amigo que depois iria ditar o ritmo na milha épica de Bannister e se tornaria o recordista mundial dos 5 mil metros. Ao concluir a faculdade após uma interrupção para o serviço militar, os quatro integraram uma equipe de vinte homens escolhida para representar Oxford em sua primeira excursão atlética ao exterior depois da guerra; a equipe se revelou bem distinta. "Teria sido mais necessário um clarividente do que um observador atento para prever que aquele bando despreocupado conteria um primeiro-ministro [Ratu Kamisese Mara, Fiji], o velocista mais rápido da Europa, o primeiro a percorrer uma milha em menos de quatro minutos, um destacado diretor de ensino e [no caso de Ross] o primeiro editor a vender 25 milhões de exemplares de um livro em vida", escreveu Norris.

Com exceção de um breve período servindo em navios diferentes durante a guerra, os gêmeos raramente ficavam longe um do outro, e, consequentemente, a formatura os levou juntos a um caminho incomum. "Nunca ocorreu a nenhum de nós que faríamos algo separados ou que seríamos empregados de uma grande empresa. Havia a suposição tácita de que, qualquer que fosse nossa carreira, estaríamos juntos e teríamos nosso negócio", constatou Norris. Em 1949, valendo-se da antiga paixão por esportes, fatos e estatísticas, bem como da experiência infantil na periferia do núcleo jornalístico da Fleet Street, os gêmeos conceberam um plano para montar um negócio fornecendo fatos e números para jornais, anuários, enciclopédias e anunciantes. Sabendo que demorariam para pesquisar os dados, lançar e consolidar esse negócio peculiar, eles começaram a escrever seu primeiro livro, *Get to Your Marks* [Deixe sua marca], com o subtítulo *A Short History of World, Commonwealth, European and British Athletics* [Uma breve história do atletismo no mundo, na Comunidade Britânica, na Europa e na Grã-Bretanha], para gerar renda. O livro foi publicado em 1951, e, duas décadas depois, o *The Guide to British Track and Field Literature from 1275-1968* o classificaria como "um marco na literatura do atletismo. O texto se distingue por um grau de precisão e abrangência que nenhum historiador do gênero conseguiu antes. Os McWhirter foram os primeiros a destacar os dados estatísticos que caracterizam as matérias sobre esportes atualmente".

Uma pesquisa revelou que nunca existira uma empresa que fizesse um "banco de fatos". Entusiasmados com isso, no dia 2 de março de 1951 a McWhirter Twins Ltd. foi registrada oficialmente. Os irmãos começaram a procurar jornais imediatamente, tentando vender seu serviço de descoberta de fatos. Por uma feliz coincidência, um desses telefonemas levou não à venda de fatos, mas a uma oferta de emprego em tempo integral para Ross no *Star* de Londres como setorista de tênis na grama e rúgbi, bem como a um trabalho de freelancer por temporada em outros esportes para Norris. Os McWhirter refletiram e chegaram à conclusão de que a renda de Ross lhes daria alguma estabilidade, enquanto Norris teria tempo suficiente para cuidar da incipiente empresa de descoberta de fatos. Depois de um tempo, o sucesso de ambos nos esportes e na cobertura esportiva levou Norris à carreira de comentarista para a rádio BBC. Então, como um precursor do Guinness, um dos primeiros grandes negócios fechados pela McWhirter Twins Ltd. foi um contrato para produzir "informação interessante" a ser impressa nas embalagens do cereal matinal Shredded Wheat. Os gêmeos ganharam o contrato apenas quando sugeriram usar "objetos e pessoas superlativos", acompanhados de ilustrações artísticas, nos verbetes da caixa do cereal.

As coisas correram bem para os gêmeos por alguns anos: Ross cobria grandes eventos, como Wimbledon, enquanto o irmão pesquisava fatos inusitados para as caixas do cereal, aumentando sua reputação como comentarista. Norris também começou a editar a revista *Athletics World* em 1952, o que continuou a fazer durante os quatro anos seguintes. Eles pareciam ser feitos do mesmo material que sir Beaver, adquirindo um número crescente de negócios. O trabalho de Norris na rádio BBC também deu um grande salto com suas transmissões da Olimpíada de Melbourne em 1956, que o levou à televisão para integrar a equipe de comentaristas da rede nos quatro Jogos Olímpicos seguintes: Roma (1960), Tóquio (1964), México (1968) e Munique (1972). Brevemente essa experiência com as câmeras seria importante para divulgar a marca Guinness.

O crescente sucesso dos McWhirter chegou ao auge em 1954, ano que Norris batizou de *annus mirabilis* no livro *Ross*, misto de autobiografia e biografia de seu irmão. Os milagres aos quais ele se referiu foram a quebra dos quatro minutos na milha pelo amigo Roger Bannister e a questão galo-selvagem versus tarambola-dourada por sir Hugh Beaver. A primeira aconteceu no dia 6 de maio na conhecida pista da Universidade de Oxford, onde Norris, Ross e Roger tinham corrido por muitos anos (e onde Ashrita Furman faria um percurso recordista, embora de pula-pula). Norris foi contratado para fazer os comentários pelo sistema de som e, sabendo que Roger estava muito mais perto da marca do que alguns observadores suspeitavam, treinou bastante na noite anterior para dar um anúncio "espontâneo", caso Bannister realmente quebrasse a marca histórica. Foi o que aconteceu, por uma pequena margem de 0,6 segundo, e Norris anunciou, lentamente e sem emoção: "Senhoras e senhores. Eis o resultado da nona prova, a milha. Em primeiro lugar, o número 41, R. G. Bannister, da Associação Atlética Amadora, ex-aluno das faculdades de Exeter e Merton, com um tempo recorde que, sujeito a ratificação, será um novo recorde inglês, do Império Britânico e Mundial: o tempo de 3 minutos..." O restante do anúncio, "59 segundos e 4 décimos", foi abafado pela reação selvagem da multidão de cerca de 1.200 pessoas. Esse acontecimento foi tão importante na história do esporte que Norris depois disse: "O público total foi estimado em 1.200 pessoas, mas desde então eu tenho conhecido todas as 10 mil!"

Como o mundialmente famoso livro de recordes dos gêmeos provaria ao longo das seis décadas seguintes, recordes existem para ser quebrados, mas os primeiros são eternos. A nova marca de Bannister resistiu por apenas 46 dias, e foi o recordista seguinte, o australiano John Landy, com 3'57"9'", que teria o registro publicado na primeira edição do *Guinness Book of Records*, embora Bannister garantisse durante muito tempo um lugar em suas páginas, junto a nomes como Neil Armstrong e sir Edmund Hillary, por sua primazia. Mas os gêmeos ainda teriam mais: o sucesso de Landy montou o cenário para uma demonstração muito aguardada entre os dois velocistas nos Jogos da Comunidade Britânica em 1954, em Vancouver, onde Norris contou que os cambistas cobravam até 100 dólares canadenses — uma quantia exorbitante na época — pelos ingressos para o evento, apelidado pela imprensa de "Milha milagrosa". Os McWhirter novamente estavam lá para testemunhar a história das pistas quando Bannister venceu em 3'58"8''', e Landy ficou a menos de um segundo atrás, formando a primeira dupla da história a correr a milha em menos de quatro minutos.

Enquanto os gêmeos se divertiam em Vancouver, sir Hugh Beaver caçava pássaros na Irlanda. O que os unia era outro empregado da famosa cervejaria, o astro das pistas de Oxford, velocista e recordista mundial Chris Chataway, colega de equipe dos McWhirter. Chataway tinha acabado de abandonar o atletismo, assumindo um cargo executivo na Park Royal Brewery da Guinness em Londres, a fábrica que o próprio sir Beaver ajudara a construir quando engenheiro. Ao voltar para o trabalho depois de sua temporada de caça, sir Beaver começou imediatamente a falar com executivos da Guinness sobre a ideia de um livro para resolver polêmicas de bar, e o colega e diretor administrativo Norman Smiley, que também tinha corrido a milha em Oxford, se entusiasmou bastante. Smiley insistiu no assunto com Beaver várias vezes nos meses seguintes, até que certo dia os dois conversaram sobre isso com Chataway durante um café da manhã. A dupla perguntou a Chataway se ele conhecia alguém adequado para assumir o projeto, e ele recomendou os McWhirter sem hesitar. A pedido dos chefes, telefonou para os irmãos e perguntou, de um modo que Norris considerou muito misterioso e secreto, se eles poderiam ir à cervejaria para discutir "um projeto". Chataway se recusou a dar maiores detalhes e informou que não participaria da reunião. Norris lembrou mais tarde que "aparentemente sir Hugh tinha um instinto para a confidencialidade que sempre foi uma parte infeliz mas necessária do mundo editorial".

Quando os McWhirter chegaram à cervejaria londrina, foram levados à sala de jantar privativa da diretoria, onde encontraram um grande grupo de diretores da empresa e nenhum outro convidado de fora. Assim Norris recordou a reunião profética:

> Depois das conversas habituais, sir Hugh encaminhou o diálogo para o tema de recordes e quebra de recordes. Perguntaram a mim e a Ross os recordes de uma série de categorias bastante simples para nós, como obstrução de trabalhos legislativos com longos discursos (o senador Wayne Morse, do Oregon, com mais de 22 horas) e acocoramento em postes (um homem em Portland, também no Oregon, chamado Howard, que permaneceu agachado por 196 dias). Lorde Moyne estava mais interessado em como descobrir os recordes e menos em se sabíamos a resposta, e perguntou como, por exemplo, descobrir qual o rio mais largo que já tinha congelado. Ross respondeu, antes de mim, que essa questão específica era bastante simples, porque só poderia ser um entre três concorrentes: os três rios russos Ob,

Yenisei e Lena, que correm para o Ártico, acrescentando que a Antártica, é claro, não tem nenhum rio.

Sir Hugh começou então a contar sua experiência como engenheiro civil na construção de portos na Turquia três ou quatro anos antes da guerra, e mencionou que o problema era traduzir as especificações do inglês para o turco. Eu disse que não sabia como o turco poderia ser um problema, já que a língua só tem um verbo irregular. Sir Hugh ficou atônito e perguntou:

— Qual é o verbo irregular?

— Imek, verbo "ser".

— Você fala turco? — ele perguntou, e admiti que não. E continuou: — Então como afinal você sabe disso?

— Porque eu me interesso por todos os tipos de recordes, e aprendi isso ao tentar descobrir qual idioma tinha menos verbos irregulares, em comparação com os cerca de 180 em inglês.

Sir Hugh pareceu chegar à conclusão de que tinha encontrado as pessoas certas para produzir o livro, que ele decidiu que seria publicado pelo selo Guinness, para solucionar discussões nos 84.400 pubs do país. De repente ele falou: "Vamos criar uma subsidiária para a edição. Qual de vocês será o diretor administrativo?" Ross explicou que tinha um emprego na Fleet Street e que eu estaria em melhores condições para assumir o posto. Sir Hugh, que precisava ir a outro compromisso, acrescentou apenas: "Antes de sair, subam, falem com o contador e digam de quanto dinheiro precisam."

Os irmãos criaram a Superlatives Limited, subsidiária financiada pela Arthur Guinness & Sons, com escritórios no quinto andar da Ludgate House, na Fleet Street, a poucos quarteirões de onde seu pai lhes apresentara o jornalismo. Eles só tinham 16 semanas — até julho de 1955 — para concluir a primeira edição do *Guinness Book of Records*. Para isso a dupla trabalhou noventa horas por semana, atravessando a madrugada quase todas as noites. Segundo Norris, "o trabalho no livro podia ser resumido como extrair 'mais' — por exemplo, mais altos, mais velhos, mais ricos, mais pesados, mais velozes etc. — de 'istas' e 'ólogos' — dendrocronólogos, helmintologistas, paleontólogos, vulcanologistas etc." Para tirar os "mais" dos "istas" e "ólogos", eles enviaram centenas de cartas para especialistas de todo o planeta. Quando a primeira edição foi publicada, a página de agradecimentos mencionava 95 entidades, das principais montadoras de Detroit à Missão Diplomática alemã e à embaixada japonesa, passando pela Guarda Costeira dos Estados Unidos e pela BBC, além de grupos especializados como a Sociedade Micológica Britânica e a Associação Espeleológica Britânica.

Ao escrever as cartas, os McWhirter logo aprenderam as regras básicas da pesquisa de recordes. Perceberam que sempre eram mais bem-sucedidos quando primeiro descobriam por conta própria o que consideravam ser a resposta certa para depois apurar do que quando a pediam diretamente aos especialistas. "Pessoas que resistem muito a dar informações, com frequência, têm um desejo irresistível de corrigir as opiniões dos outros", comentou Norris com ironia. Da mesma forma, amadores entusiasmados eram mais acessíveis que profissionais esgotados, e estrangeiros respondiam mais sobre outros países do que sobre o seu próprio. Especialistas franceses não respondiam a cartas em inglês, enquanto os alemães ficavam furiosos se os britânicos traduzissem cartas para a língua deles. No fim dessa busca frenética por superlativos, Norris concluiu que "compilar um livro de referência, portanto, é algo que descobrimos exigir não apenas um gasto de energia bem superior ao demandado por qualquer autor de ficção, mas também a utilização de alguma dose de psicologia".

No dia 27 de agosto de 1955, o gerente dos McWhirter entrou na sede da Superlatives Limited com o primeiro exemplar encadernado do livro: a capa de linho verde com as palavras "The Guinness Book of Records" juntamente com a logomarca de harpa da cervejaria, estampada em dourado. (A harpa é uma imagem popular na Irlanda, que aparece no brasão da República, em moedas e como símbolo do Trinity College, de Dublin. Ela aparece no rótulo da Guinness, e, além da *stout* [cerveja escura] homônima, a empresa também produz uma das melhores *lager* [cerveja tipo pilsen] do mundo, adequadamente batizada Harp.) Também incluía um comovente prefácio do conde de Iveagh, presidente da Guinness, sugerindo que, mais que ser apenas tinta e papel, o livro podia transformar o calor de uma discussão em luz do conhecimento. Para aqueles acostumados às edições impressas dos últimos quarenta anos, o primeiro livro guarda apenas uma vaga semelhança com aquilo em que o *Guinness Book of Records* se tornou. Afinal, ele foi inspirado por enciclopédias e é basicamente um livro de referência, conservador na aparência, algo para ser colocado na prateleira junto com o Almanaque Mundial e o dicionário. Assim, apesar das poucas pessoas trabalhando na produção e na pesquisa e da inacreditável pressão do tempo, o livro original tinha cerca de oito mil recordes, muito mais do que a quantidade publicada hoje, atingindo um grau de abrangência que iria declinar aos poucos ao longo do tempo, mesmo aumentando de tamanho e de espessura. Foi decidido cobrar apenas 5 xelins (25 centavos de libra ou 50 centavos de dólar em valores atuais) por um livro de 198 páginas, ilustrado e com capa colorida — um luxo na época. Ao abri-lo hoje, o livro original continua a ser tão emocionante quanto foi há mais de meio século, quando os primeiros leitores se confrontaram com duas páginas quase inteiramente brancas, contendo apenas algumas poucas palavras no canto inferior direito:

MONTE EVEREST (8.850 METROS)
A montanha mais alta do mundo

Livre de pontuação, resumia e representava perfeitamente aquilo pelo qual o livro seria conhecido, incluindo um "mais", no caso de "alta", e um "do mundo", pois o livro não era feito apenas de recordes, mas de recordes mundiais. Os leitores que viravam essa página eram saudados por uma raridade em 1955: uma fotografia colorida da própria montanha envolta em nuvens, uma imagem adequadamente majestosa para a coleção de superlativos que eles tinham em mãos.

O primeiro exemplar foi enviado para o homem que encomendara o trabalho. Sir Beaver respondeu imediatamente aos gêmeos:

> Ao chegar em casa domingo passado encontrei sua carta de 27 de agosto e o primeiro exemplar encadernado do Guinness Book of Records. *Fico imensamente agradecido pelo envio. Já li grande parte dele e estou impressionado com a habilidade com que vocês o construíram. Na relação custo-benefício, acho que provavelmente não haverá nada como ele no mercado editorial este ano.*

A primeira tiragem foi de 50 mil exemplares, o que teria sido muito otimista não fosse a enorme quantidade de pubs já ligada à Guinness. As vendas comerciais começaram muito lentas, e a equipe da Superlatives Limited ficou desanimada quando a W. H. Smith, principal livraria do país, encomendou apenas seis exemplares — e ainda insistiu na opção de devolução. Ross, Norris e sua pequena equipe tentavam entender o motivo para essa inesperada resistência, quando, duas horas depois do encontro com o livreiro, receberam um telefonema do mesmo, que, após ter começado a ler a obra, aumentou a encomenda para cem unidades. Na mesma tarde, Smith faria o pedido de mil exemplares. Ao final da semana, esse comprador já tinha encomendado um quinto de toda a tiragem. "Rapidamente percebemos que o livro que tinha sido produzido para acabar com discussões em pubs (...) estava prestes a se tornar um best-seller. Há muito tempo Ross e eu suspeitávamos de que nosso próprio fascínio por recordes e superlativos podia não ser tão esquisito quanto alguns de nossos amigos pensavam, embora não soubéssemos que um fascínio assim fosse tão disseminado."

Segundo Ken Jennings em *Brainiac*, os McWhirter tinham a certeza de haver um mercado para seu projeto porque os ingleses gostavam muito de fatos estranhos. "As raízes dos conhecimentos gerais — no sentido de miscelânea e cultura inútil — remontam à velha Inglaterra (...) No início da era vitoriana, a cultura inútil estava se tornando menos inútil: uma miscelânea de fatos aleatórios que por acaso o autor considerava interessantes. Um livro como *A Million of Facts*, de sir Richard Phillips, de 1830, é metade almanaque (relacionando eclipses, pesos e medidas etc.), metade trivialidades. Comerciantes e fazendeiros da época não precisavam saber que 'a pintura famosa mais antiga da Inglaterra é um retrato de Chaucer sobre madeira datado de 1390.'" A linguagem de Phillips é bem semelhante à usada nos verbetes dos primeiros livros Guinness, como confirma Stephen Moss, repórter do jornal britânico *The Guardian*. "Também é um equívoco histórico pensar no Guinness como um pioneiro. O final do século XIX estava repleto de almanaques e anuários — reflexo do fetiche da era vitoriana pela compilação e de sua fé nos fatos." De qualquer modo, quando estreou em 1955, não havia no mercado editorial nada como o *Guinness Book of Records*, e, tenha ele aberto um novo nicho ou reativado antigos desejos, todos queriam um exemplar. O momento também pode ter contribuído para outro surto de conhecimentos gerais no Reino Unido, como descreveu Jennings: "As discussões de bar, assim como o rock and roll dos anos 1960, são uma característica britânica e, como os Beatles, podem ter nascido em Liverpool por volta de 1959."

"Faz sentido que tenham começado nos pubs, porque temos uma cultura de pub única neste país", disse Mark Frary, escritor e correspondente do *Times* de Londres. "As pessoas não veem nada de mais em passar algumas horas no pub toda noite; é um aspecto da vida social, e foi quando as pessoas se reuniram que o livro ganhou uma plateia. Foi exatamente a excentricidade britânica daquilo tudo que fascinou as pessoas, e elas adoraram."

Norris estava certo sobre a constatação inspirada pelos pedidos da W. H. Smith. Em dezembro, o livro se tornara um best-seller, iniciando uma tradição que se repetiria todo ano em que um novo volume era lançado. O Guinness não fora concebido como uma obra anual, e só depois de mais de uma década começaram a aparecer datas na capa do livro. A primeira edição ficou conhecida simplesmente como a "verde" e teve de ser reimpressa três vezes para atender à demanda. As férias chegaram e passaram, mas a popularidade do livro não deu sinal de queda. Quando a quarta impressão, de janeiro de 1956, se esgotou, e as vendas do volume com desconto chegaram a 187 mil dólares, a cervejaria decidiu fazer uma pausa para se reunir. Decidiram publicar ainda naquele ano uma edição atualizada e com um preço realista — mais alto. Os McWhirter voltaram ao trabalho e lançaram a quinta edição (conhecida como a segunda edição nos Estados Unidos) em outubro de 1956. Esse livro, conhecido como o "azul", era apenas uma segunda versão da primeira, com mudanças no conteúdo original, mas praticamente idêntica, a não ser pela capa de tecido azul. Repetindo o sucesso, o azul se tornou um best-

-seller e foi reimpresso apenas dois meses depois. Não houve edição em 1957, já que a administração da Superlatives Limited estava tentando levar o Guinness para o mercado americano, maior. Houve uma versão vermelha em 1958, sucedida por mais duas edições bienais. Em 1964, o livro se tornou um marco anual, sendo atualizado e lançado todos os anos deste então. As edições mudavam de cor e permaneceram sem data até 1969, quando passou por sua primeira transformação radical no ano seguinte — ainda sob o comando de Ross e Norris McWhirter.

Os irmãos eram aparentemente incansáveis; continuavam a atualizar o livro, a executar seus outros trabalhos de redação e edição, a viajar intensamente e a fazer coberturas esportivas pela televisão. Mas de algum modo encontraram tempo para tirar férias. Pouco depois do grande sucesso do *Guinness Book of Records* original, os dois McWhirter se casaram com mulheres que conheceram em viagens para esquiar: Ross com Rosemary Grice, em 1956, e Norris com Carole Eckert, em 1957. No entanto, do ponto de vista do leitor, eles permaneceram muito mais anônimos do que os personagens que imortalizaram. As edições verde, azul e vermelha foram publicadas anonimamente, a não ser pelo misterioso "compiladores", como os McWhirter eram chamados. Sempre dando o crédito a outras pessoas, eles começaram a salpicar a página de agradecimentos com nomes de sua equipe e secretárias já em 1958, mas apenas na edição negra de 1960 tiveram o reconhecimento que mereciam, quando as assinaturas em fac-símile de Ross e Norris começaram a aparecer regularmente. Tornou-se hábito agradecer a cada pessoa do escritório da Superlatives Limited que tinha contribuído para a frenética produção do livro.

Em poucos meses, o que tinha começado como uma brincadeira de caça aos pássaros e um plano de marketing para pubs se transformara em um negócio sério, e o sucesso inesperado rapidamente levou os executivos da Guinness a se expandir para o mercado dos Estados Unidos, maior e mais lucrativo. Norris foi enviado ao país para pôr em prática o que ele fazia melhor: conduzir uma missão de descoberta de fatos e pesquisar uma estratégia de expansão. A pressão para produzir rapidamente uma versão americana se mostrou problemática: 50 mil exemplares verdes foram publicados experimentalmente para os americanos, com o nome *The Guinness Book of Superlatives*, por medo de os leitores confundirem o termo *records* no sentido de recordes esportivos com *records* de registros fonográficos. Trabalhando numa sala apertada do gigantesco departamento de vendas da cervejaria em Nova York, Norris só conseguiu empurrar 29 mil exemplares. Embora não fosse um resultado ruim se comparado com a média dos lançamentos, era pouco em relação ao sucesso em casa. Os Estados Unidos não tinham uma cultura de bar como a descrita por Mark Frary, e, pior, a experiência editorial e comercial dos McWhirter limitava-se ao mercado britânico, no qual a publicidade era não apenas desnecessária como de certo modo vista com maus olhos. Norris percebeu que do outro lado do Atlântico acontecia o oposto, ou seja, "nos Estados Unidos as pessoas não irão comprar nada a não ser que seja anunciado, porque acham que o fabricante não acredita realmente no produto se ele não gastar muito dinheiro fazendo propaganda. Em Nova York, não estávamos preparados para anunciar o lançamento da nossa edição original, ingenuamente intitulada *The Guinness Book of Superlatives*, e, além do mais, não tínhamos planejamento logístico". Norris McWhirter, visivelmente desapontado, deixou as operações da Superlatives Limited nos Estados Unidos nas mãos de Dorothy Nelson, gerente encarregada de promover, vender, enviar, cobrar e remeter os lucros da empresa e de seu livro. Mal sabia ele que, depois de alguns anos e da intervenção fortuita do editor americano David Boehm, seu livro de recordes logo se tornaria ainda mais popular nos Estados Unidos do que em casa — e algo para o qual os fãs ficariam obcecados em entrar, não apenas em ler.

Os anos 1960 e o início dos 1970 foram a era de ouro para os McWhirter e a franquia de recordes Guinness. Transformado em best-seller dos dois lados do Atlântico no início dos anos 1960, o mundo estava a seus pés. A mania de recordes rapidamente gerou edições em francês, *Le Livre des Extremes,* e em alemão, *Rekorde, Rekorde, Rekorde.* Em 1966, tinham sido vendidos 1,5 milhão de exemplares, além das edições japonesa e dinamarquesa. Um ano depois foram vendidos mais um milhão, e o livro foi traduzido para o espanhol e o norueguês. Mais um ano e outro milhão e meio de cópias depois, o *Guinness Book of Records* foi traduzido para finlandês, italiano, dinamarquês e sueco, e começou a publicar fotos em quatro cores nas páginas internas, não apenas no frontispício. A década de 1960 terminou em grande estilo, não apenas com a adição das versões em tcheco e holandês, mas com um dos maiores recordes Guinness de todos os tempos, quando Neil Armstrong ajudou a criar uma importante nova categoria: a conquista da Lua.

No início da década seguinte, os McWhirter tinham se tornado celebridades em casa, mas o livro precisava de um novo ambiente. A televisão bateu à porta, os McWhirter atenderam, e a cultura pop nunca mais seria a mesma.

OBITUÁRIO DE SIR HUGH BEAVER, KBE (1890-1967)
(EXTRAÍDO DO GUINNESS TIME, BOLETIM INTERNO DA ARTHUR GUINNESS & SONS)

(...) o leve prazer que ele tinha com passatempos e arqueologia, história local e natural, poesia e aquela sede insaciável pela leitura. Era um atirador particularmente bom. Foi depois de um disparo perto do rio Slaney, no condado de

Wexford, que ele se sentiu frustrado em uma tentativa de descobrir qual era o pássaro de caça mais rápido: o galo-selvagem ou a tarambola-dourada, a qual ele tinha acertado. Naquele momento Beaver teve a inspiração que o levou a encomendar o *Guinness Book of Records*. Desde então esse título se tornou uma fonte de irritação para os editores concorrentes, que viram o número das edições estrangeiras d'O Livro chegarem ao marco em que ele hoje está: disponível na língua nativa de 790 milhões de pessoas.

(A mesma edição do *Guinness Time* traz uma matéria detalhada e a receita do maior bolo do mundo.)

3
Entrar para o Guinness se torna uma questão pessoal

> *Jack Nicklaus. Bobby Jones. Tiger Woods.*
> *Annika Sorenstam. Ben Hogan. Larry Olmsted.*
> *O que esses astros do golfe têm em comum? Com exceção de um,*
> *eles têm nomes conhecidos, são os melhores jogadores do Hall da*
> *Fama (ou estão a caminho dele). Como você já deve ter adivinhado,*
> *a única exceção sou eu, Larry Olmsted. Como eu me encaixo neste*
> *"Quem é Quem" dos grandes do golfe, este panteão de grandes*
> *tacadas? Detesto me gabar, mas Annika, os caras e eu somos todos*
> *recordistas do Guinness World Records por nossos feitos.*
> — GOLF MAGAZINE, MAIO DE 2004

> *Embora alguns recordes só possam ser estabelecidos por*
> *pessoas que dedicaram suas vidas a desenvolver habilidades,*
> *também desejamos incluir recordes para os quais pessoas*
> *sem brilhantismo especial possam contribuir.*
> — PETER MATTHEWS, EDITOR DO
> *GUINNESS WORLD RECORDS*, 1997

Na primavera de 2003, eu era como a maioria das outras pessoas nos Estados Unidos: sabia o que era o *Guinness World Records*, tinha crescido lendo o livro, assistido a programas na televisão sobre o assunto, mas só isso. Na verdade, não sabia mais nada sobre ele. Mas enquanto fazia uma viagem de golfe pela Irlanda e pela Escócia minha curiosidade de repente foi atiçada por uma reportagem sobre o quinquagésimo aniversário do livro, que estava por vir. Achei esse marco e as muitas outras curiosidades que a matéria apresentava muito interessantes, e isso ficou na minha memória.

Alguns meses mais tarde, eu estava em Nova York tomando café da manhã com Evan Rothman, o novo editor administrativo da *Golf Magazine*, maior e mais influente publicação sobre o esporte do país. Entre *bagels*, discutimos o fato de o golfe ser visto como um esporte sisudo e sem graça, e a revista, como uma publicação igualmente sisuda, escrita para um público maduro de calças xadrez, apesar do aumento do interesse dos jovens pelo súbito domínio do superastro Tiger Woods. Rothman não queria perder esse mercado emergente e estava em busca de matérias diferentes, com pontos de vista mais interessantes, bem-humorados e inéditos, em uma tentativa de cortejar novos e jovens leitores. Já tinha ouvido aquela história muitas vezes: é o jargão do editor para "queremos algo diferente daquilo a que estamos acostumados e, como é diferente, não sabemos o que é e na verdade não podemos descrever isso". Como na famosa indefinição do juiz da Suprema Corte Potter Stewart para pornografia, "Eu reconheço quando vejo", os editores com frequência partem nessa vaga missão de encontrar novos rumos.

Fazer do golfe algo atrativo não é uma tarefa simples. Muitas pessoas podem escrever matérias para revistas, mas é difícil que apareçam temas novos e interessantes todo mês. Para um freelancer, boas pautas são fundamentais, e de repente me vi em apuros quando Rothman me perguntou que tipo de ideias "radicais, diferentes, ousadas" eu tinha para aquele novo formato sobre o qual tinha sido informado havia cinco minutos. Enquanto pensava no que exatamente poderia transformar o golfe em algo espirituoso, atrativo ou, pelo menos, numa leitura interessante, surgiu uma faísca em minhas sinapses, ligando meus pensamentos à matéria do jornal. "E se...", gaguejei, tentando escolher as palavras ao mesmo tempo que minha ideia se formava. "...eu tentasse quebrar um Recorde Mundial Guinness no golfe e escrevesse uma matéria divertida em primeira pessoa sobre meu esforço? Mesmo que eu não conseguisse, poderia ser divertido."

Comecei a falar mais rápido, cuspindo as palavras antes que ele pudesse dizer não, apresentando aquilo de que me lembrava, dos fatos e números que tinha lido, sobre a vendagem estrondosa e a popularidade global, relacionando tudo isso ao aniversário do livro que se aproximava. "Poderíamos temperar a matéria com recordes engraçados e até mesmo", acrescentei, na empolgação do momento, "fazer um box sobre como quebrar recordes Guinness, sobre como entrar para o Guinness". Não tinha mais nada a acrescentar, porque, no momento, aquele era todo o meu conhecimento sobre o Guinness.

Assim como o juiz Potter, Rothman reconhecia espirituosidade quando a via. Minha pauta foi aprovada, e nós apertamos as mãos simbolicamente, dependendo de minha pesquisa e de uma proposta mais formal explicando exatamente o que eu pretendia fazer para entrar no Guinness, o que era uma pergunta terrivelmente boa. Ainda não sabia praticamente nada sobre o livro, sobre como quebrar recordes, nem sequer sobre que tipos de recordes do golfe eram cobertos. Então, meus primeiros passos no mundo do *Guinness World Records* começaram quando entrei numa livraria e comprei um exemplar do livro que não lia havia mais de vinte anos.

Fui para casa e comecei a imaginar que tipo de recorde poderia quebrar. Brinquei com a ideia de bater bolas de golfe na área de treinamento até ver que esse recorde já existia — e era insuperável. Na época, o recorde era para o maior número de bolas batidas em uma hora, e, para evitar o golpe de mandá-las uma atrás da outra com apenas alguns centímetros do ponto de partida, as regras exigiam que cada uma precisava percorrer pelo menos 91 metros para ser validada. O Guinness já havia pensado em todas as transgressões que os leitores podiam usar para entrar no livro. O recorde era de 2.146 bolas, ou uma bola arremessada a cada 1,67 segundo. Para mim, estava fora de questão. O mesmo valia para o maior número de buracos jogados em uma semana (1.706, ou 13,5 partidas inteiras todos os dias!) maior número de buracos em um ano (10.550, ou pouco mais de 27 por dia) e até mesmo maior número de bolas equilibradas uma sobre a outra sem uso de fita adesiva (nove... mas como?). Era tarde demais para começar a colecionar bolas de golfe: o colega americano Ted Loz já tinha 70.718, cada uma com uma logomarca diferente. Examinei os recordes de golfe do livro e verifiquei o site do *Guinness World Records* na internet, mas surpreendentemente encontrei pouca coisa. Cerca de um décimo de 1% dos verbetes publicados se referiam ao golfe, e, para piorar, a maioria simplesmente não estava no livro. Até aquele momento eu achava que o livro era completo e continha *todos* os Recordes Mundiais Guinness, mas descobri que menos de um décimo de todos os recordes certificados eram impressos e encadernados. Assim, eu não tinha como saber qual era a relação dos recordes de golfe existentes. Além disso, não há descrição alguma de como os recordes são estabelecidos ou segundo quais regras, apenas os resultados. Soube pelo site, sob a chamada vistosa "Seja um recordista!", que poderia inventar e tentar estabelecer um novo recorde. Se aprovado, o parâmetro provavelmente seria muito mais baixo, já que seria o primeiro a tentar. Como eu era basicamente um escritor viajante, me concentrei em viagens e tive algumas ideias para um novo recorde. Um era o de jogar no maior número de países ou estados no mesmo dia, imaginando que em ambos os casos eu poderia conseguir três, possivelmente quatro jogos, incluindo os cruzamentos de fronteiras. Ou então — no que considerava uma adaptação esperta do clássico Guinness do maior número de pessoas em um Fusca — poderia tentar convencer os responsáveis pelas regras a aceitarem um recorde para o maior número de pessoas em um carrinho de golfe enquanto jogasse 18 buracos, desse modo partilhando minha futura fama Guinness com um grupo seleto de parceiros de golfe. Mas, quando telefonei para meu editor para debater as possibilidades, ele as descartou na hora, explicando que estabelecer um novo recorde era pouco se comparado a quebrar um existente. Para tornar a matéria mais interessante, queria que eu derrotasse alguém. Isso me mandou de volta às páginas do Guinness e limitou seriamente minhas opções.

Considerando-se o pouco espaço dedicado ao golfe no livro, não havia muito com o que trabalhar. Entre os recordes existentes estavam o maior número de títulos do British Open (seis, Harry Vardon); maior número de títulos do US Open (quatro, um empate quádruplo incluindo Jack Nicklaus); menor placar (59, empate triplo incluindo Annika Sorenstam); e maior faturamento na carreira (mais de 41 milhões de dólares, Tiger Woods). Obviamente eu não tinha chance alguma em qualquer um desses — nem em qualquer recorde de golfe baseado em habilidade. Simplesmente não sou muito bom. Dentro de um ano e com muito investimento estava certo de poder bater a média de 27 buracos por dia, mas o lado ruim é que minha esposa me abandonaria. Estava ficando desesperado e pensando em ligar para meu editor e implorar para ele deixar eu criar um novo recorde, quando vi, quase no final da seção de recordes de golfe: maior distância viajada entre duas rodadas de golfe no mesmo dia. O recorde era de um certo Nobby Orens, dos Estados Unidos, que em 1999 tinha jogado duas vezes no mesmo dia: primeiro em Londres, na Inglaterra, e depois em Tarzana, na Califórnia, abrindo uma distância de 9.526,4 quilômetros entre as duas partidas. Houve uma luz. Se um profissional especializado em viagem e golfe não conseguia descobrir um modo de melhorar a marca de Orens, com certeza eu não merecia entrar para o Guinness.

Preenchi imediatamente meu pedido de quebra de recorde pelo site do *Guinness World Records*, o único jeito de fazer isso na era da informação. Com a mesma rapidez comecei a descobrir a morosidade e a tendência à burocracia da organização. Para se registrar você primeiro faz um pedido on-line, seja para quebrar um recorde existente ou solicitando autorização para estabelecer um novo. Muitas semanas depois um formulário é enviado para ser assinado, um documento legal dando a eles todos os direitos de divulgar seu recorde sem remuneração e assim por diante, limitando até sua possibilidade de chamar a si mesmo de "recordista mundial Guinness" comercialmente, caso seja bem-sucedido. Você então assina e devolve o formulário por fax ou correio, e em quatro ou mais semanas eles respondem aceitando ou rejeitando sua tentativa de recorde. Se a resposta for positiva, eles lhe mandam uma série de regras. O site diz que o tempo previsto para todo o processo é de quatro a seis semanas, mas minha experiência mostrou que demora de seis a oito, ou ainda mais, o que deve ser mais comum.

A maior frustração é ter que esperar de dois a quatro meses do começo ao fim do processo para receber uma resposta; se a resposta for não, você tem de repetir tudo. Por isso, recordistas profissionais como Ashrita Furman enviam propostas regularmente e sempre têm múltiplas tentativas de recordes na fila, em vez de tentarem a sorte uma de cada vez e perderem meses nos intervalos. Para confundir ainda mais, se você quer tentar um recorde novo, como a minha ideia de jogar golfe no maior número de países em um dia, há uma grande possibilidade de que ele na verdade não seja inédito, já que mais de 90% dos recordes não estão disponíveis para o público, e, nesse caso, podem acontecer duas coisas: eles podem aprovar, mas você, que esperava jogar em quatro países, descobre que o recorde atual já é de sete ou algo absolutamente despropositado e sem chance de igualar; ou pode haver um recorde similar, e aí informam que você não pode estabelecer o recorde para jogar golfe no maior número de países em um dia, mas que tem uma chance de quebrar o de jogar golfe no maior número de continentes em uma semana, ou outra variação.

Também aprendi outras verdades importantes sobre o processo de solicitação. A Guinness World Records é uma empresa movida pelo marketing, e os responsáveis por ela gostam de ver seus recordes quebrados na TV e na imprensa. Isso significa que se você entrar em contato com o pessoal de relações públicas (eles têm uma equipe interna e uma agência contratada) e dizer que está tentando escrever uma matéria de alto nível para a maior revista de golfe do país mas as coisas estão andando devagar demais, talvez eles o ajudem a agilizar o processo. Isso não significa que eles sejam menos rígidos nos padrões de desempenho, mas vão acelerar o processo de solicitação antes — e de aprovação depois — da minha tentativa. Desde então eu confirmei esse hábito com vários outros órgãos da imprensa, mas também sei que, embora eles respondam mais rapidamente, continuam a rejeitar alguns casos, mesmo que signifique perder muita publicidade, o que é reconfortante em um sentido puro ou igualitarista. Se você não for da imprensa, ainda há um modo de ser atendido rápido e facilmente no que diz respeito ao pedido de quebra de recordes. Todo candidato a recordista tem a opção de pagar uma taxa de urgência para o que a Guinness World Records chama de "serviço Via Expressa". O problema é que no momento em que este livro estava sendo escrito a taxa de Via Expressa era de 300 libras por pedido, bem mais de 500 dólares, e, embora eles retornem logo, ainda podem muito bem dizer não. Caso isso aconteça, qualquer outro pedido que você faça, ainda que na mesma categoria de recorde, demanda outras taxas de Via Expressa. Um despreparado ou azarado que sonhe com um recorde pode gastar milhares de dólares em taxas antes de conseguir permissão para fazer apenas uma tentativa. Não consigo imaginar por que esse caminho possa parecer tentador para alguém a não ser os mais desesperados para entrar no livro, e entrar o mais rápido possível.

Outra despesa opcional é pagar para que um fiscal do Guinness veja a tentativa e certifique seu recorde no local, caso aconteça, poupando outro processo lento e detalhado em papel (e frequentemente em vídeo). Assim como propostas de recorde aceleradas, a verificação oficial do feito é outra despesa da qual grandes veículos de comunicação, como o *Today Show*, são dispensados, mas com que os quebradores de recordes comuns têm de arcar. Os preços variam, mas são altos, porque você tem que pagar o transporte, a alimentação e a hospedagem do fiscal. Assim, se você só viajar de primeira classe, acelerando seu pedido e tendo o evento testemunhado pela Guinness World Records, até mesmo um recorde sem custos como malabarismo em sua sala de estar pode acabar custando milhares de dólares para ser quebrado. Afinal, a empresa tem fins lucrativos, como o atual editor, Craig Glenday, lembrou ao *Wall Street Journal*: "Algumas vezes somos vistos como um serviço público, como se os contribuintes esperassem isso de nós."

Seja lá como você queira fazer seu pedido, tudo corre mais facilmente quando se busca um recorde existente, uma vez que é difícil justificar uma recusa quando alguém já foi aprovado para fazer exatamente a mesma coisa. Mas uma última complicação é que o recorde pode já ter sido quebrado uma ou mais vezes desde o momento em que você descobriu como quebrá-lo — ou pior, depois de você quebrá-lo, mas antes de o livro sair. Isso aconteceu em 1978 com 1.223 alunos frustrados da Universidade de Notre Dame que fizeram o que acharam ser a maior dança das cadeiras do mundo ao som de "Running on Empty", de Jackson Browne, só para descobrir, quando saiu a nova edição, que tinham sido superados por uma escola secundária de Salt Lake City que reunira 1.789 alunos, com música desconhecida. "Achamos que estávamos no livro", lamentou um dos universitários. Ashrita Furman me contou um acontecimento parecido: "Eu vi no livro uma foto do recorde de empurrar laranja com o nariz por uma milha; o recorde era de 70 minutos, então treinei para isso, estava pronto para quebrar e iria fazer em 60 minutos quando descobri que um outro cara tinha quebrado, em 44 minutos. Pouco antes de tentar o recorde você tem de verificar de novo, uma semana antes, para garantir que ninguém tenha melhorado. Então meu treinamento ficou muito mais intenso, realmente estava batendo com o nariz, pulando e correndo atrás, muito mais intensamente. Então fiquei pronto de novo e iria quebrar em Barcelona quando descobri que outro tinha feito em 29 minutos. Enquanto estava treinando para esse recorde, ele foi quebrado de 70 para 29 minutos. Então intensifiquei ainda mais, trabalhando a técnica e as laranjas, e finalmente fiz em 24 ou 26 minutos." O segredo dele foi trocar por uma laranja verde, que é mais dura e rola melhor.

Felizmente o golfe não é tão popular quanto empurrar uma laranja com o nariz, então ninguém tinha tentado quebrar o recorde de Orens. Após obter a autorização para seguir em frente, a equipe de administração de recordes me enviou regras e instruções longuíssimas detalhando o que eu podia fazer (completar minhas duas partidas no mesmo dia do calendário) e o que não podia (usar jatinhos particulares). Também precisava jogar as duas partidas com testemunhas confiáveis, que teriam de assinar meus cartões de marcação e dar declarações assinadas descrevendo, por escrito, ter jogado 18 buracos comigo pelas regras oficiais do golfe. Teria de apresentar cópias de minhas passagens aéreas, cartões de embarque, recibos de hotel e tudo mais que o Guinness pudesse achar que provasse a minha viagem. Essa é uma das razões pelas quais o Guinness insiste para que os quebradores de recordes tenham cobertura da imprensa local, bem como vídeos ou fotos, já que eles consideram que recortes de jornal e noticiários sobre seu feito são provas confiáveis.

Agora, a parte difícil: depois de mais de um mês de papelada, eu ainda tinha de descobrir como quebrar o recorde. Estudando o feito de Nobby, me dei conta de que ele tinha usado o fuso horário a seu favor, jogando pela manhã em Londres e então viajando oito horas para trás no tempo a caminho da Califórnia, compensando a maior parte do tempo de viagem. Mesmo assim era um cronograma apertado, e eu não podia ir mais a oeste da Califórnia. O Havaí, a parada seguinte, era longe demais para que houvesse tempo de chegar e ainda estar de dia para jogar. Qualquer rota que escolhesse, o limite básico era claro: teria de jogar em algum lugar perto de um grande aeroporto — onde eu começasse de manhã bem cedo — e por volta do meio-dia pegar um voo que chegasse ao destino final cedo o bastante para jogar outra partida, também perto de um aeroporto, tendo tempo suficiente para 18 buracos antes de escurecer. Nobby já tinha levado aos limites a vantagem dos fusos, mas eu percebi que poderia superá-lo se também cruzasse a linha internacional de data e recuperasse um dia inteiro. As regras só estabeleciam que meu recorde não podia superar um único dia no calendário, portanto não me limitavam a 24 horas. Para me beneficiar da linha do dia, tinha que viajar na direção oeste-leste, e queria um voo sem escalas para reduzir as chances de conexões perdidas ou de atrasos aéreos. Alvorecer, anoitecer, tempo de voo, distâncias entre campos de golfe e aeroportos e os próprios aeroportos eram fatores determinantes. Comecei a estudar dezenas de roteiros e voos de longa distância da Austrália para o hemisfério ocidental. Rotas tentadoras, como de Cingapura para Nova York, um dos mais longos voos sem escalas, foram colocadas de lado por pousarem à noite, quando os campos estariam fechados. Acabei encontrando um voo de Sidney para Los Angeles que atendia a todos os meus critérios. Se era para quebrar meu primeiro Recorde Mundial Guinness, que fosse em grande estilo. O melhor campo na grande Sidney é o New South Wales Golf Club, um dos mais famosos do esporte, eternamente entre os cinquenta melhores do mundo. Que lugar melhor para começar? Da mesma forma, o melhor espaço público perto de Los Angeles era o North Course, em Pelican Hill, Newport Beach, sempre entre os cem mais dos Estados Unidos. Implicava um deslocamento maior, a cerca de uma hora do aeroporto, em vez de um campo sem atrativos a apenas 15 minutos, que me daria maior margem, mas, se você está atrás de um recorde mundial, deve pensar grande. Aqueles eram dois campos de nível internacional em que a maioria dos golfistas teria sorte de jogar uma vez na vida, quem dirá em um só dia.

Sinceramente acreditava que minha primeira incursão no Guinness seria fácil. Não havia a questão da resistência humana, nenhuma exigência de preparo físico ou de coordenação nessa meta. Era um recorde de logística no qual o único desafio era o *jet lag*, e eu estava acostumado a viajar. No papel, meu plano era simples: jogar, voar, jogar, pegar o certificado. Já tinha jogado 36 buracos dezenas de vezes na vida, por isso o golfe em si não me preocupava, e meus amigos da companhia aérea eram bons o bastante para me promover à classe executiva em uma tentativa de recorde de alto nível, a fim de que eu pudesse me recuperar entre as partidas no equivalente aéreo de uma poltrona reclinável, tomando uísque, comendo costeletas frescas e assistindo a filmes, talvez até mesmo cochilando. Seria mais fácil que meus habituais 36 buracos por diversão, que não permitiam um descanso de 14 horas nem refeições pródigas entre as partidas. Na minha ingenuidade, a única coisa que estava no caminho entre mim e minha fama fugaz era a pontualidade da companhia aérea, estatisticamente confiável. Se meu voo estivesse no horário, ou mesmo perto dele, e se descartasse um terremoto ou um engarrafamento nas autoestradas de Los Angeles, o recorde seria meu. Mas logo descobri que no mundo de grande pressão do Guinness as coisas nem sempre saem como planejado. No dia da tentativa de quebra, as coisas começaram mal quando o motorista do carro contratado para me levar do centro de Sidney até o clube de golfe disse não saber onde ficava o campo, e, enquanto ele dava voltas frenéticas tentando localizá-lo, quase perdi o horário inicial de 7:30h, que tinha sido marcado especialmente como o primeiro do dia para que eu pudesse avançar sem ninguém na minha frente. Logo depois de mim haveria um torneio de sócios, ou seja, eu precisava estar no ponto de partida a tempo — no final eu só consegui porque saí correndo da loja de equipamentos.

Quando terminei a partida apressadamente e assinei o cartão com meu parceiro de jogo — um profissional do clube —, encontrei convidados me esperando. Um famoso repórter e uma equipe de televisão do Channel Nine News de Sidney tinham aparecido para uma entrevista não agendada, arrastando uma multidão de curiosos. Até hoje não tenho ideia de como eles souberam da minha tentativa de recorde. Depois da entrevista insistiram em registrar minha chegada ao terminal internacional da companhia aérea, para que tivessem uma cena poética para fechar a matéria, anunciando a segunda metade da jornada. Na prática eu tive que esperar cerca de dez minutos no clube de golfe enquanto a equipe ia na frente para se preparar, e depois fui levado ao aeroporto. Quando parei junto ao meio-fio em um sedã preto de vidros escuros, uma multidão tinha se reunido em torno do caminhão com antena de satélite e da equipe de reportagem, obviamente esperando Russell Crowe ou Nicole Kidman. Quando saltei, houve um suspiro coletivo de decepção, e os espectadores poderiam muito bem estar segurando cartazes de "Obrigado por desperdiçar nosso tempo". Minutos depois, atravessando desesperado o terminal, ouvi uma mulher dizer a um amigo: "Não sei. Foi só um americano qualquer."

Meu desafio seguinte foi no balcão de check-in. Embora estivesse na classe executiva, viajasse quase sem bagagem e tivesse decidido deixar meus tacos em casa para alugar outros e escapar do despacho e da espera que atrasaria a chegada, o funcionário da empresa insistiu em que eu despachasse minha bolsa de mão. Como trabalho viajando, tinha certeza absoluta de que minha bolsa era menor que as dimensões máximas para bagagem de mão. Mas, apesar de minha insistência educada, o funcionário se recusou a dar o cartão de embarque até que eu entregasse a bolsa, que continha apenas sapatos de golfe, uma luva, artigos de toucador (quando ainda era possível carregá-los) e uma muda de roupas. Precisaria enfrentar uma espera adicional e imprevista no aeroporto de destino e, considerando meu cronograma apertado, decidi que se minha bolsa não aparecesse logo simplesmente a abandonaria. É o tipo de preço que você tem de estar disposto a pagar para se juntar a Neil Armstrong e companhia como recordista mundial.

A recepção não foi mais calorosa do meu lado do Pacífico, já que pousei no aeroporto de Los Angeles em meio a um temporal inesperado e atípico. As pessoas não vão para o sul da Califórnia em busca de chuva e, como no meu caso, também não levam trajes de chuva. Pelo menos minha bolsa apareceu logo, e eu consegui meus sapatos. Meu parceiro de partida, o administrador geral do campo, ficou com pena de mim e me emprestou uma roupa de chuva, comentando que em seis anos nunca tinha jogado em um clima como aquele. Então nós chapinhamos pelo escorregadio mas belo cenário projetado por Tom Fazio. Em vez de reclamar do clima, da multidão de australianos furiosos, do problema com a bagagem ou mesmo do motorista perdido, deixei esses problemas de lado, pois percebi que recordes mundiais, mesmo os exóticos e provavelmente bobos, ainda assim são recordes, portanto merecem algum drama. Se fosse realmente fácil, que sentido teria?

Foi então que no dia 18 de fevereiro de 2004 quebrei o recorde de Nobby Orens por cerca de 2.400 quilômetros, jogando em Sidney pela manhã e em Los Angeles à tarde, cobrindo uma distância de 12.063 quilômetros. Acabei conquistando um lugar cobiçado na edição especial de capa dourada do 50º aniversário do *Guinness World Records*, em 2005, confirmando mais um conselho que eu havia recebido: quebrar recordes já impressos aumenta em muito a possibilidade de que você também esteja entre os menos de 10% de recordistas que aparecem no livro (historicamente, cerca de três quatros dos recordes publicados são repetidos de um ano para outro). Para encerrar o recorde memorável, eu consegui até um *birdie** no buraco 18 em Pelican Hill, o 36º buraco de um dia muito longo.

Um tempo depois, para minha grande surpresa, o próprio Nobby Orens me enviou um tocante e-mail de parabéns, ao ver meu feito no noticiário. Achei isso muito inspirador, aumentando minha simpatia e meu respeito pela tradição do *Guinness World Records*, fruto das raízes britânicas e do falso formalismo inglês. As regras elaboradas, embora vagamente democráticas (nada de jatinhos particulares para que os recordes não sejam apenas seara de bilionários excêntricos), e títulos extravagantes como "Guardião dos Recordes" (o modo pelo qual a empresa chama seu mais alto funcionário responsável pelas regras) fazem com que a coisa toda pareça de alguma forma mais nobre. O gesto de Orens se encaixa nesse modelo de jogo de cavalheiros. Foi uma das coisas que depois me inspiraram a escrever em minha matéria para a *Golf Magazine*: "Por quase meia década seu recorde foi uma prova da vontade férrea do ávido golfista viajante. Tendo dedicado grande parte da minha vida a divulgar o golfe em viagem, espero que o sr. Orens compreenda que não tive maldade em minha jornada épica, que considero ser boa para o próprio jogo. Da mesma forma, espero ver um dia meu próprio nome arrancado das páginas do Guinness por outro caçador de emoções que considere uma longa viagem de avião entre partidas muito mais prática do que um placar de 58." Depois, quando entrevistei Orens por telefone, hoje um homem em idade avançada que desistiu de quebrar recordes, ele me explicou suas motivações: "Por quê? Ego. Eu me sinto bem por ter o certificado na parede. Estou olhando para o certificado agora mesmo enquanto falamos. Mas não fiquei chateado quando ele foi quebrado, porque não esperava que durasse para sempre. Se esperasse que nunca fosse quebrado, teria ficado chateado. No dia seguinte ao meu recorde eu estava conversando com minha esposa, e disse: 'Alguém vai quebrar isso um dia desses.'"

Seguindo o mesmo espírito, eu dizia a mesma coisa aos meus amigos e à minha esposa, que eu esperava que meu recorde caísse e que desejava boa sorte ao próximo golfista de longa distância.

Eu menti. Quando meu recorde foi usurpado um ano depois, eu não fiquei nada contente. Questionei a integridade do recordista e do livro, já que conhecia os limites daquele recorde, e a nova marca, considerando seus extremos específicos, parecia no mínimo implausível. Tinha sido quebrada por um australiano pouco depois de minha tentativa, provando que era verdade tudo o que ainda aprenderia sobre recordes impressos e recordes mais divulgados serem marcas mais tentado-

---

* Jogada em que se coloca a bola no buraco com uma tacada a menos. (N. do T.)

ras e vulneráveis. Imagino que o australiano tenha visto no Channel Nine News de Sidney na manhã do meu grande dia e imediatamente tenha começado a fazer seus planos para me desbancar no livro dos recordes.

O que começara por acaso, com uma reportagem menos de um ano antes, me levara ao mundo do Guinness e estava prestes a me arrastar para o redemoinho de loucura que eu logo veria em muitos outros recordistas. Eles dizem que é melhor ter amado e perdido do que nunca ter amado, mas para mim havia outra alternativa. Após ter provado do recorde mundial e perdido, eu podia voltar e provar novamente. E iria.

Por que não mergulhar na penumbra com a mesma paz de Nobby Orens? Porque quebrar o recorde se tornara uma coisa muito maior do que eu esperava. Sabia que seria divertido, que daria uma boa matéria para a *Golf Magazine* e que era algo que nenhum de meus colegas que escrevem sobre golfe tinha feito. O que eu não sabia era que mereceria mais atenção do que em qualquer outro momento da minha vida. Isso começou antes mesmo que eu deixasse o campo de golfe de Pelican Hill naquele dia. Enquanto conseguia meu *birdie* ao crepúsculo, uma equipe de filmagem da ESPN estava lá para registrar, possivelmente avisados pelos colegas australianos. Minha mala de troféus não está exatamente abarrotada de prêmios esportivos, mas naquela noite fiz uma das Dez Jogadas do Dia segundo o *SportsCenter*, da ESPN. Assim que saí do campo fui entrevistado por uma equipe da ABC e por várias estações de rádio. Apareci no noticiário nacional noturno da ABC e no *Good Morning America* do dia seguinte. Amigos com os quais não falava havia séculos telefonaram para dar os parabéns após me verem na TV. Uma semana depois recebi um telefonema atrás do outro de outras emissoras de rádio e jornais, e fiz uma gravação para o noticiário local da NBC. Toda essa atenção diminuiu, mas por meses eu recebi ligações pedindo entrevistas. Uma equipe da NBC foi à minha casa. O jornal local, o premiado *Valley News*, me colocou na primeira página, acima da dobra. O engraçado é que meu recorde não era especialmente impressionante ou chocante nem tinha o impacto visual de, digamos, segurar cascavéis com a boca ou puxar um 747 ao longo de uma pista. Além de sua especificidade e de seu título difícil de compreender (a maior distância viajada entre rodadas de golfe no mesmo dia), era apenas um entre centenas de recordes quebrados ou estabelecidos naquele ano; não era sequer o único do dia (inacreditavelmente, alguém estabeleceu o recorde para erguer o maior número de exemplares da nova edição do próprio livro Guinness). Ainda estou suficientemente são para saber que o recorde nunca determinou o grau de atenção recebido, o que levava à pergunta: até que ponto alguém pode divulgar um recorde realmente engraçado? Meu certificado da Guinness World Records, assinado pelo próprio Guardião dos Recordes, logo chegou pelo correio, e eu imediatamente o coloquei em uma moldura pomposa. Tenho muito orgulho de expô-lo na minha casa. Até hoje, sempre que vou a uma festa ou a um evento e alguém conhecido comenta sobre meus recordes, as pessoas querem saber a história toda. Meus 15 minutos de fama se foram, mas na verdade nunca acabaram: mais de três anos depois, após meu recorde ter sido quebrado e não aparecer mais no livro, eventualmente recebo um telefonema de jornal ou rádio pedindo uma entrevista.

Nunca me vi como uma celebridade, e ninguém jamais me reconheceu pelo recorde ou pelas aparições na TV. Sabia que aquilo tudo só interessava a mim, à minha família e aos meus amigos, mas a febre Guinness ainda não passou. O que me fez recuar e ver o fenômeno Guinness sob um novo ângulo foi já ter tido a oportunidade de me apresentar ao público. Participei de muitos programas de entrevistas na TV e no rádio como especialista, passei tempo com várias celebridades e posei para câmeras nos bastidores. Assinei mais de três mil reportagens e, em viagens, muitas vezes encontrei leitores que ignoravam meu rosto, mas conheciam meu nome. Minha esposa costumava brincar dizendo que o marido dela era um dos poucos homens que posara para a *Playboy*, já que apareci por duas vezes na página de colaboradores. Se um Recorde Mundial Guinness por algo tão idiota quanto jogar golfe com um intervalo para filmes e coquetéis podia se tornar algo tão importante para mim, qual seria o efeito disso em alguém que nunca tivesse recebido atenção do público antes? O que havia de tão poderoso no fascínio do livro? Eu logo iria descobrir.

4
Guinnesporte: entrar para o Guinness chega ao horário nobre

O problema com essas pessoas é que elas são malucas, mas estão fazendo coisas que, como Norris McWhirter diria, "estavam no limite das possibilidades". Nós nunca rimos delas. Mesmo quando arremessavam porta-copos, nós dizíamos: "Você pode!" Esses caras perderam tempo aprendendo a fazer algo que ninguém mais faz, e isso é impressionante. Tenho um enorme respeito por eles. Não é a mesma coisa que ganhar uma medalha de ouro olímpica ou ser um pianista clássico, mas eles fazem alguma coisa melhor que todos. No final das contas, a única diferença está na "qualidade" do que eles fazem.

— GREG CHILDS, DURANTE MUITO TEMPO PRODUTOR DO PROGRAMA
RECORD BREAKERS, DA BBC

Se você quiser resolver uma discussão de bar em 2004 será louco de procurar o Guinness World Records. *Na verdade, será louco de procurá-lo em qualquer circunstância, a não ser que queira saber quem tem a maior coleção de palitos de picolé do mundo ou o maior número de latas de Pepsi de países do mundo. Mas nunca participei de uma conversa de bar em que alguém dissesse: "Fico pensando em quem é o maior colecionador particular de ioiôs" ou "Qual foi o maior número de confetes de chocolate comidos por alguém em três minutos usando hashis?"*

— MILES KINGSTON, *THE INDEPENDENT* (LONDRES)

Não foi por acaso que o *Guinness Book of Records* vendeu mais exemplares e se tornou mais popular à medida que incluía cada vez mais fotografias em suas páginas. Da mesma forma, as vendas aumentariam e ele se tornaria ainda mais popular ao publicar tais fotos. Não é ruim que o livro não tenha concorrentes, seja parte de uma marca global e ocupe uma lacuna do mercado, mas a rápida transformação do Guinness de instrumento para resolver apostas e curiosidades de bar em leitura hegemônica foi movida não por uma necessidade de localizar o ponto mais alto da Irlanda, mas pelo apelo quase universal de seu elemento humano. Quase desde o início, os leitores criaram laços com as pessoas mais velhas, mais gordas, mais altas e mais baixas do mundo, assim como com aquelas que ostentam barbas, bigodes e unhas mais compridos. Eram casos em que uma imagem valia mais que mil palavras. Embora nenhuma foto possa ilustrar a maior caldeira do mundo, um retrato dos gêmeos obesos McCrary lado a lado em motocicletas cria no leitor uma impressão indelével que não seria conseguida com uma simples descrição textual de seus pesos. Quando o livro original não conseguiu nem de longe vender tão bem nos Estados Unidos quanto na Inglaterra, e Norris McWhirter teve dificuldade para compreender o novo mercado, ele colocou tudo a cargo do distribuidor americano David Boehm, presidente da Sterling Publishing. Esperto, Boehm embrulhou o tecido verde liso com uma sobrecapa brilhante, impressa na frente e no verso com imagens e letras grandes apresentando superlativos, incluindo uma foto do maior número de pessoas em uma única bicicleta ao lado de ilustrações de um homem comendo um boi e de um domador de leões em ação. Três quartos das imagens na "nova" capa da Sterling eram de pessoas reais estabelecendo recordes, a despeito do pouco destaque nas páginas do livro, cujo conteúdo era mais voltado para montanhas e máquinas. Essa proporção começou a mudar imediatamente, e em quase todas as edições posteriores mais páginas foram dedicadas aos humanos. Não importava quão estranha era a parcela da humanidade representada, os leitores podiam se relacionar com eles como colegas, e, aparentemente, a isso se deve parte do segredo do fascínio do público pelo Guinness.

Durante a pesquisa para este livro, entrevistei dezenas de pessoas, muitas das quais tinham lido o livro quando crianças — um rito de passagem nos Estados Unidos —, mas não o pegavam novamente havia anos ou décadas. Depois de mencionar o título, *Guinness Book of Records*, praticamente todos com que falei, com idades entre 20 e 50 anos, tiveram exatamente as mesmas lembranças, um punhado de imagens marcantes: o cara com as compridas unhas curvadas, os gêmeos McCrary em suas motocicletas iguais, os gêmeos siameses originais, o homem com a "barba" de abelhas e Robert Earl Hughes, dono do grandioso título de homem mais pesado de todos os tempos. Todos eram mais lembrados pelas fotos chocantes que pelo texto que as acompanhava.

"Tenho certeza de que você entrevistou um grande número de pessoas que lhe disse a mesma coisa — não necessariamente muito original ou profunda —, que havia uma grande interação com pessoas comuns fazendo coisas incríveis", explicou o jornalista Ben Sherwood, fanático pelo livro e até recentemente produtor executivo de *Good Morning America*. Sherwood recordou como suas lembranças de infância do livro o ajudaram a moldar um romance que escreveu:

> *Na época eu era o produtor substituto de* Nightly News with Tom Brokaw, *e quando estava trabalhando houve o impeachment do presidente Clinton, a guerra em Kosovo e outras histórias interessantes, mas a mídia estava muito concentrada em outras coisas, e eu queria descobrir uma forma de falar sobre verdades importantes sem escrever um livro sobre um produtor de rede de televisão ou de uma revista. Então surgiu o* Guinness Book of Records, *que eu sempre adorei, e Robert Earl Hughes e todos aqueles caras viviam na minha cabeça.*

Essas lembranças universais levaram à comédia romântica inspirada no Guinness, *O homem que comeu o 747*, veículo que Sherwood usou para falar das importantes verdades da existência humana.

> *Como todo garoto, eu adorava fotografias e pessoas. Minha edição do livro, de 1974, um tijolo, era meu bem mais precioso. Eu o li tantas vezes que literalmente o guardava em uma caixa de sapatos, porque estava se desfazendo. Muitos dos personagens principais do romance foram inspirados em personagens de minha imaginação infantil, a partir do livro, e eram como amigos imaginários. Admirava suas fotos e queria saber como era o homem mais alto do mundo, o homem mais pesado do mundo.*

O jornalista em Sherwood acrescentou, se referindo a Robert Hughes: "Ele foi enterrado em um caixão do tamanho de um piano, mas não verdadeiramente em um piano, uma diferença que é frequentemente mal-entendida."

"Qual é o livro com diretos autorais mais vendido do mundo?", pergunta Ken Jennings retoricamente. É claro que ele sabe a resposta, até porque ele se lembra de mais factoides de cultura geral do que a maioria de nós vai esquecer a vida toda. No livro *Brainiac*, sobre a história das trivialidades, ele se lembra de devorar o Guinness durante viagens de carro com a família aos 7 ou 8 anos de idade, tentando impressionar os pais com os fatos exóticos. "São os prediletos de crianças que acabaram de ganhar um exemplar do livro com direitos autorais mais vendido do mundo, o *Guinness Book of World Records*, e querem fazer perguntas a você sobre os quase famosos superlativos do livro — o maluco no Nepal com unhas de 1,20 metro, por exemplo, ou os gêmeos gordos em suas motos." O livro de Jennings não dá detalhes específicos sobre essas pessoas, porque supõe, corretamente, que seu público não necessita de maiores explicações: todo mundo em todo lugar sabe exatamente sobre quais unhas e quais gêmeos gordos ele está falando. "Quando penso nos recordes Guinness dos quais me lembrava quando garoto, devia haver neles elementos dos circos dos horrores do século XIX. As aberrações... São as pessoas das quais todo mundo se lembra. Então certamente também existe a vontade de cobiçar o excêntrico, uma resposta menos inspiradora para o porquê de as pessoas gostarem dos limites da realização humana ou algo assim.

A adoção do elemento humano pelo livro, tanto em imagens quanto em texto, começou quase imediatamente. Embora o conteúdo seja praticamente idêntico, a primeira versão americana — impressa menos de um ano depois do lançamento do livro e ainda com a capa verde original — teve sua ordem modificada: abria com o ser humano, que tinha sido relegado ao quarto capítulo na edição britânica original, depois de universo, mundo natural e reino animal. Em um ano o destaque já tinha sido alterado, e nas décadas posteriores a primeira coisa com que os leitores deparariam no *Guinness Book of Records* seriam humanos impressionantes. Essa seção focava recordes anatômicos e biológicos — mais velho, mais alto, mais gordo etc. —, e não "realizações humanas", como fazer malabarismo e engolir espadas, que tinham um capítulo próprio mais à frente. A primeira edição verdadeiramente atualizada, o livro azul do final de 1956, tinha muito mais fotografias que o original, publicado apenas um ano antes, e, especificamente, muito mais fotos de pessoas. Mas esses primeiros volumes ainda destacavam atletas famosos, exploradores e aventureiros, em vez de indivíduos cujo direito à fama era bizarro ou não intencional. Isso não durou muito: fotos do bigode mais comprido apareceram na edição azul-clara de 1964, juntamente com o casal da Grã-Bretanha ("e possivelmente do mundo") casado há mais tempo. O azul-claro também incluía, juntamente com cientistas e atletas olímpicos, uma imagem assustadora da srta. Henrietta Howland Green, a milionária mais avarenta do mundo, que, apesar de ter acumulado uma fortuna de 95 milhões de dólares, adiou uma cirurgia urgente no filho enquanto procurava um hospital gratuito, o que levou à amputação da perna dele. Na edição marrom de 1966, gigantes, anões e o maior assassino em série da Grã-Bretanha apareciam nas seções de fotos ampliadas. A edição turquesa do ano seguinte foi um divisor de águas para os recordistas humanos: pela primeira vez as imagens ingressaram nas páginas do próprio livro, acompanhando o texto, em vez de saírem na forma de encartes fotográficos especiais, mudança que fez com que o elemento humano se multiplicasse com rapidez ainda maior tanto em imagem quanto em texto. Na edição cereja de 1969, que marcou o último ano do tamanho e do formato originais do livro, essas fotos se tornaram as precursoras das edições visuais de hoje, mostrando aos leitores o homem mais gordo do mundo em escala, o anão mais baixo em pé ao lado de um humano de "altura normal" e, mais importante, a primeira imagem (embora uma ilustração) do homem que, desde o primeiro *Guinness Book of Records*, de 1955, simbolizou todas as coisas Guinness: o homem mais alto do mundo.

Nascido em Alton, no estado de Indiana, nos Estados Unidos, em 22 de fevereiro de 1918, Robert Pershing Wadlow parecia uma criança normal, e nada sugeria a altura que teria. Quando os pais, Addie e Harold Wadlow, seguraram o menino pela primeira vez, ele era um bebê ligeiramente acima do peso, com 3,85 quilos, nascido em uma família de quatro crianças saudáveis, dois irmãos e duas irmãs, todos medianos em físico e aparência. Mas não Robert: aos 2 anos de idade ele passou por uma cirurgia de hérnia dupla, e a partir daí começou a crescer a uma taxa ainda sem precedentes na história humana. Aos 5 anos ele tinha 1,63 metro. Tinha mais de 1,80 metro aos 8, e aos 9 conseguia subir as escadas da casa da família carregando o pai de 1,77 metro nas costas. Embora tenha se mantido invejavelmente magro, seu peso chegaria a quase um quarto de tonelada (223 quilos) aos 21 anos, e sua altura máxima atingiu 2,72 metros. Embora tenha morrido 15 anos antes de sir Beaver conceber a ideia do livro dos recordes — de uma infecção no pé causada por seu tamanho e de problemas circulatórios —, Wadlow se tornou um marco reverenciado no *Guinness Book of Records*. Foi classificado já na primeira edição do livro como o ser humano mais alto de todos os tempos e ainda mantém o título, estando dentro de um pequeno grupo de recordes originais inquebráveis. Na verdade, embora ele pertença a um clube de elite, que inclui o disco mais vendido de todos os tempos (*White Christmas*, de Irving Berlin), a maior represa do mundo (a Hoover, entre os estados de Nevada e Arizona, nos Estados Unidos) e o maior prédio de escritórios (o Pentágono), o recorde de Robert P. Wadlow é provavelmente o único recorde humano remanescente de 1955, excluindo primazias, como a escalada do monte Everest por Hillary, que nunca poderão ser quebradas. Teoricamente alguém ainda pode crescer mais que Wadlow, mas isso não aconteceu nem por pouco. Sua altura era quase 30 centímetros superior à do queridinho da mídia Bao Xi Shun — o enorme pastor de ovelhas mongol que conseguiu muitas manchetes durante seu recente reinado como o mais alto ser humano vivo — e ainda 12,5 centímetros maior que a do atual recordista, Leonid Stadnyck, da Ucrânia (cirurgião veterinário com 2,33 metros), que tomou o manto de Bao na edição de 2008. O lugar de Wadlow na história da biologia parece assegurado, enquanto seu lugar na história do *Guinness Book of Records* não tem paralelos: na edição do 50º aniversário, em 2005, sua duradoura popularidade garantiu a ele um subcapítulo inteiro, uma página dupla com meia dúzia de fotos, biografia detalhada e um quadro com sua altura por idade. Nenhum outro indivíduo, objeto ou invenção merece tanto espaço no livro, e a autoridade em superlativos chama o recorde de Wadlow de "verdadeiro clássico" e "um dos mais populares e memoráveis nos cinquenta anos de história". Embora não tenha vivido para ver, Wadlow se tornou um dos mais famosos recordistas de todos os tempos; seu corpo foi reproduzido em forma de estátua nos museus da Guinness World Records, onde sua popularidade ainda está viva. Quando a empresa abriu o museu principal no Trocadero, em Londres, o Wadlow sintético ganhou posição de destaque como a primeira atração a ser vista pelos visitantes da exposição. Um crítico do *Times* de Londres relatou alegremente que, "considerando que muitas pessoas têm um fascínio macabro em ver 'aberrações', fiquei tocado com as reações das crianças e dos adultos que observei: todos expressavam não apenas espanto, mas simpatia por este gigante tão gentil".

De modo impressionante, Wadlow ainda crescia rapidamente até sua morte precoce, aos 22 anos e meio de idade, e tinha ganhado 7,5 centímetros desde seu 21º aniversário — já havia quebrado o recorde mundial aos 18. Mesmo sem o Guinness, ele era uma celebridade, e repórteres subiam em escadas para entrevistá-lo cara a cara. Após sua morte, o irmão de Wadlow, Howard, lembrou que a vida não era um mar de rosas para o gigante e que "ele não podia ir a lugar nenhum sem arrastar uma multidão". Seguindo esse sentimento, Chris Sheedy, representante da Guinness World Records na Austrália, disse a um jornal de Melbourne que o recorde de pessoa mais alta é ao mesmo tempo o maior e o mais trágico do livro: "São pessoas muito tristes que receberam a bola mais difícil do mundo. Vão morrer antes de todos os outros e são olhadas e apontadas em toda parte. São criaturas grandiosas, mas todas têm tristeza nos olhos." As lembranças que Howard Wadlow tem do irmão confirmam isso: "Ele precisava se agachar para passar pelas portas. Não cabia no ônibus, no trem, não tinha assento no avião. Tudo era feito para pessoas de 1,80 metro ou menos. Ele provavelmente desejava não ser tão alto quanto era e queria ter uma vida normal, o que era impossível de acontecer."

A impressionante altura de Wadlow ajudou a criar um fascínio duradouro pela altura como recorde, o recorde que Sheedy classificou como o maior do livro. Como é difícil quebrar a marca de Wadlow, o livro acrescentou categorias para o homem e a mulher mais altos *em vida*, e também concedeu um recorde para o homem mais alto do continente europeu. A Guinness World Records recentemente chegou ao ponto de realizar uma busca incomum pelo homem mais alto no Reino Unido, no Canadá e nos Estados Unidos, fomentando uma indústria de recordes de altura. Visto que Wadlow também detete os recordes de maiores pés e mãos do mundo — suas mãos se estendiam por mais de 32 centímetros do pulso à ponta do dedo médio; e seus pés mediam 47 centímetros, tendo que calçar sapatos número 70 extragrandes —, ele certamente ocupava bastante espaço. Abriu caminho para personagens como Sandy Allen, a mulher mais alta do mundo (2,31 metros), que também é recriada em tamanho natural nos museus Guinness e cuja fama (devida ao livro) levou o renomado diretor italiano Federico Fellini a escalá-

-la para o filme *Casanova* (*Il Casanova*, 1976). O jornal *The New York Times* publicou uma longa matéria unicamente dedicada ao encontro da srta. Allen com Chris Greener, na época o homem mais alto da Europa. Mais recentemente, o gigante mongol Bao Xi Shun, que manteve o recorde de homem vivo mais alto até 2007, aparecia na mídia com frequência. O jornal contou ainda que Bao salvou a vida de dois golfinhos do aquário de Pequim usando seus braços de 105,9 centímetros para enfiar a mão por suas gargantas e retirar o plástico que eles tinham engolido após cair na piscina. "As tentativas para retirar o plástico cirurgicamente fracassaram", contou a publicação. Como plano B, "os veterinários decidiram pedir a ajuda do sr. Bao", que salvou os golfinhos como um super-herói dos quadrinhos. Da mesma forma, o casamento de Bao três meses depois teve ampla cobertura de órgãos da imprensa internacional, como a CNN, que afirmou descaradamente que "depois de procurar muito, o homem mais alto do mundo se casou com uma mulher com dois terços de sua altura". Esse incessante interesse da mídia pela altura humana prova que o fascínio da sociedade por Wadlow e companhia, que fez do livro Guinness um sucesso instantâneo, não diminuiu até hoje.

A vida de Bao voltou ao ponto de partida quando ele se valeu de sua estatura como Recordista Mundial Guinness a fim de conseguir autorização para viajar para fora da China pela primeira vez — para onde mais senão Londres e os escritórios da Guinness World Records? O atual editor Craig Glenday contou que a visita correu bem, com a notável exceção de que Bao não conseguiu se encaixar no banheiro do avião, exatamente o tipo de aborrecimento que o irmão de Wadlow disse que o gigante histórico tinha de suportar. "Para mim, a melhor coisa do emprego é conhecer essas pessoas. Quero dizer, aonde mais você iria para conhecer um gigante?", perguntou Glenday. De fato, para onde?

"O recorde de homem mais alto do mundo existe desde o início", disse Stuart Claxton, chefe de desenvolvimento de negócios da Guinness World Records nos Estados Unidos e frequente porta-voz do livro. Ao tentar explicar o apelo único do Guinness, ele observou:

> *Acho que o fascínio está em todos nós, seres humanos. Aprender quais são os limites em todas essas áreas, o mais alto, o maior etc. sempre será interessante. Um recorde é um relato que documenta uma mudança. Se você tem consciência dos limites, do menor e do maior, então pode se situar; a árvore no jardim está dentro desse espectro, o que pode lhe oferecer um contexto. Você sabe a sua posição, sabe como a árvore se compara com a árvore mais alta do mundo. Se essa é a máxima velocidade com que alguém consegue correr 100 metros, como eu poderia me sair? Os recordes dão a você um lugar no mundo.*

Craig Glenday concordou com esse ponto de vista, dizendo a um entrevistador que "todos querem saber qual é o seu lugar no mundo. O livro oferece uma imagem do mundo e mostra onde você se encontra". Michael Roberts, editor executivo da revista *Outside*, passou anos documentando, desmascarando ou apenas recusando a obsessão das pessoas por recordes, quebra de recordes e superlativos, algo que sua revista cobre regularmente em atletismo, montanhismo e exploração. "É algo inato à nossa cultura. É uma forma de se comparar com os outros. Se a vida é uma corrida, então como estou me saindo?", diz Roberts. Jason Daley também foi editor da *Outside*, e na época cobriu tentativas de recordes para uma coluna da revista, e depois escreveu uma seção semelhante chamada "For the Record" [Publicamente] para a revista *Men's Journal*. "Depois de anos vivenciando isso, descobri que no fundo não passa do fascínio das pessoas com o mais: o mais rápido, o mais comprido, o mais alto." O livro e muitos de seus recordes mais duradouros oferecem uma espécie de parâmetro para nossas realidades, por mais radical que seja. Independentemente de seu próprio peso ou sua própria altura, a fama de Wadlow e Hughes coloca você no seu lugar, ou pelo menos em perspectiva.

Em muitos casos, um recorde Guinness passa a definir a pessoa que o detém e se torna o elemento mais importante. Como leitores, não conhecemos Sridhar Chillal, mas o sujeito com unhas realmente compridas. Talvez isso não aconteça com recordistas famosos, como Tom Hanks ou sir Richard Branson, mas é o caso do cara que levanta peso com as pálpebras e da maioria dos colegas recordistas humanos. Entre estes há um grupo de recordistas que se tornou simbólico, geralmente por suas imagens, como os obesos gêmeos McCrary em suas motos ou Jackie Bibby, "o Homem-cobra do Texas", com seu ninho de cascavéis venenosas pendurado na boca. Mas mesmo assim Wadlow se destaca. Ele não precisou de acessórios para aumentar a audácia de sua aparência nem tentou entrar para o livro. Foi o primeiro herói humano do livro apresentado a seus leitores, e imediatamente mudou o modo como as pessoas viam o Guinness. Enquanto imagens do monte Everest e do pouso na Lua vêm e vão, a foto de Wadlow retorna ano após ano.

A obesidade se tornou outra das obsessões preferidas dos leitores, não apenas com o equivalente de Wadlow, Robert Earl Hughes, que também inspirou Ben Sherwood, ou com os gêmeos McCrary cuja imagem Ken Jennings não conseguia esquecer, mas também com recordes de homem mais gordo vivo, mulher mais gorda viva e o homem mais gordo e a mulher mais gorda, na Grã-Bretanha e na Irlanda, respectivamente. Como se os leitores não se saciassem com o peso, havia recordes semelhantes para as categorias mais leves, para maior diferença de peso entre um casal casado e o maior ganho e a maior perda de peso registrados (este último chamado graciosamente de "emagrecimento"). Junto com os mais altos e mais pesados estavam os mais estranhos, como as unhas grotescamente curvadas e torcidas de Sridhar Chillal, não cortadas por mais de cinquenta anos, que se provaram inesquecíveis para qualquer um que tenha visto a foto. Para não serem acusados de sexismo, os editores também acrescentaram a mulher com as unhas mais compridas. Nesse setor, o livro também apresentava os bigodes, as barbas e os cabelos mais compridos. Havia os poderosos irmãos siameses, Chang e Eng — nascidos no Sião, originando o termo —, que foram pais, no total, de 22 filhos. E havia uma categoria que se tornaria tão fascinante quanto a do mais alto e mais gordo para leitores e compiladores do Guinness: a da longevidade, ou, no mundo "mais" do Guinness, o mais velho. Embora ofereça aos leitores os mesmos "parâmetros de limites" que dão uma ideia do lugar da pessoa no mundo, essa categoria de recorde é muito mais movimentada. Wadlow não foi desafiado por mais de meio século, e gigantes vivos geralmente ocupam o lugar por anos, mas a pessoa viva mais velha é um dos recordes quebrados com mais frequência, já que os recordistas têm o infeliz hábito de morrer. No intervalo de menos de um ano, entre meados de 2006 e meados de 2007, o recorde de mulher mais velha trocou de mãos pelo menos quatro vezes.

"Uma das coisas maravilhosas deste trabalho é conhecer pessoas superlativas. Eu conheci o homem mais alto do mundo, a mulher mais alta do mundo, o homem mais velho do mundo; todos os tipos possíveis", disse Norris McWhirter. Como árbitro da superlatividade e aquele que, durante os anos de compilação do livro, realmente incluiu cada recorde impresso em sua memória prodigiosa, a opinião de Norris sobre quais recordes são mais impressionantes não pode ser desprezada. A escolha dele? O mais velho. "Aquele que teve o maior impacto em mim é o campeão de todos os tempos do recorde mais disputado: permanecer vivo. Há 5,5 bilhões de pessoas na Terra, todas tentando permanecer vivas, e ele é o campeão absoluto." Na época, "ele" era Shigechiyo Izumi, do Japão, que depois morreu em casa, em 1986, pouco antes de completar 121 anos. "A coisa mais impressionante nele, e que tanto incomoda os médicos, é que ele bebe como uma esponja e fuma como uma chaminé. Começou a fumar aos 70 anos. Sua esposa morreu com o que ele considerava a idade patética de 90 anos, e ele nasceu algumas semanas após Lincoln ter sido assassinado, em 1865." David Boehm, editor da versão americana, levou Izumi, então com 115 anos, a seu programa de TV para que explicasse o segredo da longevidade: "Ele começa o dia passeando com o cachorro e depois fica sentado bebendo uísque."

McWhirter se orgulhava muito por ter sido a única pessoa da Terra a conhecer duas pessoas vivas com 120 anos ou mais: Izumi, em 1986, e madame Jeanne

Calment, de Arles, na França, que se aproximava dos 122 em 1997. "Foi fascinante; ela se lembra de Vincent van Gogh frequentar a loja do pai." Calment, que sucumbiu aos 122 anos e 164 dias, se juntou a Wadlow no Hall da Fama dos recordes mundiais ao se tornar comprovadamente a pessoa mais velha de todos os tempos, uma ótima notícia para todos, exceto para o tabelião público francês que achava que tinha tirado a sorte grande ao comprar a casa dela. Na França há uma assustadora combinação de investimento em imóveis e apostas chamada *viager*. A transação macabra funciona da seguinte maneira: encontre uma pessoa idosa com uma casa desejável e negocie comprar esse imóvel quando ela morrer. O comprador começa a pagar a hipoteca imediatamente, com base no preço de venda acertado, até a morte do proprietário, quando o comprador pode parar de pagar e adquirir a casa por uma fração de seu valor de mercado. A vantagem para o vendedor é que ele pode embolsar o valor sem ter que se mudar. O tabelião que concordou em comprar a casa de Calment deve ter pensado que estava praticando um roubo ao fechar o acordo quando ela tinha 90 anos. Trinta e dois anos de pagamentos depois, ela ainda desfrutava do melhor dos dois mundos, vivendo em sua casa com um longo e inesperado fluxo de pagamentos. Isso sim é azar; o pior cenário possível no *viager* é fazer um acordo com a pessoa que mais viveu na história da humanidade — exatamente aquilo que Calment se tornou, com direito a certificado emoldurado da Guinness World Records pendurado em seu quarto. Quando explicou sua impressionante longevidade, ela disse: "Deus se esqueceu de mim." Hoje o recorde de pessoa mais velha viva continua a ser quebrado regularmente; é descrito no site da Guinness World Records como um dos recordes mais quebrados. Calment foi uma exceção à regra de que o título, embora desejável, frequentemente é breve.

Curiosamente, por um período de tempo em 2007, os recordes masculino e feminino foram ambos de Kyushu, no Japão. É comum que japoneses sejam detentores da marca, já que o país tem quase 30 mil habitantes com 100 anos de idade ou mais. Kyushu é uma ilha agrícola a cerca de 900 quilômetros de Tóquio, e parece bom demais para ser verdade que Yone Minagawa e Tomoji Tanabe tenham vivido ali sustentando os recordes de longevidade feminino e masculino, respectivamente. Tanabe adota uma estratégia bem distinta da de seu predecessor Izumi: toma um copo de leite diariamente, não fuma e atribui sua longevidade à moderação. "Eu não bebo álcool, essa é a principal razão para minha boa saúde." Mas o abstêmio ainda está uma década atrás do padrão estabelecido por seu compatriota, o bebedor, fumante compulsivo e passeador de cães.

Graças às pessoas mais velhas, mais altas e mais gordas, uma geração de leitores não conseguiu largar as histórias dos personagens do livro. O *Guinness Book of Records* mal tinha sido criado, e Robert Pershing Wadlow rapidamente se tornou a expressão do fascínio do público com os recordes do livro. Ele se tornou um ícone desse fascínio que gerações de leitores do Guinness partilharam com os limites extremos da forma humana, do mais baixo ao mais alto, do mais esquelético ao mais obeso, do mais jovem ao mais velho, tanto homens quanto mulheres. Nenhum leitor pode escolher quebrar o recorde de Wadlow, mas mesmo assim ele ajudou a popularizar a ideia de estar no Guinness, e muitos de seus colegas reais na primeira edição criaram as bases para a busca de recordes "vulneráveis". Pouco antes de o livro sair, a revolucionária milha em menos de quatro minutos de Roger Bannister foi classificada como um dos acontecimentos mais importantes de toda a história do esporte; em menos de dois meses, porém, tal feito tinha caído de modo igualmente avassalador, colocando o corredor australiano John Michael Landy nas páginas do *Guinness Book of Records* inaugural, demonstrando que mesmo os recordes mais grandiosos podem ser quebrados, e rapidamente. Como o de Wadlow, o recorde de Landy podia estar fora de alcance, mas para leitores estimulados por esses heróis muito humanos não foi difícil perceber que já a primeira edição continha vários daqueles tipos de recordes singulares que desde então se tornaram sua marca registrada. Quando o livro entrou para a lista dos mais vendidos, aqueles que eram fascinados por recordistas humanos também devem ter sido atraídos para o potencial de maior equipe de cães já formada (73 huskies siberianos), assentamento de tijolos (58 por minuto durante uma hora), malabarismo (dez bolas ou oito pratos), maiores pernas de pau (6,6 metros até o tornozelo) e maior número de hambúrgueres comidos (77 de uma só vez), todos os marcos tentadores daquela primeira edição. Ross McWhirter explicou o futuro surto popular por quebra de recordes nos Estados Unidos: "Lá os recordes são usados como substitutos para as fronteiras." A presença grandiosa de Wadlow, Hughes e outros certamente fez com que essas fronteiras parecessem merecer exploração e, além de tornar o livro inacreditavelmente popular nas décadas seguintes, inspiraria os primeiros leitores a estar nele.

A edição original de 1955 do *Guinness Book of Records* era um fino livro de referência de leitura rápida, escrito para um público adulto com idade para beber. De aparência austera, tinha muito poucas fotografias, e as categorias dedicadas aos humanos constituíam uma pequena parcela dos superlativos catalogados no interior, em sua maioria fenômenos naturais, mecânicos e científicos. Ainda não havia site na internet, não se emolduravam certificados de recordes e, mais significativo, ninguém tinha se candidatado a entrar no livro.

Cinquenta e cinco anos depois, o *Guinness World Records* é um volume grosso, com fotografias coloridas em praticamente todas as páginas, muitas delas chocantes de se ver. É colorido com tinta fosforescente, e edições recentes apresentaram hologramas, seções com dobraduras e até mesmo cartas para serem trocadas. "O velho Guinness parecia mais um livro de salmos, ou mesmo uma Bíblia, com uma sóbria capa azul-escura que se destacava apenas pela harpa dourada da Guinness. O novo Guinness tem letras enormes sobre uma berrante capa dourada. É a diferença entre um bibliotecário e um homem com um megafone", censurou o jornalista londrino Miles Kington, do *Independent*, criticando a edição do 50º aniversário, em 2005. O livro de hoje é fortemente dirigido a pré-adolescentes, principalmente do sexo masculino, já que há relatos de pessoas pulando, andando de monociclo, fazendo malabarismo e saltando como sapos no caminho de seus recordes, e também fazendo quase todas essas coisas e muitas mais de marcha a ré ou de cabeça para baixo. Hoje os recordistas mais fotogênicos levantam pesos com as orelhas, os prendem às barbas e até mesmo os erguem com as pálpebras. Expulsão nasal, tatuagem de corpo inteiro e glutonaria acelerada são caminhos certos para a inclusão. O número de recordes nos arquivos da empresa aumentou extraordinariamente, e mais de 65 mil pedidos de estabelecimento chegam anualmente aos escritórios do livro, quase todos pela internet. Em consequência, o número de funcionários empregados apenas para dar conta da papelada desses pedidos (nove) supera o de todo o grupo que compilou o livro original. Em 1955, sir Hugh Beaver escreveu aos McWhirter após ler a primeira edição e estava impressionado e absolutamente satisfeito. É razoável supor que se ele ressuscitasse hoje e pegasse a versão de 2008 a consideraria irreconhecível.

O que aconteceu nos últimos cinquenta anos? Como o livro mudou tanto a ponto de, apesar de ser um best-seller perene, ter hoje formato, aparência e público completamente diferentes? A resposta é simples: uma compulsão quase imediata dos jovens leitores deseja ingressar nas fileiras de recordistas e quebradores de recordes do Guinness, alimentados pela glória da TV e levada a cabo basicamente pelo advento do "Guinnesporte".

O termo foi cunhado pela revista *Sports Illustrated* em uma matéria de 1979 na qual os funcionários anônimos do livro de recordes deram acesso a informações, além de entrevistas surpreendentemente sinceras. A reportagem de Jerry Kirshenbaum, despretensiosa mas bem-pesquisada, continua a ser a matéria mais completa já publicada sobre o livro, seus criadores e seus seguidores fanáticos. Kirshenbaum resumiu a fixação de entrar para o Guinness e a criatividade de seus leitores quando escreveu:

> *Nada, porém, demonstra melhor o sucesso do livro que o zelo com que as pessoas tentam colocar seus nomes em suas páginas — e, claro, naquelas caixas de cereais e cartões de saudações. Garotos de associações estudantis, atletas fracassados, malucos variados e talvez até*

mesmo uma pessoa normal participam ansiosamente do que poderia ser chamado de "Guinnesporte", cujo principal objetivo é "entrar para o Guinness". (...) O Guinnesporte floresce porque o livro contém uma enorme gama de categorias entre as quais pretensos recordistas podem escolher, incluindo muitas que dependem menos de talento do que de cara de pau e de tenacidade — entre elas está tocar violino debaixo d'água. (...) Os Estados Unidos são um criadouro de Guinnesportes. Aparentemente não faltam nesse país pessoas como Lang Martin, de 17 anos, de Charlotte, Carolina do Norte, que tem como missão entrar nas páginas do Guinness equilibrando seis bolas de golfe verticalmente.

Segundo Kirshenbaum, Martin levou semanas para aperfeiçoar essa habilidade, trabalhando até tarde da noite, insistindo nisso enquanto pilha após pilha desmoronava, porque "queria muito entrar para aquele livro". Ele não foi o primeiro nem o último a ser impelido por essa motivação.

Para simplificar, Guinnesportes são "esportes" inventados apenas para entrar no livro. Se, por exemplo, quebrar o recorde de Lance Armstrong de sete vitórias consecutivas no Tour de France parece fora do seu alcance, você pode comer uma bicicleta em vez disso. "Não sobra muita coisa que seja mais rápido, mais alto ou o primeiro, então é preciso refazer isso com suas próprias estatísticas, o mais jovem, o mais baixo, primeiro com alguma doença, primeiro canhoto. Em algum sentido somos todos primeiros", disse Jason Daley, especialista em recordes que acompanhou de perto recordes mundiais em esporte e exploração, trabalhando como editor da revista *Outsider* e autor da coluna "For the Record" da revista *Men's Journal*. Indivíduos em busca de reconhecimento regularmente fornecem a Daley relatos de seus feitos, geralmente primazias bizarras. Um dos temas mais populares da revista é a escalada do Everest, e, mais de meio século depois de sir Edmund Hillary ter garantido a cobiçada primeira escalada, os alpinistas ainda buscam vários ineditismos todos os anos, incluindo querer reconhecimento por ter sido o primeiro a chegar ao cume vestindo short. Sério. "Fica realmente absurdo quando se trata de um recorde alcançado inteiramente nu, um esporte que inventaram para que possam se consagrar campeões mundiais nele, sem que ninguém mais faça e sem uma forma objetiva de avaliar sua dificuldade", disse Daley, descrevendo perfeitamente o Guinnesporte. Pode ser absurdo, mas é um caminho garantido para o livro dos recordes, já que não há marca anterior a superar quando você inventa uma nova categoria. Quando a CNN.com fez uma matéria sobre o *Guinness World Records* intitulada "Atalhos: como entrar para os livros dos recordes", uma das seis dicas obviamente era: "Invente um recorde: se tudo mais der errado, pense em uma nova categoria na qual você possa se dizer o melhor do mundo."

É fácil perceber de onde os leitores tiraram a ideia para o Guinnesporte. Apesar de ser considerado um livro de referência, o Guinness nunca foi exatamente estoico e sóbrio, e alguns dos recordes mais fascinantes e certas disputas aparentemente inventadas são bem anteriores à publicação da primeira edição. Apenas para dar um exemplo, na primeira edição todos os recordes mais importantes de "raticídio" ficaram com o terrier Jacko, do sr. J. Shaw, que matou mais de mil ratos em menos de 100 minutos em Londres, incluindo o prodígio de cem ratos nos primeiros 5 minutos e 28 segundos, em 1º de maio de 1862, quase um século antes de Jacko ou seu dono poderem ter tido a *intenção* de conquistar a imortalidade do *Guinness World Records*. Como comparação, hoje a empresa teve que eliminar recordes de peso de cachorros como categoria, com medo de que donos tão ansiosos para entrar no Guinness alimentem à força ou deixem sem comida seus animais de estimação por um vislumbre da imortalidade de Jacko. Da mesma forma, embora com uma abrangência muito mais limitada, mesmo as primeiras edições tinham uma clara reverência por feitos bizarros fora dos limites dos esportes tradicionais, mas ainda assim merecendo o selo de "realizações humanas". Entre eles estavam "balançotona" (maratona de cadeira de balanço), acocoramento no poste e crescimento capilar facial prodigioso, bem como uma breve seção sobre recordes gastronômicos, que hoje poderiam ser considerados perigosos, estrelando o consumo de bebidas alcoólicas em volume e velocidade. Os leitores também podem ter sido estimulados a tentar feitos bizarros pelo tom do livro, destacando o bizarro e o macabro, algo que fica claro desde o início com categorias como o coma mais longo, o maior assassinato ritual e o maior número de dedos (26!) espalhadas livremente ao longo do livro. Os primeiros livros Guinness também tinham uma triste preocupação com desastres naturais e causados pelo homem, com assassinos em série, venenos de ação rápida e assim por diante. Tornados, enchentes, terremotos e todos os tipos de devastação maciça, juntamente com choques de trens e acidentes similares, logo se tornaram temas populares para quadros e tabelas. Todo livro tinha um capítulo intitulado "Acidentes e desastres", que apresentava recordes para os piores: pandemia (peste negra), fome, inundação, terremoto, deslizamento de terra, bombardeio (convencional e atômico), deslizamentos de barragens, incêndios, explosões, tornados e acidentes com minas, aviões, trens, estradas e submarinos. Na edição de 1960, esses desastres eram minuciosamente detalhados em seu próprio quadro de uma página.

Os primeiros leitores podiam encontrar exemplos de Guinnesporte passíveis de imitação no livro original, embora o conceito e a prática ainda precisassem ser inventados. O primeiro recordista de barba mais comprida começara a deixar a sua crescer em 1912, o bigode mais comprido fora mantido desde 1949 e, embora as unhas mais compridas não tenham aparecido como recorde antes da edição de 1964, sinal do aumento do investimento do livro em bizarrices, as unhas propriamente ditas estavam crescendo desde os anos 1920. Claro que nenhum desses feitos foi conseguido tendo como meta estabelecer um recorde Guinness, que ainda não existia. O mesmo pode ser dito de recordes como maratona de piano, falação contínua, caminhada sobre pernas de pau, caminhada plantando bananeira e a sempre popular corda de pular, tudo isso com um histórico de recordes anterior ao livro Guinness. Mas sua própria inclusão abriu a porta para novos feitos do mesmo estilo.

Um último incentivo a futuros praticantes do Guinnesporte era a oportunidade de ver recordes muito disputados sendo quebrados frequentemente, já nos primeiros anos do livro. Mesmo não podendo voltar no tempo e ser os primeiros a chegar aos polos ou a escalar o ponto mais alto do mundo, os leitores assistiam a aventureiros e exploradores reais alcançando recordes continuamente, em geral uns dos outros, a cada nova edição. Nos primeiros anos do *Guinness World Records*, a quebra de marcas mais frenética e disputada aconteceu não em milhas em pula-pula ou em corridas fazendo malabarismo, mas na área da velocidade mecânica e de transporte. Os livros apresentaram muitos recordes assim, e, no caso de travessias do Atlântico, algumas edições relacionaram verbetes distintos para a primeira, a mais rápida, a ida e volta mais rápida e a travessia submersa mais rápida. A disputa pelo carro mais rápido foi uma luta acirrada, e logo se tornou uma guerra de borracha queimada entre os Estados Unidos (representados por Mickey Thompson e depois Craig Breedlove) e a Grã-Bretanha (Donald Malcolm Campbell, CBE). Até o surgimento de pessoas como Ashrita Furman, esses viciados em velocidade eram os recordistas em série do livro, aparecendo repetidamente em suas páginas. Depois de bater e destruir seu *Bluebird* de primeira geração, construído especialmente para a tentativa a um custo de 1 milhão de libras, Campbell teve sucesso em 1964. (Notavelmente, foi o ano em que os McWhirter mudaram de marcha e transferiram os recordes de velocidade em carro da seção "Realizações humanas" para a "Mundo mecânico", abrindo mais espaço na primeira para o crescente número de "realizações" de Guinnesporte — como arremesso de *haggis*).*

Os rivais Breedlove e Campbell quebrariam os recordes um do outro por anos a fio, e Campbell — que também tinha estabelecido o recorde de velocidade sobre as águas em 1956 em seu barco com motor turbojato, batizado de *Bluebird*, a 361 quilômetros por hora em um lago na Inglaterra — acabou conseguindo oito recordes

---

* Prato tradicional da cozinha escocesa (bucho de carneiro recheado com uma mistura de vísceras com farinha de aveia). (N. do T.)

mundiais de velocidade em terra e água, e conquistou quatro troféus Seagrave (concedidos anualmente a um súdito britânico que consiga a demonstração mais impressionante de transporte por terra, ar ou água). Seu último Seagrave foi conquistado postumamente, já que Campbell morreu tentando quebrar novamente o recorde de velocidade sobre a água. Breedlove, outro caso de fixação em nomes, batizou todos os seus carros de *Spirit of America* e, ao estabelecer cinco recordes mundiais, se tornou o primeiro a dirigir a 640 quilômetros por hora, a 800 quilômetros por hora e a 960 quilômetros por hora. Em 2006, ele finalmente se aposentou e vendeu sua última versão com motor a jato do *Spirit of America* para o aventureiro, aviador, colega recordista do Guinness e viciado em velocidade, Steve Fossett. Fossett morreu em 2007, quando o avião que pilotava caiu. Estava no ar à procura de lagos secos adequados à sua futura tentativa de recorde de velocidade em terra no *Spirit of America*.

Diferentemente de carregar tijolos ou de empurrar laranjas, recordes em terra, ar e mar há muito são altamente competitivos com ou sem o Guinness, e têm suas próprias recompensas, como o Seagrave e o cobiçado troféu Blue Riband para o barco mais rápido a cruzar o Atlântico. Sir Richard Branson, o bilionário fundador do império Virgin, que inclui lojas, uma companhia aérea, selo fonográfico, editora e muito mais, tem os dois tipos de recordes. "Tenho muita sorte de ter vivido em uma época em que ainda havia recordes a serem quebrados. Scott da Antártica é tio-avô, tio-bisavô meu ou algo assim, um parente distante, e ele foi um inglês famoso que tentou chegar à Antártica e morreu no caminho de volta. A Inglaterra está cheia de Drakes, Raleighs e pessoas que partiram e exploraram o mundo, e os ingleses foram ensinados a admirá-los."

O espírito de recordista de Branson não foi herdado unicamente de Robert F. Scott da Antártica: sua avó, Dorothy Huntley-Flint, também foi uma recordista Guinness, uma apaixonada golfista de 90 anos que fez um *hole in one* com um taco de ferro 7 a uma distância de 102 metros em seu clube local de Barton-on-Sea, na Inglaterra, se tornando a mulher mais velha a ter conseguido o feito (posteriormente superada). O próprio Branson ingressou nas fileiras ilustres em 1986, um ano após embarcar em seu *Virgin Atlantic Challenger*, ao conseguir levar para casa o Blue Riband e entrar para o Guinness por cruzar o Atlântico no *Virgin Atlantic Challenger II*, baixando em duas horas o recorde de velocidade. No ano seguinte, fez a primeira travessia do Atlântico em balão de ar quente, no *Virgin Atlantic Flyer*, e nessa tentativa também quebrou o recorde de maior balão de ar quente a voar.

Depois de ter estabelecido recordes no ar, na água e em uma combinação de estradas e água, o próximo item da agenda de Richard Branson é o espaço e uma tentativa de levar a tradição de recordistas do Guinness de sua família à quarta geração. "Em um ano e meio pretendo ir para o espaço com o *Virgin Galactic*, e alguns de nós irão quebrar recordes. Meu filho será o mais jovem a ir para o espaço, então com 22 anos, e meu pai e minha mãe serão os mais velhos, com 91 e 89 anos, respectivamente. Minha filha estará com 25 anos, e pode bem ser a mulher mais jovem, não estou certo. Essa viagem vai acontecer, e será o começo do turismo espacial, o que será muito empolgante." O mais jovem e o mais velho no espaço podem ou não se encaixar no modelo do Guinnesporte, mas, seja como for, se funcionar também poderá estabelecer o recorde para a mais dispendiosa tentativa de quebrar recordes de todos os tempos.

"Acho que o recorde em si, apenas duas linhas que a pessoa recebe no livro por realizar algo, é legal, mas não é tão importante", continua Branson. "O que realmente dá satisfação é fazer, é a experiência e a realização, mas vale dizer que o *Guinness World Records* é algo que tem um respeito inacreditável, e eu suspeito de que ele tenha estimulado as pessoas a fazer coisas com que elas nunca sonhariam. Acrescentou muita diversão à vida britânica e mundial, e reconheceu pessoas que realizaram coisas inacreditavelmente corajosas, assim como algumas incrivelmente idiotas."

Meu indicado para a categoria de coisas idiotas é Jim Rogers, de Columbus, Ohio, Estados Unidos. A busca da fama por Rogers será para sempre a do homem que apresentou a maratona de tambor ao mundo. Além dos McWhirter, de sir Beaver e de uns poucos executivos da Guinness que sabiam que a primeira edição estava sendo produzida, ninguém podia fazer um esforço antecipado para estar no livro. Mas, considerando-se seus 167 mil exemplares e a popularidade instantânea como best-seller, não surpreende que os leitores tenham imediatamente identificado oportunidades de superar recordes impressos — e de inventar seus próprios. Por definição, só no final de 1956 é que alguém poderia ter a intenção de entrar no livro, quando do lançamento da edição azul, exatamente na qual é possível encontrar Rogers. Na primeira edição revisada do *Guinness Book of Records* há menos de meia dúzia de novos recordes acrescentados às seções "Miscelânea" e "Resistência" do capítulo "Realizações Humanas", que àquela altura eram as únicas partes do livro suscetíveis a atos intencionais de "entrar para o Guinness". Desses, vários já estavam sendo realizados muito antes do livro. Por exemplo: embora a garçonete Beverly Nina O'Malley, de Los Angeles, certamente merecesse seu recorde de mais casamentos quando se divorciou do 13º marido para se casar com o de número 14 em 1955, aquela maratona de casamentos presumivelmente estava acontecendo havia mais de um ano. Não no caso do tambor sem intervalo, que exige mais disposição que habilidade musical. Um estudo atento das primeiras edições sugere que, ao se esgotar em seu tambor, Rogers foi a primeira pessoa a conseguir entrar por causa de uma categoria nova e sem sentido de realização humana, basicamente inventando o Guinnesporte e abrindo caminho para Ashrita Furman, Jackie Bibby e milhares de outros. Essa revolução deve ter levado os leitores, o que na época já incluía os americanos, a refletir sobre a questão: "Se ele pode entrar para o Guinness por ter ficado sentado batendo em um tambor, o que eu posso fazer?" Ver TV, jogar jogos de tabuleiro e ir de bar em bar eram respostas óbvias — e todas certas, "façanhas" de Guinnesporte que levariam um número incontável de novatos ao panteão dos recordistas mundiais. O livro nunca mais seria o mesmo.

Roger McEwan, de 15 anos, foi outro pioneiro da doutrina Guinness. Enquanto Rogers, o batedor de tambor, surge como pioneiro — o primeiro a entrar para o Guinness por intermédio do Guinnesporte ou inventando uma nova categoria de recordes —, o jovem McEwan parece ter sido o primeiro a fazer isso da forma mais convencional — quebrando um recorde já publicado. Considerando que atletas, exploradores, financistas e campeões de longevidade tenham outras motivações, e que desastres — naturais ou causados pelo homem — não acontecem exclusivamente para entrar para o Guinness, é possível supor que o ataque de McEwan ao recorde de comer batatas fritas foi feito apenas pela glória do Guinness. Em novembro de 1959 ele aumentou a quantidade de batatas fritas comidas em uma hora sem bebida, de 29 para 30 pacotes, deixando um minuto inteiro de sobra e provavelmente se tornando o primeiro quebrador de recordes inspirado pelo Guinness, mais que um estabelecedor de recordes.

Em 1960, outra pedra fundamental da doutrina Guinnesporte foi assentada por Felicity Ashton, Valerie Cleverton e Patricia Frend, quando estabeleceram um recorde de 48 horas tricotando sem parar. Embora o tricô de resistência claramente seja um exemplo de Guinnesporte, essa não foi a novidade revolucionária que elas apresentaram. Aquela seria a primeira caridade do estabelecimento de recordes, pois foram tricotados cobertores para refugiados, e nesse processo levantaram 50 libras em doações enquanto terçavam agulhas. Ao longo dos anos, essa seria uma estratégia empregada com frequência para facilitar a aprovação pelo livro, bem como para ajudar a reunir pessoas para eventos de estabelecimento de recordes por participação em massa, conseguir patrocínio e receber a grande cobertura da mídia. "Todo mundo sempre está interessado no maior e no melhor, no mais alto, mais elevado, mais largo, mais grandioso. É um livro de superlativos, e a mídia se delicia com superlativos, assim o livro de recordes é feito para a mídia, pois ela adora superlativos", disse Ben Sherwood, o experiente produtor de telejornalismo, explicando por que a quebra de recordes recebe uma desproporcional cobertura de imprensa. "Em segundo lugar, a mídia adora entretenimento, e a combinação de superlativos e categorias divertidas torna tudo ainda melhor. O triângulo que une a mídia e o *Guinness Book of Records* é o cidadão médio, a pessoa comum, o vizinho do lado. Então, é o maior de todos, o valor mais divertido, curioso ou bizarro e pessoas como eu e você que fazem o sucesso do livro."

No entanto, segundo Sherwood, a adição do componente solidário leva o interesse da mídia a um outro nível. "Hoje a maioria dessas pessoas tem divulgadores, e somos procurados o tempo todo. As organizações descobriram que é uma forma segura de conseguir a atenção da imprensa, e as pessoas definitivamente manipulam o livro de modo a conseguir atenção para as suas instituições de caridade. Alguém diz: 'Vamos fazer o maior número de panquecas para conscientizar o mundo sobre o câncer de mama.' Se você consegue quebrar um recorde *e* levantar recursos para o câncer... Se você acrescenta a caridade à mistura dos três elementos-chave que eu descrevi — entretenimento, superlativos e o cara comum —, então deixa de ser uma trifeta para, não sei nem como chamar, se tornar uma quadra, talvez. Quando você acrescenta a caridade, a coisa do 'na verdade estamos fazendo o bem', quem pode resistir? Todas as câmeras das emissoras de TV locais se voltam para ver 10 mil pessoas pulando corda para combater o câncer de colo de útero."

Se o primeiro uso por Rogers de uma atividade inventada para entrar para o Guinness, o ataque de 1959 de McEwan a um recorde bizarro já existente e a introdução da caridade no estabelecimento de um recorde criaram uma trifeta de pioneiros do Guinnesporte, os responsáveis por concluir a quadra inspirada dos primeiros a cobiçar os recordes foram Gerry Germeny e David Gascoyne, alunos do Derby College of Technology, da Inglaterra. Rogers pode ter inventado o Guinnesporte com sua maratona de tambor, mas esses camaradas o aperfeiçoaram com seu inspirado esmagamento de piano no dia 13 de maio de 1961, o que se tornou um modelo para a evolução de muitos outros recordes bizarros. Não apenas foi uma das primeiras proezas feitas sob medida para garantir um lugar no livro, mas muito provavelmente a primeira a ter suas regras misteriosas incluídas no recorde. Assim que as pessoas começaram a criar novos recordes para entrar no livro, foi preciso traçar parâmetros, comparar maçãs com maçãs, para que os recordes pudessem ser disputados honestamente em circunstâncias semelhantes. Ao especificar que precisava ser um piano de armário, os estudantes eliminaram a escolha aleatória de um piano de quarto de cauda ou um piano de cauda de concerto. Operando juntos, eles estabeleceram um padrão de duas pessoas, mas o grande golpe foi a invenção de um equipamento para definir precisamente o significado de "esmagado". Daí o recorde, no tempo de 14 minutos e 3 segundos, para destruir um piano de armário e passar todos os restos por um anel com 23 centímetros de diâmetro. Essa combinação de absurdo e precisão era perfeita para o Guinness, e, previsivelmente, o recorde se tornou um dos preferidos de universitários em toda parte. Na edição seguinte, dois anos depois, um recorde universitário tinha sido quebrado por outro: dois membros da fraternidade Delta Chi da Universidade Estadual Wayne, do Michigan, Estados Unidos, destruíram um diferente piano de armário, passando a tralha por um anel de 23 centímetros de diâmetro em apenas 4 minutos e 51 segundos — pouco mais de um terço do tempo original.

O esmagamento de piano se tornaria um microcosmo de todos os Recordes Mundiais Guinness "intencionais", significando aqueles aos quais as pessoas se candidatam em oposição àqueles do tipo "primeiro homem na Lua". Esses recordes tendem a obedecer a um padrão: há um período inicial de disputa acirrada até que o recorde acabe chegando a um ponto em que se torna imbatível (uma tendência que depois seria vista nos feitos de resistência de Ashrita Furman carregando tijolos e equilibrando garrafa de leite). A essa altura o recorde sofre uma mutação e produz variações (milha mais rápida equilibrando garrafa de leite). Tais feitos também desafiaram os editores a esboçar e a aplicar padrões em um estágio inicial na história do livro, algo que seria eternamente uma questão polêmica para os que sonham com recordes. Como cada recorde é muito diferente, os editores e fiscais de regras se basearam mais em um conjunto de princípios que em um código escrito. Na maioria dos casos, aparentemente o primeiro objeto ou a primeira distância escolhidos se torna o padrão, como quando Ashrita tentou equilibrar um bastão de beisebol na palma da mão, mas sabia que a tradição determinava que um taco de sinuca fosse o objeto oficial equilibrado em tais feitos. E no recorde da milha para empurrar uma fruta com o nariz a história exige que seja usada uma laranja, e supõe-se que o Guardião dos Recordes não aprovaria um esforço idêntico realizado com uma maçã, um melão ou uma uva. Da mesma forma, há recordes para a travessia a nado do Canal da Mancha, para caminhar a Irlanda de uma ponta a outra e para chegar aos polos, mas não para nadar em qualquer outro velho canal, atravessar caminhando qualquer ilha ou chegar a qualquer ponto remoto. Ao mesmo tempo, houve muitas exceções a esses princípios historicamente honrados que deixaram os puristas dos Recordes Mundiais Guinness consternados, como os múltiplos recordes dados para as maiores tortas com base em sabor (maçã, banana etc.) e para as maiores bananas split, contendo bananas ou não. Estabelecer as regras para cada tentativa tem sido um processo de aprendizado constante e, ainda que alguns recordes tenham páginas de regras detalhadas, outros seguem padrões que parecem arbitrários e caprichosos. O esmagamento de piano reflete esse desconforto. Quando um grupo de alunos do Medway College of Art e do Medway College of Technology de Chatham, na Inglaterra, decidiu arrancar o cobiçado recorde de seus colegas americanos e levá-lo para o outro lado do Atlântico, eles subiram a aposta, usando sete estudantes quando os recordes anteriores tinham empregado dois, e utilizando um aro maior, de 25,5 centímetros de diâmetro, para os restos, duas mudanças de regras claramente vantajosas que o livro estranhamente permitiu. Um anel maior significava que a destruição não tinha de ser tão completa, e os 2,5 centímetros a mais e as cinco pessoas adicionais permitiram a eles baixar o tempo para 3 minutos e 11 segundos. Também foi notável que pela primeira vez o livro tenha detalhado a arma empregada, uma marreta de 3,17 quilos.

Em 1979, o esmagamento de piano tinha caído para inconcebíveis 97 segundos, quase um décimo do tempo levado pelos pioneiros do recorde cerca de 18 anos antes. Isso significava que os aficionados por esmagamento tinham de procurar alternativas. A abordagem tradicional de variações aos Recordes Mundiais Guinness — que funcionou incontáveis vezes — é fazer a mesma coisa mas de marcha a ré ou debaixo d'água, mas essa lógica não podia ser aplicada ao esmagamento de piano. Com os parâmetros da conquista original do Guinnesporte se tornando cada vez mais difíceis de bater, surgiram duas escolas de pensamento, ambas retirando da equação a marreta ou qualquer peso. Uma tática nova foi testada com sucesso em 1971, quando o tempo mais rápido para serrar um piano de armário apareceu pela primeira vez no livro dos recordes, em mais de duas horas, se juntando ao (então) método mais tradicional de esmagamento. Isso provou que no mundo acelerado do Guinnesporte, raramente o recorde original dura ou mesmo continua a ser o padrão. Simplesmente ser o primeiro a ter a ideia de esmagar ou serrar um piano de armário é bem distante da imortalidade conseguida em outras primazias mais convencionais, como caminhar na Lua, correr a milha em quatro minutos ou conquistar o Everest, feitos que permanecem gloriosos embora tenham sido superados. No que diz respeito a esforços criados para o Guinness, como destruir pianos ou semelhantes, os leitores têm uma postura decididamente "o que você fez por mim?".

Em 1973, a prática de destruir um piano de armário viu o abandono total dos implementos de destruição quando outra nova abordagem para o massacre foi descoberta. Não se sabe se foi inspirado por uma noção austera do purismo do recorde Guinness ou simplesmente por anos de treinamento em artes marciais, mas um grupo de praticantes de caratê decidiu tomar a questão nas próprias mãos — e nos próprios pés —, transformando um piano em cacos, sem usar ferramentas, em pouco mais de 40 minutos. Embora impressionante, esse tempo logo foi denunciado como amador. Seis anos depois, três professores de caratê de Lexington, Kentucky, Estados Unidos, atacaram o recorde seriamente e demonstraram como um piano realmente é indefeso, destruindo um em 2 minutos e 39 segundos, apenas 62 segundos a mais do que a marca daquele ano usando marretas.

Como as formas de destruir um piano têm limites, e os outros instrumentos musicais são frágeis demais para representar um alvo, candidatos a esmagadores foram mais uma vez obrigados a ampliar seus horizontes, e, de um modo verdadeiramente guinnesportivo, viram o quadro geral além da sala de música. Para a sorte de um grupo de 15 membros de um clube de caratê inglês, em 1972 surgiu uma casa vitoriana de seis aposentos, e em cerca de seis horas eles a destruíram usando "cabeça, pé e mão", conquistando um novo recorde para "Trabalho de demolição". Esse recorde duraria mais de uma década, até 1984, quando 15 membros de um clube de caratê canadense localizaram em Alberta uma casa de fazenda com sete aposentos prontinha para os golpes. Embora o mesmo número de agentes aparentemente tenha destruído um aposento, esse recorde também vai contra o espírito geral dos recordes Guinness de "laranjas com laranjas". Quem julga qual casa é mais difícil de ser destruída a golpes de caratê? A casa de sete cômodos é realmente maior que a de seis aposentos? Uma é mais velha e abalada ou, ao contrário, de construção mais resistente? E se uma tiver paredes de concreto, muitos canos ou mesmo isolamento? Por essas razões, quase todos os recordes são baseados em isolar uma variável, como ser o mais rápido a fazer algo em uma distância padrão ou percorrer uma distância em um tempo padrão. Mas, com múltiplas variáveis sem controle, a destruição de casas parece ser uma proposta que atraiu os editores não pelas razões habituais dos Recordes Mundiais Guinness, mas pelo simples teatro implícito em arrasar uma casa a pontapés. Também é um dos primeiros exemplos de criatividade criada para o recorde Guinness, completando um círculo, em uma trajetória que vai de uma única atividade inventada, esmagamento de piano, para vários Guinnesportes distintos, incluindo serrar pianos, esmagamento de piano a golpes de caratê e demolição de uma casa inteira usando caratê. A passagem de pianos para diferentes tipos de esmagamento ajuda a explicar por que há bem mais de 45 mil recordes nos arquivos da Guinness World Records e novos sendo acrescentados o tempo todo.

 O apelo do estabelecimento de recordes é tão forte que até mesmo aventureiros de grande reputação e escritores aclamados não estão acima de um pouco de Guinnesporte. A despeito de suas conquistas muito reais e arriscadas na aviação e na vela, sir Richard Branson também tem uma faceta recordista menos séria. No mesmo dia em que eu estava conseguindo meu segundo Recorde Mundial Guinness, ele também estava, pilotando um protótipo de carro anfíbio de Londres a Paris por terra e pelo Canal da Mancha — a primeira e provavelmente única tentativa para esse recorde específico, já que Branson acredita ter a única versão existente daquele Aquaticar. "Foi tão divertido que eu nunca ri tanto nem tive um dia tão agradável em minha vida. Era um ótimo carro, um verdadeiro carro de James Bond que se transformava em barco. Ele seguiu pela estrada a 200 quilômetros por hora e se transformou em uma lancha fantástica, uma espécie de veículo dos sonhos de toda criança. Acho que a foto daquele Aquaticar que está no *Guinness Book of Records* será a única que as pessoas verão daquele veículo, mas ele era magnífico. Ainda é possível que essa tecnologia resulte no carro — ou no carro-barco — do futuro, e a vantagem de as pessoas levarem a tecnologia adiante é que eventualmente conseguem revoluções fantásticas, mas em outros momentos elas desaparecem. Branson pode filosofar quanto quiser sobre as implicações do progresso científico em seu feito, mas os aspectos realizados para o Guinness ficam claros no vídeo: ele usando um smoking ao volante, de fato ao estilo James Bond, e chegando a um mar de rolhas de champanhe. Diferentemente de seu Blue Riband ou de suas históricas travessias pioneiras dos oceanos Atlântico e Pacífico em balões de ar quente, ou mesmo de sua tentativa fracassada de ser o primeiro a pilotar um balão de ar quente ao redor da Terra, Branson não tinha um padrão a bater nem competidores disputando com ele o recorde no Aquaticar.

Assim como Branson, o aclamado romancista, jornalista e ator George Plimpton entrou no jogo, borrando ainda mais os limites entre esporte hegemônico, sobre o que ficou famoso escrevendo, e o Guinnesporte. Plimpton é mais conhecido por ter uma impressão em primeira mão dos esportes que cobriu, frequentemente a ponto de se colocar em perigo, como quando disputou partidas da pré-temporada da National Football League americana com o Detroit Lions para seu livro *Paper Lion*. Da mesma forma, ele entrou no ringue com as lendas do boxe Archie Moore e Sugar Ray Leonard para uma matéria, treinou com o Boston Bruins, da liga americana de hóquei, para seu livro *Open Net*, e até mesmo jogou contra o time de estrelas da liga nacional americana para seu trabalho sobre beisebol, *Out of My League*. Considerado um pioneiro do jornalismo colaborativo, o autor de *Fireworks* e Delegado Honorário de Fogos de Artifício de Nova York usou a mesma abordagem de sua amada pirotecnia. Como Ashrita Furman ou Jackie Bibby, que canalizaram suas antigas paixões por realizações infantis para recordes mundiais, Plimpton fez o mesmo quando acendeu o pavio de um fogo de artifício de 326,5 quilos, o Fat Man II, o maior do tipo já disparado. Suas realizações esportivas são lendárias, mas no final só um fósforo poderia levá-lo ao livro dos recordes.

Após sua estreia com o divisor de águas que foi a maratona de tambor de Rogers, o Guinnesporte continuou a se esgueirar para o livro a um ritmo cada vez mais acelerado. Os anos 1960 viram cada vez mais verbetes, como arremesso de tijolos, que surgiu em 1961 e logo se tornou um eterno favorito. Assim como o esmagamento de piano e muitos dos mais interessantes recordes de Guinnesporte, o arremesso de tijolo iria se metamorfosear e multiplicar rapidamente, gerando um dos maiores subconjuntos de recordes populares do livro, todos sob o termo genérico "arremesso". Essa categoria se tornou tão popular que saiu do controle e passou de coisas que logicamente podem ser arremessadas, como Frisbees, bumerangues e aviões de papel, para tijolos, antigas excentricidades britânicas como galochas e *haggis*, ovos, bosta seca de boi e até mesmo o livro *Guinness Book of Records*. A maioria desses exemplos apareceu relativamente cedo na história do livro, mas recordistas menos criativos cobiçam essa categoria até hoje, a ponto de, se não conseguirem pensar em um recorde original, ficarem satisfeitos apenas por arremessar algo que não tenha sido arremessado antes. Essa tradição continua a se fortalecer: um novo recorde que estreou na edição de 2008, 47 anos depois de o primeiro tijolo ter sido arremessado a 51,82 metros, é o Recorde Mundial Guinness de arremesso de máquina de lavar (4,98 metros).

Entre outros acréscimos iniciais que deram sabor ao livro estão gangorra, telefonema (colocar o maior número possível de pessoas em uma cabine telefônica americana ou inglesa), submersão em traje de mergulho, andar de triciclo, ser enterrado vivo, cuspir, arremesso (com estilingue), empurrar carrinho de criança, resistência em fumar cachimbo, carregamento de carvão, maratona de banho, superlotação de carro (colocar o maior número de pessoas em um Fusca, depois ampliado com uma segunda categoria para carros Mini Cooper) e aquele que iria inspirar Ashrita Furman uma década depois: carregamento de tijolo, que estreou em 1960.

"Foi em meados dos anos 1960 que o livro começou a evoluir", explicou Stuart Claxton, porta-voz da Guinness World Records e chefe do setor de desenvolvimento de negócios nos Estados Unidos. "No intervalo de cerca de dez anos ele se tornou algo para o que as pessoas queriam entrar. Nessa época, a aparência e o tom dos livros passaram de tomos acadêmicos para algo popular." No prefácio da edição negra de 1960, os McWhirter escreveram: "A quebra de recordes nos anos 1960 se desenvolve em um ritmo tão acelerado que até mesmo marcos históricos da realização humana frequentemente têm vida breve como recordes. Para compensar isso, foram incluídas nessa edição algumas tabelas progressivas que mostram o passo a passo dos recordes, bem como suas datas." Tais tabelas mapeavam não apenas a corrida do homem rumo ao céu, mas também "maratonas" de tudo, de boliche a Banco Imobiliário — tudo, exceto verdadeiras maratonas.

O ano de 1969 foi fundamental para o livro, a última vez em que ele apareceria no formato original de almanaque. A primeira página fotográfica interna, tradicionalmente reservada para os superlativos mais impressionantes, foi novamente reverente, celebrando os primeiros passos de Neil Armstrong na Lua, com o que seria um dos recordes mais amados e reimpressos do livro: "Conquista da Lua." Mas a mudança estava ali, e os anos 1960 desapareceram com um estampido, vendo a explosão contínua de categorias de Guinnesporte, entre elas comer fora, colheita de maçãs, tocar gaita de foles, empurrar camas, remoção de carvão, penteado, bambolê, amarelinha, giro de pratos, fazer a barba, túnel de fogo e assim por diante. Essas mudanças, que ganhavam fôlego e aumentavam de número todos os anos desde a maratona de tambor de 1956, ficaram numerosas demais para o formato do livro. Em 1970, foi lançada uma edição muito semelhante à que temos hoje, medindo 30cm x 21cm, com uma capa brilhante em vez de revestimento de tecido, imagens na frente e no verso, tanto desenhos quanto fotografias de camas sendo empurradas, gangorras, levantamento de peso de circo e, refletindo seu elemento mais humano, um homem com uma barba enorme, os famosos gêmeos gordos McCrary e, é claro, Robert Pershing Wadlow. Talvez a única ligação visível dessa versão sem harpa com as 16 edições anteriores fosse a pequena foto de uma garrafa de *stout* Guinness na quarta capa.

Mudanças continuariam a ser introduzidas ao longo dos trinta anos seguintes, incluindo uma grande mudança gráfica em 1996, com uma utilização muito maior de fotografias coloridas. Em 1997, o livro mudou oficialmente de nome: de *The Guinness Book of Records* para *Guinness World Records*. (A edição americana tinha sido publicada sob o título *The Guinness Book of World Records* desde o final dos anos 1950.) Em 1999, o *Wall Street Journal* divulgou que o público-alvo dos editores tinha passado de jovens de 10 a 15 anos de idade para a faixa entre 7 e 15 anos. Coerentemente, as categorias foram novamente atualizadas e embelezadas, com, por exemplo, estatísticas sobre barcos de guerra sendo transferidas da tediosa seção "Barcos" para a nova e melhorada "Máquinas de matar". Segundo o *Journal*, outras baixas no abalo sísmico foram com preço mais alto para uma pintura, primeira pessoa a caminhar nos dois polos e maior coleção de garrafas, substituídas por maior salário no esporte, ator-mirim mais bem-pago e maior ascensão social. O livro continua a evoluir, com crescente influência das celebridades, mas a mudança fundamental de recordes sobre o mundo para recordes sobre nós se deu em 1970. Como lamentou o crítico Miles Kington, do *Independent*, tomando a edição original e seu prefácio inspirador do conde de Iveagh descrevendo um livro que podia transformar o calor das discussões na luz da verdade:

> *A não ser pelo fato de que não é mais aquele tipo de livro. Examinei o novo* Guinness World Records 2005 *com o maior cuidado possível e não consegui encontrar nenhuma informação sobre quem foi o primeiro a atravessar o Canal a nado. Ou o mais rápido. Ou o mais jovem. Ou qualquer coisa sobre a travessia do Canal. Eu não consegui encontrar informação alguma sobre o poço mais fundo da Inglaterra, nem sobre esse tipo de coisa. (...) Não há nada sobre a árvore mais alta da Escócia. Ou sobre a igreja mais antiga da Irlanda. Ou sobre maiorias no Parlamento. Nem mesmo, creio, sobre choques de trens. Com a exceção parcial*

de levantamento de peso, nenhuma das perguntas feitas por lorde Iveagh em 1956 pode ser respondida pelo livro conhecido como Guinness World Records 1995.

Lorde Iveagh provavelmente não antecipou o Guinnesporte nem esperou que tivesse o fervor que teve. A consequente transformação de uma séria obra de referência em um livro com visual chamativo começou no início dos anos 1970, impulsionada por duas forças gêmeas incansáveis: a enorme necessidade de muitos leitores de entrarem para o Guinness e a TV.

"Havia um programa de TV da BBC de grande sucesso chamado *Record Breakers*", explicou Stuart Claxton.

Norris McWhirter e um cavalheiro chamado Roy Castle eram os apresentadores. Pessoas que estabeleciam recordes no programa com frequência entravam para o livro, mas isso não era garantido, era uma decisão editorial. Àquela altura, o livro ainda tinha a mesma direção editorial, resultado de um enorme projeto de pesquisa. Mas em meados dos anos 1960 o livro tinha começado a evoluir, em grande parte por causa do programa, no qual as pessoas podiam tentar quebrar recordes, e McWhirter era o rosto do livro Guinness. Em dez anos ele se tornara algo para o qual as pessoas queriam entrar, e tentavam. A coisa toda foi acelerada pelo programa, e os procedimentos para recordes, as orientações, os certificados de reconhecimento, tudo isso surgiu de meados para o final dos anos 1960. Acho que é aquele elemento dos 15 minutos de fama. As pessoas que assistem e leem têm um talento, ou acham que podem quebrar um recorde, e querem fazer isso porque é uma realização.

O programa foi um sucesso instantâneo da BBC, exibido no horário nobre pelos 32 anos seguintes. Roy Castle, OBE, era uma espécie de apresentador, cantor, dançarino, comediante e músico que se tornou uma atração infantil inacreditavelmente popular e teve um programa de variedades com seu nome na BBC antes de ficar ainda mais famoso com o *Record Breakers*. Greg Childs, produtor do programa de 1988 a 1998, disse sobre Castle: "Ele era uma espécie de Sammy Davis Jr. do Reino Unido. Era o sapateador mais rápido do mundo, tocava muitos instrumentos, cantava. Também estabeleceu seus próprios recordes, como quando passou de *parasail* sob as pontes do Tâmisa." Durante seus vinte anos como apresentador, Castle também estabeleceu recordes para sapateado acelerado, caminhar nas asas de um biplano de Londres a Paris e tocar a mesma melodia em 43 diferentes instrumentos em menos de quatro minutos. Até mesmo compôs e interpretou a canção-tema do programa, "Dedication", que se tornou um mantra para muitos ingleses que sonhavam em ser recordistas mundiais Guinness. Eis uma das estrofes representativas:

If you're the rarest, the fairest, grown the longest hair,
If you're oldest, the boldest, got the most gold,
If you're the newest, the fewest, largest tattoo,
Then you're a record breaker, you're a record maker,
You're a record breaker.

(Se você é o mais raro, o mais belo, aquele que tem o cabelo mais comprido,
Se é o mais velho, o mais corajoso, o que tem mais ouro,
Se é o mais novo, o que tem menos, a maior tatuagem,
Então você é um quebrador de recordes, você é um recordista,
Você é um quebrador de recordes.)

Mark Frary, correspondente do *Times* de Londres e autor de livros sobre tudo, desde quebra de códigos a astronomia, recordou a popularidade do programa e a influência que teve sobre sua geração.

Acho que os britânicos realmente adoram a excentricidade. Como cultura nós adotamos pessoas como Eddie the Eagle [o questionado saltador de esqui olímpico cujas tentativas apaixonadas contra adversários muito mais talentosos conquistaram o coração de um país não conhecido por seus esportes de inverno], campeões da estranheza, e esse era um dos encantos do programa. Ross e Norris eram meio estranhos e tinham eles mesmos uma aparência excêntrica — eram gêmeos excêntricos e idênticos! E eles não poderiam ter escolhido apresentador melhor que Roy Castle: se você procurar hoje uma rede de televisão e disser que quer esse trompetista malabarista como apresentador, sua ideia nunca será aceita; o programa como um todo não se encaixa na TV de hoje — que destaca pessoas bonitas —, mas funcionava, e se tornou uma instituição britânica. Nesse sentido, o livro Guinness e o programa Record Breakers fazem parte da trama da sociedade.

Alguém estabelece um recorde por comer tortas, que também é algo muito britânico, ou espremer pessoas em uma cabine telefônica vermelha, e você via e pensava "uau, aquele cara comeu um monte de tortas", e era exatamente a excentricidade britânica daquilo tudo que fascinava as pessoas, e elas adoravam. Eu tenho 38 anos e me lembro de chegar em casa da escola e assistir ansiosamente a Record Breakers. É preciso dizer que na época havia muito pouca variedade na TV se comparado a hoje; tínhamos dois canais da BBC e a ITV, e só. Todos assistiam. Hoje há centenas de canais, mas não era assim nos anos 1970 e 1980. Na escola, era como os papos de bebedouro de hoje nos escritórios: "Viu o que eles fizeram no Record Breakers ontem?"

O programa teria outros apresentadores ao longo dos anos, emprego que lhes serviria como o primeiro degrau para a fama. Na equipe do programa estavam Cheryl Baker, que Childs descreveu como "uma estrela pop que tinha ganhado o Eurovision, uma espécie de nosso American Idol antes de haver *American Idol*", o medalhista olímpico Kriss Akabusi e até mesmo Ron Reagan Jr., filho do ex--presidente. "Ninguém nos Estados Unidos sabe disso, mas ele foi nosso correspondente lá por três anos. Tinha um senso de humor muito seco. Ashrita fez a milha de cambalhotas para a frente com ele."

Se 15 minutos de fama e a inclusão no livro eram a chama que atraía praticantes de Guinnesporte como mariposas, a TV foi um balde de gasolina jogado sobre essa chama. Não apenas aumentou o fascínio e o reconhecimento de ser um recordista, como o formato era perfeito para o Guinnesporte. O programa era gravado no maior estúdio de TV da Europa, o BBC One, que podia não conter o monte Everest, mas permitia frequentes eventos com participação em massa, como a mais comprida linha do coro. Cada episódio tinha três segmentos: uma tentativa de quebra de recorde no estúdio, como erguer o maior número de tijolos; uma externa, sendo uma das preferidas empurrar jatos Jumbo em pistas de decolagem; e um grande perfil de um recordista interessante. Jez Edwards, último apresentador do programa, descobriu que os Estados Unidos eram campo fértil para esses perfis. "Eu ia muito aos Estados Unidos. Você acha uns sujeitos interessantes lá. Sempre ficava estarrecido com os passatempos que se transformam em paixões e depois tomam conta da vida das pessoas. Como um cara que entrevistamos, um vendedor da Califórnia que criou o International Banana Club. Ele tem o recorde, e não acho que alguém inveje este, da maior coleção de material relacionado a bananas. Ele veste um terno de banana, e as pessoas do mundo todo vivem mandando coisas sobre bananas para ele, que lhe dá pontos de mérito banana." O atual editor do *Guinness World Records*, Craig Glenday, é um orgulhoso membro do International Banana Club.

Apesar do predomínio de recordes não humanos no livro e daqueles que são permanentes (primeiro homem na Lua) ou de mortos (primeiro em voo), o programa era todo sobre atuais recordistas humanos, muitos deles aspirantes, muitos tentando feitos de Guinnesporte criados para a TV. O *Record Breakers* não tinha só a missão de alimentar esse fogo, já que o livro gerou incontáveis outros programas de televisão, e ainda o faz hoje. O *Guinness Book of Records* teve seu primeiro espaço na TV americana em abril de 1970, como um especial de uma hora patrocinado pela AT&T e apresentado pelo comediante Flip Wilson. Depois desse sucesso e do contínuo status de best-seller do livro nos Estados Unidos, a Twentieth Century Fox contratou o respeitado apresentador de TV britânico sir David Frost para produzir, para o horário nobre, seis especiais de quebra de recorde baseados no livro, bem como o *Guinness Game Show*, apresentado na NBC por 48 semanas, de 1979 a 1980. De volta ao Reino Unido, Frost, que ainda apresenta *The Week that Was* (e cuja entrevista com Richard Nixon continua a ser a entrevista de TV com maior audiência da história), apresentou outro programa Guinness no horário nobre, dessa vez para o público adulto. *David Frost Presents the International Guinness Book of World Records* foi exibido de 1981 a 1986, sucedido por *The Guinness Book of Records Hall of Fame*, de 1986 a 1988. De 1987 a 1988 ele apresentaria vários especiais de televisão, todos chamados *The Spectacular World of Guinness Records*. Nos Estados Unidos, a Fox colocou o livro no ar novamente em 1998 com *Guinness World Records: Primetime*, que teve duas temporadas e, em 1999, foi reproduzido na Grã-Bretanha, na Alemanha e na Escandinávia. Segundo Stuart Claxton, a Fox estava preparando mais uma série. Em 2005, até mesmo a Food Network entrou em cena, com o *Food Network Challenge*, que no começo teve exibições com quebras de recordes de culinária, levando a *Guinness World Record Breakers Week* na temporada seguinte. Mais recentemente a TV australiana transmitiu uma série em 13 capítulos, *Australia's Guinness World Records*. Atualmente França e Alemanha têm séries de TV da Guinness World Records, e em 2006 o *Ultimate Guinness World Records*, produzido pela própria empresa, foi exibido em cerca de 35 países. A Ásia em especial está vivendo uma febre de recordes mundiais, com diversos programas na China, em Cingapura e em outros países do Pacífico. O fim parece estar longe: em janeiro de 2008, a NBC transmitiu um especial de duas horas, *Guinness World Records: Top 100*. A revista *Smithsonian* relatou que em 2005 eram transmitidos programas relacionados ao Guinness em pelo menos 85 países diferentes, e o site repaginado da Guinness tinha 14 milhões de acessos por mês — mais de 150 milhões por ano. Também há museus Guinness, que foram inaugurados nos anos 1970 em pontos de alto nível como o Empire State Building, de Nova York, e o Trocadero, de Londres, acabando por brotar em pontos turísticos ao redor do mundo, de Las Vegas a Missouri, de Myrtle Beach às Cataratas do Niágara, além de outros locais como Tóquio, Cingapura e Índia.

Em 2005, metade dos recordes no livro eram realizações humanas, em contraste com uma pequena fatia da primeira edição cinquenta anos antes. Qualquer dúvida sobre se o Guinnesporte e a ideia de feitos altamente especializados criados para entrar para o Guinness se tornaram norma, e não exceção, desaparece com uma rápida espiada na última edição. Em 2008, aparecer com ideias bizarras para recordes parecia um desafio mais impressionante que os feitos em si. Quem teria pensado que algum órgão responsável por recordes aceitaria categorias como menor tempo para colocar seis ovos em seis porta-ovos usando os pés, menor tempo para pintar uma parede de 10 metros quadrados, maior número de lesmas no rosto, maior número de folhas de vidro furadas com agulhas em um minuto ou veículo mais pesado puxado por sucção de tigela de arroz no estômago? Esses recordes impõem a pergunta: o que é preciso para *não* ser aceito pelo Guinness? Bem, eles recusaram minha proposta de fazer o jogo de croqué com o maior número de pessoas jogando simultaneamente, que aparentemente é mais absurdo que a coisa da sucção da tigela de arroz. Eu pelo menos desisti, um destino que se abateu sobre muitos pretendentes a recordistas, como um aspirante ao Guinnesporte de 10 anos de idade, do Texas, que entrou em contato com o livro pedindo sua inclusão após realizar o feito de escrever a letra A 17.841 vezes. Foi recusado. Para explicar quais recordes são vagos demais para merecer reconhecimento, Stuart Claxton disse à revista *Smithsonian*: "Recebemos pedidos de pessoas que usaram um par de meias por mais tempo ou mantiveram um copo de leite na geladeira durante sete anos." O livro aparentemente prefere acontecimentos inventados mais criativos, como o menor tempo para percorrer 50 metros em pernas de pau feitas de latas e barbante, um novo recorde registrado na edição mais recente — diferente da milha sobre latas com barbante —, ambos façanhas, claro, de Ashrita Furman. Ele percorreu 50 metros sobre pernas feitas inteiramente de latas e barbante nas famosas ruínas de Tikal, na Guatemala, demonstrando sua paixão por lugares místicos e fazendo sua parte para manter o Guinnesporte bem e vivo.

Um cínico como Jason Daley, o editor de revista e colunista colecionador de recordes, poderia chamar tais acrobacias, na melhor das hipóteses, de maquinadas; na pior, de absurdas. Quando Daley deixou seu cargo de editor de despachos da revista *Outsider*, se despediu com um editorial pessoal intitulado "Recordes quebrados". Ali ele finalmente expressou sua frustração com todos os caçadores de glória cujos "triunfos" encontraram seu caminho, em geral por e-mail, para sua mesa de trabalho ao longo de anos cobrindo recordes ao ar livre, de exploração e atléticos. Daley afirmou que "um americano que é o primeiro a subir 63 picos tibetanos que eram pequenos demais para qualquer outro se preocupar se compara a Neil Armstrong (...) Então, o que realmente merece ser coberto? No que diz respeito a recordes (...) só seriam necessárias duas qualificações. Primeira mulher a velejar ao redor do mundo? Bom. Primeira mulher bissexual a velejar ao redor do mundo com um olho de vidro? Estou fora. (...) Não tenho como deter o frenesi bizarro, mas posso parar de me alimentar dele. Não vou mais alcovitar feitos construídos e nada merecedores. Chega de perfis de estilingues humanos. *Sayonara* para o monociclismo radical. *Adiós*, andarilhos vendados e voltas ao mundo em pula-pula".

Chris Sheedy, ex-vice-presidente da Guinness World Records que administrou o departamento de pesquisa de recordes em Londres e hoje é representante da empresa na Austrália, provavelmente discordaria. "Todos acham que a Guinness World Records fica mais idiota à medida que envelhece, mas o que acontece é que eles estão perdendo a imaginação", disse ele a um repórter, argumentando que os recordes interessantes não são mais tolos do que esportes "reais" como nado borboleta ou adestramento. "Quando criança, tudo o que você lê no livro é absolutamente sério, do maior número de farpas presas ao rosto de alguém à escalada mais rápida do Everest." O Guinnesporte se tornou uma parte tão importante do livro que, embora outros órgãos de imprensa e jornalistas como Daley possam desprezar tais esforços, uma coisa está perfeitamente clara: praticantes de feitos estranhos, implausíveis e mesmo desagradáveis, sejam para a frente, para trás, de cabeça para baixo ou debaixo d'água, sempre terão um lugar no *Guinness World Records*. Mesmo o falecido Norris McWhirter saiu em defesa do Guinnesporte, argumentando que os marcos esportivos mais respeitados — como o de seu amigo Roger Bannister — não passavam de eventos inventados. "O que tornou a milha em quatro minutos especial foi o apelo dos números redondos. Dizer que alguém correu 1.609 metros em menos de 1.240 segundos não parece ser a mesma coisa. (...) Os americanos têm um alto nível de realização. Os que conseguem menos são tratados como fracassados. Eu sei que a vida não é tão frívola. Mas também não é tão séria. O mesmo vale para os recordes. Há espaço para todos os tipos."

5
Quinze minutos de fama

Seu objetivo não era o suicídio, mas dinheiro e fama eternos.
— SCHOTT'S SPORTING GAMING & IDLING MISCELLANY

Não é meu emprego, mas trabalho nele como se fosse, porque, vou ser sincero: gosto de atenção e não tenho medo de admitir. Gosto que as pessoas me reconheçam, me percebam, peçam meu autógrafo, esse tipo de coisa. Tentei ficar famoso a vida inteira, e este foi o melhor jeito. Participei de alguns filmes e programas de TV, e fiz muitas coisas diferentes, mas aquela coisa do Guinness foi a mais popular.
— JACKIE BIBBY, "O HOMEM-COBRA DO TEXAS"

No fascinante prefácio à edição original, Rupert Guinness menciona nadar no Canal da Mancha como um dos destaques do livro. Em 1875, quando Matthew Webb conseguiu atravessar a nado o Canal da Mancha sem salva-vidas, ele foi o Neil Armstrong de sua época e se tornou um modelo para milhares de aventureiros e caçadores de fama que o sucederiam.

Mas por quê? Webb foi um parâmetro para a mistura de aventureiro com atleta, cujas realizações com frequência são confundidas com as dos verdadeiros exploradores, mas também são desnecessárias a não ser pelo fato de que ninguém as tinha feito antes. Ele não descobriu o Canal, não foi o primeiro a cruzá-lo nem o mais rápido. No caso do monte Everest, só havia como chegar ao cume a pé, mas milhares tinham cruzado o Canal antes de Webb fazê-lo. A observação sobre o salva-vidas indica que ele não foi sequer o primeiro a cruzar o Canal a nado, apenas o primeiro a nadar sem ajuda. Ainda assim, foi amplamente aclamado e, no legítimo modelo de recorde, criou uma indústria de derivados "primeiros" do Canal, nichos abertos desde então e que incluem a primeira mulher, primeiro usando vários estilos de nado, na direção oposta e ida e volta no

Canal. Um nadador até mesmo foi laureado pela primeira travessia do Canal por um chileno.

O Canal não é a mais longa massa de água a ser nadada nem a mais difícil, mas Webb se tornou uma celebridade mundial. O fogo de sua fama brilhou tanto que o medo de que ele apagasse o colocou, braçada a braçada, em uma rota cada vez mais dramática que acabaria mal. Seu esforço para permanecer sob os holofotes o levou aos Estados Unidos e a um desafio insuperável: tentar nadar nos redemoinhos e nas correntezas abaixo das Cataratas do Niágara. Ele fracassou no desafio, mas conseguiu sair nos jornais — na seção obituário, pois se afogou. "Sobre a tentativa de Webb, um autor escreveu que 'seu objetivo não era suicídio nem dinheiro, mas fama para sempre." Não seria a última pessoa a ser levada a ações questionáveis por essas forças poderosas.

O artista pop Andy Warhol disse a famosa frase: "No futuro todos serão mundialmente famosos por 15 minutos." Desde então a expressão tem definido a obsessão de nossa sociedade por alguns instantes sob os holofotes, não importando quão fugaz sejam. Os meios de comunicação exploram esse desejo: tudo, de programas de entrevistas chocantes aos ditos reality shows de TV com suas competições inventadas, passando por sites de relacionamento como Facebook, Orkut e MySpace, é alimentado pelo número aparentemente ilimitado de pessoas que anseiam por seus 15 minutos — e que estão dispostas a sofrer ou se humilhar para conseguir isso. Mas muito antes de alguém pensar em aparecer na TV em troca de admitir que era tio do próprio filho ou viciado em pornografia pela internet, muito antes de alguém trancar vinte e tantas pessoas em uma casa sob os olhos vigilantes de câmeras 24 horas por dia, sete dias por semana, ou mandasse voluntários ansiosos para uma ilha deserta para passar fome e ter queimaduras enquanto brincam de jogos de guerra ao estilo acampamento, havia o livro Guinness. Antes mesmo que a TV desempenhasse esse papel, mas especialmente depois, para a imensa maioria das pessoas que tentavam, chegar ao Guinness significava conseguir aquele momento ao sol, ser — ou pelo menos se sentir — importante. Com o advento dos especiais televisionados nos Estados Unidos e do programa *Record Breakers* no horário nobre da BBC inglesa, essa tentação aumentou, porque os possíveis 15 minutos de repente passaram a significar não apenas reconhecimento impresso, mas também o canto da sereia por estar na TV. "Hoje existem muitos reality shows, mas essa é a realidade original da televisão", explicou Greg Childs, o veterano produtor de *Record Breakers*. "Você tem que mostrar a tentativa, ganhar ou perder. Ou é um recorde ou não é." O programa daria a centenas de possíveis recordistas sua chance de estrelato, algo pelo qual os leitores do livro ansiavam cada vez mais. Até mesmo Ashrita Furman, cuja sequência de feitos impressionantes é não apenas inspirada mas literalmente possibilitada por suas profundas crenças religiosas, admite a satisfação produzida por sua "celebridade", e, ao recordar sua primeira foto no livro junto à estrela olímpica Nadia Comaneci, seus olhos brilham.

Pergunte a essas pessoas por que elas querem entrar para o Guinness, e a resposta será... por alguma espécie de fama. Stuart Claxton, personagem acostumado a acompanhar celebridades ou quebras de recordes televisionados, respondeu: "É uma pergunta interessante. Acho que tem o elemento dos 15 minutos de fama." Ele também me disse: "Todos perguntam isso. Depois de cada tentativa bem-sucedida de quebra de recorde a que eu assisti, a pergunta imediata foi 'quando eu vou aparecer no livro?'. Tudo diz respeito a estar no livro. É como entrar para o Hall da Fama, pois, assim que o livro é impresso, ele se torna permanente, e você pode segurá-lo nas mãos para sempre." Coerentemente, no site do livro uma das perguntas mais frequentes é: "Por que meu recorde não está no livro?"

O atual editor do Guinness, Craig Glenday, disse ao *Washington Times*: "As pessoas dizem que entrar para o livro é um sonho que têm desde a infância", mas acrescentou a ressalva seca de que "em um primeiro nível é um desejo apenas de ver seu nome no livro." Na mesma linha, ele contou a outro repórter: "Para a maioria dessas pessoas, a motivação é colocar seu nome no livro." Stewart Newport, o Guardião dos Recordes da Guinness World Records, descreveu os candidatos como "pessoas buscando seus 15 minutos de fama" e acrescentou que "elas querem ser bajuladas por serem as melhores do mundo em qualquer coisa que façam". Mesmo Norris McWhirter identificou rapidamente o apelo da notoriedade, fazendo a seguinte observação sobre os recordistas: "Estão desesperados para ser *a* pessoa que fez algo, não só *uma* pessoa."

Não é apenas a equipe do *Guinness World Records* que sente isso; muitos recordistas dizem abertamente que a fama foi a principal ou mesmo a única motivação para suas tentativas. Jackie Bibby, "o Homem-cobra do Texas", decididamente não está sozinho em sua sinceridade. Louco por reconhecimento, Bibby tem como principais especialidades em quebra de recordes deitar em banheiras repletas de centenas de cobras venenosas e segurar cascavéis vivas — até dez delas (e todas, segundo as regras, com pelo menos 72,5 centímetros de comprimento) — na boca, balançando-as como um buquê em seus lábios, por mais de 10 segundos. A fotografia de Bibby com a cabeça curvada sobre um feixe pendurado de cobras instantaneamente se tornou um ícone e foi reproduzida com frequência, assim como as de Wadlow ou dos gêmeos McCrary. Como resultado, Bibby foi homenageado em 2005, na festa de gala do 50º aniversário do livro em Nova York, quando ficou em sexto entre os dez Recordes Mundiais Guinness mais populares dos primeiros cinquenta anos, prêmio que ele me descreveu como "quase tão importante quanto qualquer coisa que eu já tenha feito".

Ao lado de Bibby, como um dos personagens mais marcantes e reverenciados da história do livro, está Sridhar Chillal, que deixou suas muito fotografadas e perturbadoras unhas torcidas crescerem por meio século, toda a existência do próprio livro. Suas cinco impressionantes unhas (Chillal deixou crescer apenas as de uma mão, para que ele pudesse seguir a carreira de fotógrafo profissional) ilustram as páginas do livro regularmente desde aproximadamente 1980 — a unha mais longa é a do polegar, com quase 158 centímetros, e cada uma das restantes tem mais de um metro. Embora a dedicação a uma tarefa iniciada aos 14 anos tenha garantido a Chillal um lugar no ponto mais alto do panteão Guinness, sua "fama" teve um custo alto e pouca recompensa. Ele contou ao jornal inglês *The Guardian* que a angústia de manter intactas as unhas recordistas afetou muito a sua vida, já que vive com medo de carros, de crianças e até mesmo de rajadas de vento: "Eu vivo tão preocupado com a possibilidade de minhas unhas quebrarem que fico tenso a cada batida do coração." A angústia física é ainda pior, desde dificuldade para dormir — "Não posso me mover, virar de lado, puxar as cobertas" — até dores e ferimentos por causa do peso de suas unhas, que não apenas arruinaram sua mão esquerda, hoje permanentemente desfigurada, como também causam dores crônicas no punho, no cotovelo e no ombro. Elas chegaram a destruir nervos, o deixando surdo de um ouvido. Isso pode parecer um preço caro demais a pagar por unhas carnavalescas, até mesmo unhas com um longo recorde mundial, mas não para Chillal, que em 2000 minimizou seu sofrimento com uma explicação simples: "O que o homem não faz pela fama? Ele salta de barcos, pula de aviões e faz peripécias em motocicletas. Se eu tivesse outra vida faria o mesmo novamente."

Embora Chillal aceite os ferimentos como parte do preço pago pela fama, ao chegar à casa dos 60 anos as ramificações físicas de suas unhas se tornaram mais difíceis de suportar. Em 2000, quando Chillal se deu conta de que não poderia continuar assim, fez o que qualquer dono de objetos de valor que se dá ao respeito faria: colocou-as à venda na internet, oferecendo-se para cortar e vender as cinco unhas e pedindo quase 250 mil dólares por elas. Até hoje aparentemente não apareceram compradores. Se Chillal for bem-sucedido, pode penetrar em um território novo do Guinness. Mesmo uma remuneração de seis dígitos provavelmente não compensa toda uma vida de sofrimento e danos irreversíveis, mas, se funcionar, pelo menos vai conseguir uma recompensa substancial, além da "glória" intangível. A riqueza talvez seja o único grande feito que consistentemente escapa dos recordistas mundiais Guinness.

Ainda que haja exceções, o recordista Guinness típico não busca os limites da realização humana, mas a celebridade conferida por um recorde conquistado. A ironia dessa motivação é que a "fama", a "celebridade", a "imortalidade" que os recordistas tanto discutem praticamente não existe. Nenhum deles, nem mesmo Jackie Bibby, Sridhar Chillal ou Ashrita Furman, os recordistas mais famosos, conseguiu um dia capitalizar recordes Guinness em riquezas ou mesmo em uma carreira. Uma banda pop de um só sucesso é rapidamente esquecida, mas ainda pode experimentar, pelo menos por algum tempo, a recompensa de carros esportivos exóticos, hotéis de luxo e *groupies* ansiosas, mas a imensa maioria dos recordistas não consegue mais do que um certificado e o direito de se gabar. Apenas uma parcela mínima de todos os recordes oficiais são impressos no livro anualmente. Você pode quebrar meia dúzia de recordes e ainda assim nunca conseguir apontar seu nome na prateleira de uma biblioteca. Os que têm sorte e conseguem entrar podem acrescentar ao seu patrimônio um verbete de um centímetro em meio a milhares de outros naquilo que é basicamente um livro para crianças — e com vida programada de um ano. Nos casos mais raros, os recordistas ainda podem levar para casa uma gravação de quando apareceram na TV. Mas o título de recordista mundial é motivação mais do que suficiente para a maioria. Eu pergunto novamente: por quê?

Jake Halpern é autor de *Fame Junkies* [Viciados na fama], uma visão abrangente da importância da fama em nossa sociedade. O livro tenta responder por que tantas pessoas parecem idolatrar a celebridade e por que as pessoas sentem tanta atração pelos holofotes e pela possibilidade de se tornarem famosas. Para Halpern, o *Guinness World Records* é um veículo quase perfeito para os obcecados pela fama por ser muito democrático e por seus recordes serem mais acessíveis que outros tipos de fama. "Acho que a ideia de estabelecer recordes é uma das mais antigas formas de conseguir fama. Pense nos antigos Jogos Olímpicos gregos, com recordes detalhados, na primeira pessoa a navegar ao redor do mundo, em seja lá o que for. Na verdade, toda a história de certa forma é o estabelecimento desses recordes."

> *Há uma excitação neurológica provocada por receber atenção de outras pessoas, um barato como qualquer outro, nada diferente de ganhar uma bolada em um jogo, comer chocolate ou ver pornografia. Todas essas coisas ativam algo no sistema de recompensa/aversão. Receber atenção provavelmente sempre teve o efeito de fazer as pessoas se sentirem bem, mas em uma sociedade como a dos Estados Unidos, na qual a realização individual, o indivíduo durão e a noção de ter tudo o que pode são tão valorizados, seja você um escroque ou um astro do cinema, acho que a ideia de receber reconhecimento e atenção é particularmente atraente. Mas a realidade é que a maioria das pessoas em algum momento de suas vidas diz: "Eu não sou atra-*

ente ou talentoso o bastante para ser um astro do cinema e não sou rico ou tenho habilidade empresarial o suficiente para me tornar Andrew Carnegie, mas posso ficar de pé na varanda de alguém e quicar uma bola de pingue-pongue 5 mil vezes. Pode não ser o mesmo que ganhar um Oscar, mas já é alguma coisa, e serei imortalizado por isso. Terei algum reconhecimento momentâneo, e isso será bom. Talvez eu saia numa matéria do jornal local, talvez até apareça na TV, e as pessoas que não me dão atenção no trabalho perceberão minha existência por um dia, aquela bela secretária que nunca olha para mim talvez pergunte como eu consegui."

Joachim Suresh, aquele que mais se aproxima de um rival para Ashrita Furman e detentor de cerca de trinta recordes (vários deles fisicamente muito impressionantes), foi atraído pelo livro por causa do tipo de fama de Hollywood que Halpern descreve. Nascido em um Sri Lanka arrasado pela guerra, Suresh emigrou para o Canadá em 2003 e criou uma instituição filantrópica para conscientizar as pessoas sobre o sofrimento das crianças, algo que tinha sido uma meta para ele por mais de uma década. Como ele recorda, "comecei achando que podia ser Michael Jackson, um cantor, um astro de Hollywood". Mas depois que ganhou um exemplar do *Guinness World Records*, ele passou para o plano B. "Folheei todas as páginas. Vi todos os astros lá. Esta é minha meta. Preciso ser o número 1 do mundo."

"Todos, em suas tediosas vidas comuns, aspiram a um pouco de imortalidade. Um pequeno momento de grandeza em meio à nossa rotina, aos três empregos e à luta por um plano de saúde. O livro dos recordes dá a todo mundo, mesmo das formas mais obscuras e exóticas, a oportunidade de ter seu nome incluído junto ao de outras pessoas do mundo que fizeram o maior, o mais, o melhor", disse Ben Sherwood, ex-produtor executivo de *Good Morning America* e autor do romance *O homem que comeu o 747*.

Conheci recordistas suficientes para entender isso e não ter uma postura demasiadamente filosófica, mas em um mundo no qual a maioria das pessoas tem vida de silencioso desespero, é divertido falar sobre isso, e geralmente é algo divertido de fazer. Quando você viaja pelos Estados Unidos, o que eu fiz várias vezes em meu trabalho como jornalista, passa por cidadezinhas nas quais vê na rua uma placa dizendo: "Lar de Fulano de Tal, jogador de beisebol do Minnesota Twins, 1972". Acho que por todo o país e por todo o mundo as pessoas gostam de colocar placas em suas cidades, suas ruas ou seus gramados dizendo "Lar de", e eu peço que você preencha a lacuna, talvez com alguém que seja o maior jogador de ioiô do mundo. É o corolário do pouquinho de imortalidade que é ser uma celebridade local. Nem todas as celebridades precisam estar em Hollywood. Você pode estar no bar da sua cidade e as pessoas dirão, "Ah, sim, nós temos o cara que fez tal coisa", e você pode ter sua foto no anúncio da cerveja Pabst Blue Ribbon; você pode ser aquele cara.

No meu caso, Sherwood está certo. Gostei de ser responsável por uma das Dez Melhores Jogadas do dia no *SportsCenter* da ESPN, foi legal aparecer no jornal da cidade, e, embora eu não esteja mais em circulação, relegado aos 90% de recordes encontrados apenas na base de dados de acesso restrito do livro, ainda é legal ser um recordista e ter estado lá duas vezes. Mas por quê? Ninguém se lembra, a não ser as pessoas para quem eu conto. Não produziu nenhuma recompensa financeira, nenhum reconhecimento duradouro, financiamento ou evolução profissional. Eu nem sequer consegui um DVD grátis do programa. O fato de eu aparecer no *SportsCenter*, em outros programas de TV e na imprensa não deveria importar, mas importa, pela mesma razão pela qual meu primeiro certificado do *Guinness World Records* está em uma moldura dourada decorada, por trás de um vidro de proteção, embalado com o mesmo cuidado e investimento que os diplomas universitários recebem. Talvez os recordes Guinness sejam tão importantes quanto outros diplomas emoldurados pendurados nas paredes em todo o mundo. Concluir a faculdade é uma realização daquelas que a maioria das pessoas se orgulha, mas em si significa pouco. Mesmo no caso dos formados mais impressionantes, o diploma em si não transmite valor. Por que então os ostentamos nas paredes para que nós e outros os vejamos? Ter orgulho de deter um recorde mundial é muito diferente de ter um diploma em economia, matemática ou sociologia de uma faculdade da Ivy League?

Na verdade, nem mesmo faculdades da Ivy League estão imunes ao fascínio pelo reconhecimento do livro. Em Hanover, New Hampshire, Estados Unidos, na biblioteca Rauner do Dartmouth College, que abriga coleções especiais e objetos históricos muito valiosos, os visitantes podem contemplar um par de meias que pertenceu ao estimado ex-aluno Daniel Webster, uma coleção de bengalas universitárias históricas e um saco plástico vazio. Um saco plástico? Dartmouth não conseguiu jogá-lo fora porque um dia guardou um pouco da neve do maior boneco de neve do mundo, construído pelos alunos, com uma altura de 14,47 metros e reconhecido pelo *Guinness Book of World Records* em 1988. Desde então a neve derreteu, juntamente com o recorde, e o frasco dentro da bolsa plástica que continha a água histórica finalmente vazou. Tudo o que resta da valorizada relíquia da universidade é a fama persistente de um recorde quebrado que resiste pelo menos na etiqueta do saco. Pode ser um caso extremo do que a *Newsweek* apelidou de "Guinnesite". O pessimista vê o copo meio vazio enquanto o otimista o vê meio cheio, mas qualquer um pode ver que Dartmouth está catalogando e guardando um saco plástico vazio, ligado apenas a um recorde que já não existe mais.

Em uma matéria de 1979 da revista *Sports Illustrated* sobre o livro, que cunhou o termo "Guinnesporte", um dos recordistas entrevistados foi Arron Marshall. Pescador do oeste da Austrália, Marshall ficou debaixo do chuveiro em um shopping durante 224 horas para conseguir o recorde de banho mais longo. Segundo a descrição da *Sports Illustrated*, os pés de Marshall incharam e seu corpo ficou tão enrugado quanto uma ameixa, mas ele disse: "Vou sair gritando pelo país quando vir meu nome no livro dos recordes." Foi ainda mais direto o professor de ginástica de Salt Lake City, Rick Murphy, que durante um breve período deteve o recorde de percorrer 45,70 metros plantando bananeira, que apareceu em um só volume, a edição de 1975, antes de ser superado. Aquele ano aparentemente foi suficiente, já que Murphy afirmou: "No fundo fiquei orgulhoso de entrar para o livro. Foi a melhor coisa que já fiz." Ele não está só. Muitos recordistas, mesmo aqueles cuja duração foi tão breve que nem sequer chegaram ao livro, se aferram a seus certificados, descrevem os feitos como os melhores momentos de suas vidas.

"Por que as pessoas quebram Recordes Mundiais Guinness? Há algo em ser um recordista mundial Guinness que o distingue do resto de seus amigos ou da população", alegou o porta-voz da empresa, Stuart Claxton, em um material promocional de um programa de TV baseado no *Guinness World Records*. Sem suas realizações, não importa quão bizarras sejam, os recordistas seriam como qualquer um, já que, a despeito da popularidade do livro e da ampliação dos modos pelos quais é possível conseguir bater recordes, a imensa maioria das pessoas nunca estabelecerá ou quebrará um deles, nunca saberá como é ser um verdadeiro Recordista Mundial Guinness. O *Times* de Londres chegou mesmo a cunhar um termo para esse estado lamentável em que vive a maioria de nós: "Guinnessem."

"Na última década, me envolvi intensamente na cobertura de esportes ao ar livre, e a quebra de recordes é uma enorme parcela disso. Nos últimos sete ou oito anos eu provavelmente passei uma hora por dia na internet lendo sobre todas essas tentativas", disse o colunista Jason Daley. "Se você não é o primeiro, é o último. Há uma ideia de que a vida diz respeito a grandes realizações, e, se as pessoas podem fazer algo assim — mesmo que seja algo sem sentido como passar 48 horas saltando de pula-pula —, nós, como sociedade, nos fascinamos com isso. Não que sejam super-heróis. Às vezes simplesmente têm compulsões que não conseguimos entender."

Lucky Diamond Rich é um exemplo. A pessoa viva mais tatuada, Rich escolheu uma forma difícil para entrar no livro, passando mais de mil horas sob uma agulha, apenas para a primeira camada, tatuando seu corpo inteiro de preto retinto, incluindo pálpebras, gengiva e genitais. A parte mais dolorosa do processo de pintura foi o interior das orelhas. Então, depois que a pele tinha cicatrizado, ele recomeçou, cobrindo o corpo com linhas brancas em um padrão intrincado e desenhos em cores variadas. Foi essa atenção aos detalhes que levou Rich ao livro, superando o rival, Tom Leppard, "o Homem-leopardo", que chegou até mesmo a transformar seus dentes em presas, de modo a combinar com seu corpo laranja coberto de manchas pretas, mas só conseguiu cobrir 99% da pele. Sua recompensa? Rich hoje tem um recurso publicitário que nenhum de seus colegas artistas de rua de Convent Garden, Londres, tem. "Para mim, foi a realização de um sonho. Eu me lembro de, quando garotinho, pensar que tudo o que queria era entrar para o *Guinness World Records* por causa de algo", disse Rich em uma entrevista. "O *Guinness World Records* é, em certo sentido, a celebração de uma forma de doença mental. É comportamento obsessivo-compulsivo, é vício. As pessoas precisam ter certa personalidade ou certo tipo de característica mental para estar naquele livro, que celebra isso."

Jez Edwards, um aclamado apresentador britânico de programas infantis de rádio e TV, foi o último apresentador de *Record Breakers*, na BBC, entre 1997 e 2001. Ao lidar diariamente com recordistas e candidatos a recordistas, desenvolveu um profundo respeito pela experiência e pelo esforço que eles dedicam mesmo aos feitos mais absurdos, mas também percebia o apelo de simplesmente estar no livro — ou, no caso dele, de estar associado ao livro. "Você pode ter um recorde mundial em qualquer coisa. Se você quer entrar para o Guinness, o meu conselho é: estude-o e tente fazer algo que ninguém tenha feito, como ficar pendurado de cabeça para baixo. Assim você terá algo que pessoas em todo o mundo reconhecerão", diz Edwards, acrescentando o óbvio para se fazer mais claro: "Não há muitas pessoas que não conheçam o livro. O programa ainda está em minha biografia, e é o que as pessoas veem e dizem: 'Ah, você fez *Record Breakers*? Brilhante.'"

Para caçadores de fama assumidos como Jackie Bibby, a televisão é o grande prêmio no estabelecimento de recordes mundiais. Bibby me disse que um dos grandes momentos de sua vida foi ser reconhecido por um turista inglês em visita ao terraço de observação do Empire State Building, em Nova York, no dia seguinte a ele ter sido entrevistado em um programa. Não importava que o turista fosse um estrangeiro anônimo, o importante foi o reconhecimento dele e de suas conquistas. "Eu gosto de atenção. Sou umególatra com complexo de inferioridade. Adoro ser visto e reconhecido. Há pessoas que me conhecem como 'o Homem-cobra do Texas', é meu título honorífico. Sou bem conhecido e consegui alguma notoriedade com a coisa do Guinness. Você é reconhecido. Quero dizer, eu fui reconhecido no alto do Empire State Building por um cara da Inglaterra na última vez que estive em Nova York. É por aparecer na TV. Já apareci quase sessenta vezes na TV. Recebo telefonemas de emissoras, jornalistas e pessoas como você várias vezes por semana, o ano todo. Dei duas ou três entrevistas para estações de rádio esta semana e provavelmente recebi dois ou três e-mails pedindo outras. É o tempo todo assim. Eu adoro isso e gosto de falar sobre isso."

Tem sido assim para Bibby desde que ele venceu seu primeiro torneio de cascavéis, patrocinado pela organização Texas Jaycees, de Brownwood, recém-saído do ensino médio há décadas. "Ganhei dois troféus e 30 dólares, e meu nome saiu no jornal. Trinta e nove anos depois tenho vários recordes mundiais, andei o mundo todo e apareci em revistas como *Playboy*, *Newsweek*, *Time*, *Parade* e *Texas*, então acho que não é nada mal para um garoto do interior."

Bibby adora viajar e usa sua fama para conseguir viagens grátis por todo o mundo; participa de qualquer programa de TV e de qualquer demonstração ao vivo que pague o deslocamento. Ele voou por todos os Estados Unidos, na maioria das vezes para Nova York e Los Angeles, e viajou (à custa dos outros) nove vezes à Europa para estabelecer recordes de segurar cobras ou para dar demonstrações. Quando conversamos, ele estava no meio de uma acalorada negociação para fazer uma demonstração com cobras em Hong Kong. "O dinheiro nunca é muito, ou eu não ganho nada. O que conta é empatar as despesas e conseguir as viagens. Isso, o prestígio e a imprensa." Aparentemente, se alguém pode lucrar com a fama do Guinness é Bibby, que não cansa de se autopromover e que merece o crédito por dar espetáculos impressionantes — e perigosos — com cobras venenosas. Mas ele deixa claro que ainda depende financeiramente de seu emprego em tempo integral, complementado com coleta e venda de cobras, sem relação com o recorde. Ironicamente, ele trabalhou 18 anos com dependência química e administra o Dublin Outreach Center, em Dublin, Texas, um abrigo para viciados em recuperação. Mas Bibby claramente prefere falar mais sobre recordes que sobre reabilitação, rapidamente me lembrando de que, além de todas as suas honrarias e apresentações, "sou uma pergunta na vigésima primeira edição do jogo Trivial Pursuit". Segundo a hipótese de Jake Halpern, autor de *Fame Junkies*, recordistas em série como Bibby, Furman e outros talvez pudessem se valer eles mesmos de ajuda profissional para distúrbios de vício.

> Não me surprende que haja uma situação em que alguém quebra um recorde, desfruta da satisfação produzida por isso e depois, quando a atenção diminui e a excitação passa, diz rapidamente: "Bem, um não foi ruim, que tal dois?" Eu acho que seria ligeiramente menos satisfatório da segunda vez, porque eles gostariam de quebrar um recorde com maior visibilidade, um recorde que é mais extraordinário, ou quebrá-lo de uma forma mais espetacular. Você teria de continuar se superando para que não se tornasse uma experiência monótona de "bem, acabei de quebrar meu 37º recorde". Afinal, quantas vezes você pode voltar ao escritório, ao grupo da igreja ou sei lá para onde e dizer: "Estabeleci mais um recorde Guinness"? Eles dirão: "Ah, que legal. Você já apareceu nele umas trinta vezes." Então você diz: "Bem, dessa vez eu caminhei 48 quilômetros em um pé só, equilibrando um ovo na cabeça." E eles dirão: "Ah, uau, isso sim é interessante." Há um efeito hiperbólico de ter de continuar a quebrar recordes e de fazer isso de uma forma mais sensacional para ter o reconhecimento que deseja.

Eu conto a Halpern, que não é um aficionado do livro, sobre Ashrita Furman e Jackie Bibby, e ele assente em reconhecimento.

Não me surpreende que haja recordistas em série. As pessoas cobiçam atenção tanto quanto cobiçam dinheiro. Quantas pessoas ganham um milhão de dólares nos negócios e dizem: "Bem, é o bastante"? No início elas podem dizer "quando conseguir um milhão eu paro", ou na mesa de vinte e um, "quando chegar a 50 mil dólares, eu saio daqui", mas no minuto em que conseguem o dinheiro elas dizem: "Cara, já cheguei até aqui, imagine se eu conseguisse 100 mil dólares? É o dobro do valor, e eu poderia ter o dobro de coisas e o dobro de segurança." Dá para imaginar alguém dizendo: "Só quero entrar para o Guinness e me dou por satisfeito." Então ele entra e diz: "Bem, isso foi ótimo, não me incomodaria com um pouco mais de reconhecimento." Qualquer coisa que faça você se sentir bem, como dinheiro, sexo ou vitória no jogo, tem uma característica potencialmente compulsiva ou viciante, e você sempre vai querer cada vez mais.

Quase imediatamente após eu ter estabelecido meu primeiro Recorde Mundial Guinness e ter conseguido ser o centro das atenções, os amigos começaram a me perguntar "qual é o próximo?" com assustadora regularidade. Aparentemente, os afetados pelo efeito "recorde em série" não são apenas os recordistas. Para mim, parecia haver uma expectativa, quase uma obrigação, de que uma vez que ingressara nesse clube mundialmente famoso eu continuaria com outros feitos — um não era suficiente, nem mesmo para a minha pequena plateia. Essa sensação logo seria alimentada pela perda do meu recorde para um rival anônimo. Em reação, não apenas comecei a pensar em quais outros recordes eu poderia conseguir, mas também, como Halpern depois sugeriu, passei a estudá-los menos por sua viabilidade e mais por seu apelo — e pela dificuldade de ser quebrado por outros. Era um grande desvio de minha lógica original buscar o caminho de menor resistência para entrar para o Guinness. Comecei até mesmo a me sentir levemente constrangido por meu primeiro recorde, já que era mais um feito de lógica que de disposição ou superação física. Qualquer um que aplicasse a mesma pesquisa e a mesma criatividade ao que eu fizera poderia ter quebrado o recorde de golfe, o que de fato aconteceu — em parte, como Ashrita descreve, porque toda cobertura da imprensa que eu tive, juntamente com a inclusão no Guinness, fez dele um alvo especialmente fácil. Prometi que na segunda vez eu iria estabelecer um recorde difícil, que a maioria das pessoas não conseguisse superar, um que não me deixasse constrangido e que tivesse chance de durar mais. Apesar de meu segundo recorde também ter sido publicado no Guinness e de eu saber que havia pessoas fazendo planos sérios de superá-lo, ele ainda resistia no momento em que este livro estava sendo escrito. Não sei por que, mas isso me deixa feliz.

Maureen Orth, jornalista respeitada que escreveu o livro *The Importance of Being Famous* [A importância de ser famoso], com uma abordagem semelhante ao *Fame Junkies* de Halpern, escreveu: "O calor da fama pode ser brutal, mas a frieza do depois é uma sensação ainda mais estranha, mais amarga. (...) Para manter o circo funcionando, é preciso ter novos assuntos à disposição. Então, se você quer estender sua notoriedade (...) é melhor ter variações em estoque para satisfazer as câmeras." Assim como Halpern, Orth cita a explosão dos meios de comunicação e o aumento da popularidade da reality TV, juntamente com a subcultura das revistas de celebridades e entretenimento e os programas de "notícias", como fazendo parte da passagem para uma cultura obcecada pela fama, que é terreno fértil para o *Guinness World Records*. "Desde que comecei a cobrir o mundo do entretenimento e da política, nós passamos de uma sociedade que admirava artistas de talento e políticos inteligentes para uma cultura na qual o objetivo é apenas conseguir fama. Cada vez mais, ser famoso agora tem menos a ver com talento ou com fazer algo real, pensado e sutil."

Recordistas como Jackie Bibby e o extraordinário cultivador de unhas Sridhar Chillal falam sobre a fama trazida pelo Guinness, mas estar no livro realmente o torna famoso? "Acho que de certo modo sim", admite Halpern.

> Reconhecimento, atenção e oficialização são a recompensa. Eu chutaria que o apelo do livro Guinness é que, em função da amplitude de coisas que ele abrange, as pessoas começam a achar que é uma meta factível estabelecer um recorde que ficará para a posteridade como um recorde mundial. Acho que é especialmente atraente em um momento e em um lugar que valorizem muito a fama, obviamente o caso atual. Uma das coisas que estudo em meu livro é a sensação atual de que a fama é mais fácil do que nunca, especialmente porque nos anos 1970 havia apenas cinco emissoras de televisão; hoje são quinhentos. Há a realidade da TV. Nos anos 1960 e 1970 o livro Guinness era especialmente atraente como espaço para ser famoso, já que a ideia de estar na TV era muito mais remota na época. O outro aspecto da fama é que de certa forma ela o imortaliza. Você pode morrer, mas de algum modo sobrevive pelo livro. "De que valeu a minha vida? O que estou deixando para trás?" Estar em um livro que registra todos os recordes mundiais significa alguma coisa.

Carey Low, porta-voz do livro no Canadá, uma estufa de atividade recordista, aparentemente concorda, e disse ao *Toronto Sun*: "É da natureza humana se apresentar e ser o melhor. Se você pode fazer algo que o coloca no livro Guinness ou em sua base de dados, está fazendo algo impressionante." Desde o início dos anos 1960 tem havido cada vez mais uma democratização dos recordes, e o foco não é mais fazer algo impressionante, mas apenas fazer algo, qualquer coisa, que o coloque no livro — ou pelo menos em sua base de dados. Para Low, a questão parece se concentrar em simplesmente entrar, mais do que no feito em si, o que explicaria muitos dos recordes do tipo arremesso de máquina de lavar.

O conceito de Halpern de imortalidade por intermédio das realizações não é uma ideia nova: ela antecede o *Guinness World Records* em pelo menos três mil anos. No *Épico de Gilgamesh*, datado do século VII a.C., ou antes, e amplamente considerado a primeira obra literária — ou a mais antiga —, o personagem-título, um mítico rei-herói da lenda suméria, passa toda a segunda metade do poema refletindo sobre o significado da imortalidade após seu melhor amigo e guerreiro estelar, Enkido, ter sido morto. Depois que várias oportunidades de se tornar fisicamente imortal surgem sem ser aproveitadas, Gilgamesh volta para casa, avalia as muralhas da poderosa cidade-Estado que ele construiu e governou — com as histórias heroicas de sua vida gravadas em pedra — e chega à conclusão de que uma forma de imortalidade é ser lembrado pelos outros por causa de seus feitos. Não há nada conhecido na literatura ocidental que anteceda Gilgamesh, e em um sentido nossa história de ler e escrever começa com a ideia de conseguir a imortalidade por meio de feitos e reconhecimento público, uma tradição literária que chega à última edição do *Guinness World Records*. Esse conceito de "imortalidade virtual" percorre a história, e é tão importante para os épicos homéricos *Odisseia* e *Ilíada* que se torna o ponto crucial para vários desdobramentos fundamentais da trama. Segundo Elizabeth Vandiver — professora de clássicos do Whitman College da Universidade Estadual de Washington e ganhadora do prêmio de excelência em ensino da Associação Filológica Americana —, honra e fama são as principais motivações do guerreiro homérico. "O guerreiro homérico luta por honra (*time'*) e glória ou fama (*kleos*). *Kleos*, normalmente traduzido como 'honra' ou 'fama', significa aquilo que é dito em voz alta sobre alguém", escreveu ela. *Kleos* e *time'* ressoam por todo o resto da história, e quando Aquiles, o maior de todos os guerreiros gregos, sente que sua fama ou glória diminuiu, ele se recusa a continuar a lutar. Vandiver define o conceito de *kleos aphthiton* como "glória imortal (...) o único tipo de imortalidade significativa disponível aos guerreiros homéricos". Como a visão grega da vida após a morte não oferecia muito em termos de consolo, ela conclui que "apenas *kleos* oferece algum tipo significativo de imortalidade; o guerreiro homérico vive naquilo que os outros dizem dele depois de sua morte".

Se essa lógica da imortalidade parece excessivamente dramática para o caçador de fama induzido pelos Recordes Mundiais Guinness, veja o caso de Philip Rabinowitz, um senhor excepcionalmente rápido. Já recordista mundial Guinness como o mais velho caminhante competitivo, Rabinowitz, um sul-africano de 100 anos de idade, fanático por forma física e apelidado de "Rabinoblitz" pelos amigos, foi convidado para o programa de entrevistas *All Things Considered*, no rádio, no qual discutiu sua futura tentativa de quebrar o recorde mundial de velocidade em

100 metros por um centenário. Quando perguntado por que essas coisas eram tão importantes para ele, Rabinowitz retrucou, rindo: "Quando chegar minha hora, quero poder dizer que quebrei recordes e eles devem reconhecer isso lá também."

Michael Roberts, editor-executivo da revista *Outside*, concorda: "Se você está em busca de um recorde, isso tem tudo a ver com reconhecimento, não apenas com a realização em si. Se você se importa com o recorde, está reivindicando algo, fincando sua bandeira. Em certo sentido você se torna imortal."

As noções de fama e celebridade são tão fundamentais ao *Guinness World Records* que ultrapassam os recordistas comuns, penetrando no próprio tecido editorial do livro. Edições recentes deram uma cobertura ampliada a celebridades — a maioria delas não fez qualquer esforço para estar no livro, aparentemente foi procurada pela produção para dar um ar de credibilidade. Se recordistas comuns como Jackie Bibby estão "se aquecendo na glória refletida" da famosa marca Guinness World Records apenas por estarem no livro, este se aquece na glória refletida de Tom Hanks, Tom Cruise, Jennifer Aniston e Angelina Jolie, todos eles com grandes fotografias no capítulo de duas páginas "Astros do cinema", da edição de 2008, uma categoria que sequer existia três anos antes. É difícil imaginar Tom Cruise entrando na internet e preenchendo um formulário para ser escolhido o "ator mais poderoso", ou Jodie Foster, reconhecidamente avessa à imprensa, buscando atenção por ter recebido a maior remuneração anual entre todas as atrizes. É muito mais provável que os editores tenham intencionalmente procurado formas de incluir mais celebridades no livro, já que elas vendem produtos, e parte de toda a mística do *Guinness World Records* é a de que, ao estabelecer recordes, a pessoa comum pode partilhar as páginas com astros de cinema, artistas e atletas. Sempre houve um enorme número de recordes, dentre eles os estabelecidos por humanos, incluídos por causa da equipe do Guinness e não dos candidatos, mas normalmente surgem na forma de recordes esportivos ou de primazias importantes. O recorde de Tom Hanks de maior número de prêmios consecutivos de melhor ator da Academia é de conhecimento público e quantificável, de modo que não difere de um recorde esportivo, mas o recorde de Tom Cruise, do qual o astro pode nunca ter ouvido falar, cheira a Guinnesporte editorial: não há recorde semelhante para o advogado ou o chef mais poderoso.

O atual caso de amor do Guinness com Hanks começou na edição de 2007, quando ele e o resto da equipe e do elenco de *O código Da Vinci*, incluindo o diretor Ron Howard, foram homenageados pelo livro por terem feito a maior viagem internacional de trem sem escalas, um recorde no mínimo dúbio. Aparentemente, o grupo desfrutou de uma inédita excursão de Londres a Cannes, no sul da França, a bordo de um Eurostar em alta velocidade. A distância real da viagem não é nada em comparação com outros trajetos ferroviários ponto a ponto, como de Ulan Bator a Pequim, mas, sem entrar na discussão semântica de como definir uma viagem internacional sem escalas, esse tipo de recorde parece ser uma tentativa do livro de receber reconhecimento das celebridades, uma tentativa recompensada com uma foto do certificado oficial nas mãos de Ron Howard. A mesma edição apresenta uma relação de "celebridades recordistas estreando no *Guinness World Records,* que inclui Johnny Depp, Jennifer Lopez, Drew Barrymore e Reese Whiterspoon". Da mesma forma, a primeira página da edição de 2006 é uma lista intitulada simplesmente "Recordistas americanos", o que sugere uma amostra dos milhares de recordistas dos Estados Unidos; mas com a única exceção do próprio Sr. Versatilidade, Ashrita Furman, a relação só traz celebridades do entretenimento e dos esportes, de Lance Armstrong e Will Smith a David Copperfield e Jessica Simpson. Uma comparação das edições ano a ano mostra claramente o aumento do entusiasmo por recordes e cobertura de celebridades, desejado ou não pelos astros, culminando em 2007 com uma página tripla sobre "Segredos das celebridades", descritos como "as mais quentes fofocas de celebridades do *Guinness World Records*". Entre elas estão alguns itens que podem ou não ser recordes, mesmo para os padrões da Guinness World Records, como o verbete banal que diz que Paris Hilton foi escolhida a celebridade mais excessivamente exposta de 2005 por "uma empresa de pesquisa on-line". Norris McWhirter provavelmente se reviraria no túmulo com a inclusão desses não recordes. Isso é acompanhado de uma pergunta de múltipla escolha sobre quem entre quatro atores, Russell Crowe, Robert Downey Jr., Courtney Love ou Errol Flynn foi preso mais vezes, com direito a fotos de cada um. O livro dá como correta a resposta Errol Flynn, com quatro prisões, embora, dependendo de como você defina ator, pareça implausível que não tenha havido um canastrão preso mais de quatro vezes. Por outro lado, não tem grande importância, pois o objetivo parece ser enfiar o maior número possível de fotos frívolas de celebridades não recordistas, e nesse caso Flynn serve como pretexto para publicar fotos injustificadas de astros do cinema mais contemporâneos junto à sua.

Halpern não se surpreende com essa mudança de perfil editorial:

> *É tudo parte da mesma função que você vê hoje na mídia hegemônica, todos se atropelam para fazer matérias de celebridades porque isso movimenta livros, revistas, aumenta a audiência. Ninguém está imune a isso, e não me surpreende que o Guinness faça o possível para, de um modo ou de outro, incluir celebridades, porque se elas ficarem de fora provavelmente serão a única publicação na face da Terra a perder o bonde. Mesmo o New York Times, que geralmente não entra nessa seara, acompanha as celebridades. Quando Rosie O'Donnell e Donald Trump tiveram aquela briga, apareceram na primeira página do caderno de cul-*

tura. Acho que hoje existe a noção de que, se você não acompanhar as celebridades, será culturalmente irrelevante, suas vendas irão despencar ou ambos.

Como escreveu Stephen Moss no *Guardian*, em uma saudação à vida e à obra de Norris McWhirter:

> McWhirter se retirou do Guinness Book of Records em 2001, quando o título foi vendido para uma nova editora. Ele até mesmo deu nome a um concorrente potencial — *Norris McWhirter's Book of Millennium Records*. Parece ter ficado desgostoso. Pode ter se ressentido da constante popularização de sua grande obra — a tentativa de tornar uma montanha de fatos fundamentalmente redundantes avançada, movimentada, relevante. Não é absolutamente essa a ideia do livro. Pegue a introdução da edição de 2004, ilustrada por fotos gratuitas de Eminem ("rapper de maior sucesso de todos os tempos") e Pierce Brosnan ("astro do 20º filme de Bond" — que tipo de recorde é esse?): "Mergulhe e se inspire no que de maior o mundo tem a oferecer", nos orienta o editor. Papo furado cínico. O recorde mundial da maratona de Paula Radcliffe é "inacreditável, impressionante". Poupe-nos da hipérbole; queremos apenas os fatos.

Para dizer a verdade, Norris McWhirter, aos 75 anos, realmente se opôs às grandes mudanças no livro que ele tinha lançado décadas antes. Em um apelo por um intelectual editor britânico que o "resgatasse" para recuperar sua reputação como obra de referência, McWhirter descreveu o *Guinness World Records* como "irreconhecível, de tão rebaixado. Mais parece um bala multicolorida — não inclui muitos dos recordes básicos". O veterano viciado em esportes atacou a ênfase em música pop e futebol, observando que sob seu reinado o livro continha recordes de 84 esportes diferentes. Sua última obra sobre recordes, *Norris McWhirter's Book of Millennium Records*, foi escrita para a Virgin Publishing e é impressionantemente parecida com o *Guinness World Records*, inclusive com aberturas de capítulos quase idênticas — a não ser por algumas como "Astros do cinema", uma ausência marcante. McWhirter mal reconhece as celebridades no volume, as quais menciona apenas por seu impacto histórico em categorias como "cinema no século XX".

Por outro lado, *Millennium Records* não se tornou um nome conhecido para o qual 65 mil pessoas queiram entrar todos os anos ou para que 2,5 milhões de pessoas comprem todos os anos. As mudanças no Guinness funcionaram. Houve um longo período durante os anos 1970 e 1980 em que as vendas despencaram, mas desde então houve uma recuperação com as grandes mudanças, embora nem todos os fãs aprovem. O produtor Ben Sherwood, fanático desde criança que esteve nos bastidores da empresa e entrevistou incontáveis recordistas, disse recentemente:

Este negócio não é motivado por um amor aos recordes mundiais ou um fascínio pela natureza humana. Não é uma empreitada grandiosa como se gostaria. É um livro montado por pessoas de marketing. Foi muito difícil conciliar minha ideia infantil do que ele era aos fatos, ao modo como os recordes são incluídos e ao modo como eles os escolhem agora, é tudo determinado pelo marketing. Toda a reconfiguração do livro, com fotografias e tudo mais, é orientada para adolescentes, além de terem criado um site muito mais elegante. Não há a mais doce ou original ligação com a ideia de resolver discussões de bar. Tem a ver com competir com videogames e Tartarugas Ninja Mutantes. Tudo foi feito exclusivamente para disputar mercado, enquanto o que eu mais gostava era o que ele tinha de esquisito e antiquado. Antiquado como um almanaque. Hoje é como um cruzamento entre U.S. Magazine *e* National Enquirer.

Embora a busca pelos 15 minutos de fama e a rendição às celebridades possam ter esvaziado o conteúdo do livro, é isso o que mantém a franquia operando, tanto em relação ao número de candidatos a estabelecer recordes e conseguir sua fatia de imortalidade quanto aos personagens fascinantes que há muito fizeram do livro uma leitura popular. Sem a promessa de fama, John Evans não teria equilibrado mais de duas toneladas de tijolos na cabeça, muito menos um carro Mini Cooper. Tendo estabelecido 11 recordes por equilibrar coisas na cabeça, em geral objetos muito pesados e grandes, Evans achava que não tinha nenhum talento ao concluir os estudos, uma questão de autoestima solucionada por intermédio do Guinnesporte. "Hoje sou uma das pessoas mais talentosas do mundo. Apareci na revista *Hello!*. Eu poderia ter sido um empreiteiro comum, mas os recordes me deram a sensação de ser famoso. Não é qualquer um que entra para o Guinness. Eu me dediquei a isso." Como se para provar seu valor, Evans observou que seu feito pode ser encontrado na "página 46 da edição de 2000. Tenho cinco menções na página 15 da edição de 2001 e estou na página 35 na de 2005".

Evans não está só. Christopher Darwin nasceu com um nome famoso, mas como foi seu trisavô quem concebeu a teoria da evolução, ele tinha de deixar sua própria marca. Pode ter sido isso o que em 1989 levou Christopher, então com 28 anos, e seus amigos a transportar uma reprodução de uma sala de jantar à Luís XIV, com boa parte da mobília carregada nas costas, para o topo do monte Huascaranin, no Peru, a impressionantes 6.770 metros de altitude. O equipamento para encenar a ceia formal mais alta do mundo também incluiu smokings e vestidos de baile térmicos feitos sob medida, uma refeição gourmet de quatro pratos e mordomo. "A única coisa em que eu sou realmente bom é em comer", contou Darwin ao *Wall Street Journal*. "Queria estar no *Guinness Book of World Records*, mas você pode imaginar a quantidade de feijão com molho de tomate que teria de comer. Resolvi fazer algo muito mais simples." Assim, Darwin formou um grupo chamado Alpinistas Sociais, que tinha entre os variados membros para a expedição um corretor de ações, um agente de viagens, um ex-militar, uma dublê e um triatleta profissional. Como muitas outras tentativas fora do comum, esta foi feita por caridade, a fim de levantar 100 mil dólares para a National Heart Foundation da Austrália. "Claro que eu queria parecer altruísta", disse Darwin, "mas na verdade era pela excitação, pelo ego, pela chance de estabelecer um recorde".

Seja equilibrando um Mini Cooper na cabeça ou fazendo alpinismo de smoking, Norris McWhirter discutiu o fenômeno da exploração de um talento único na introdução de um livro derivado do livro dos recordes original, *Guinness: The Stories Behind the Records* [Guinness: as histórias por trás dos recordes], publicado em 1981 pela Sterling Publishing, de David Boehm: "As motivações para dominar certas áreas de atividade também são muito diferentes." No caso de William Hollingsworth, Norris observou que ele tinha "dedicado meses a aprender a refinada arte de equilibrar uma garrafa de leite na cabeça só para aparecer no Guinness". Por ver tantos praticantes dedicados, McWhirter concluiu que "a febre dos recordes continua a queimar com a mesma força de sempre". Na mesma edição, o próprio Boehm entrevistou o recordista mundial de caminhada em perna de pau John Russell, que certa vez caminhou usando um par de pernas de alumínio de 10 metros de altura, o mais alto já construído. Quando Boehm perguntou se ele sabia que seu feito o tinha colocado no Guinness, Russell respondeu como tantos outros: "Claro, é a realização da qual mais me orgulho."

Muitos recordistas mundiais Guinness não tinham a intenção de entrar para o Guinness, de Jesse Owens a Tom Cruise, passando por Neil Armstrong. Mas todos os outros, incluindo os 65 mil que entram no site do livro anualmente, preenchem formulários e depois passam seus dias praticando e aperfeiçoando metas esquisitas; o objetivo é pura e simplesmente "entrar no Guinness". Por sua vez, uma grande parcela desse público é motivada pela promessa de glória e imortalidade. Qualquer um que duvide disso, que descarte o fascínio da promessa de fama, não importando quão pequena e passageira, precisa ver somente um dos mais singulares recordistas de todos os tempos. Em comparação com o australiano Arron Marshall, maratonista de chuveiro cuja meta era sair "gritando pelo país" assim que visse seu nome no livro, pense no caso de uma aluna anônima de East Lansing, Michigan, Estados Unidos. Em 1971, essa intrépida estudante quebrou o recorde feminino de maratona de chuveiro, permanecendo sob água corrente durante 97 horas e 1 minuto, mais de quatro dias inteiros. Ela escolheu não ter seu nome impresso e, segundo uma nota na edição do livro dos recordes de 1971, se tornou o que se acredita ser a ÚNICA recordista anônima da história do Guinness, um recorde em si.

6
Setenta e duas horas no inferno: voltando ao Guinness

Se fosse fácil todos fariam. Agora mesmo provavelmente há pessoas naquele pub ali perto fazendo planos grandiosos. Mas elas nunca o realizarão.
— Chistopher Darwin, *The Social Climbers*

Só há dois caminhos que levam a um objetivo importante e à realização de coisas grandiosas: força e perseverança. Força é o dom de alguns poucos homens privilegiados, mas a perseverança austera, severa e contínua pode ser empregada pelo menor de nós e raramente fracassa em seu objetivo, pois seu poder silencioso se torna irresistivelmente maior com o passar do tempo.
— Johann von Goethe

"Não faça isso."

Pouco antes de partir para tentar estabelecer meu recorde de pôquer no Foxwoods Casino, falei ao telefone com um de meus melhores amigos, Jim Martel. Jim é um inacreditável gênio das trivialidades — do mesmo nível de gente como Ken Jennings —, que se lembra de tudo que lê ou ouve e que costumava tirar todo o meu dinheiro apostando em *Jeopardy!* na faculdade. Contei a ele com orgulho sobre minha nova tentativa de recorde. Seu conselho foi simples: "Não faça isso."

— Por que não?

— Li sobre um cara que fez uma dessas maratonas de DJ de rádio, na qual eles permanecem no ar por 99, 102 ou 106 horas. Ele teve danos cerebrais permanentes. Não conseguia se concentrar, tinha insônia, perdeu a esposa, o emprego e a casa.

Jim pode ser um bom amigo e ótimo para conversar sobre trivialidades no bar, mas daria um péssimo treinador. Seu comentário não foi exatamente do mesmo estilo de "ganhe por Gipper", como costumam ser os discursos de estímulo. Tentei esquecer o que ele tinha dito.

Em 2004, se você me perguntasse por que eu estava fazendo aquilo, eu não conseguiria dar uma boa resposta. Diferentemente do meu recorde no golfe, nenhuma revista estava me pagando para sofrer. Só anos mais tarde, quando conversei com Jake Halpern, autor de *Fame Junkies*, consegui analisar claramente meus motivos bizarros. Halpern me explicou nos mínimos detalhes o processo pelo qual algo gratificante como quebrar um Recorde Mundial Guinness, especialmente um com grande publicidade, podia ter uma característica viciante. Ele ainda levantou a hipótese de que, além de querer fazer novamente, muitas pessoas queiram repeti-lo de forma mais grandiosa e mais dramática. "Não me surpreende que haja uma situação em que alguém quebre um recorde, desfrute da satisfação produzida por isso e diga quando a atenção diminuir e a excitação passar: 'Bem, um não foi ruim, que tal dois?' Eu imaginaria que seria ligeiramente menos satisfatório da segunda vez, de modo que eles gostariam de quebrar um recorde com maior visibilidade, um recorde que é mais extraordinário, ou quebrá-lo de uma forma mais espetacular."

Halpern não conhecia as minhas duas experiências com quebra e estabelecimento de recordes quando fez o que achou ser uma análise hipotética, mas descreveu perfeitamente minha situação, assim como a de milhares de outros recordistas que foram motivados por forças perturbadoramente poderosas. Seja a natação de Matthew Webb, os voos de Branson ou algo aparentemente bobo como meu dia mais longo jogando golfe, há nessas experiências vários aspectos em comum que as tornam viciantes. É um coquetel composto da prazerosa descarga de adrenalina durante a tentativa, a satisfação posterior com a quebra ou o estabelecimento do recorde e a consequente "fama" pela inclusão dele no livro, pela cobertura da imprensa e das redes de TV e, talvez o mais importante, pelo reconhecimento de amigos, vizinhos e colegas. O livro *Guinness World Records* não tem a exclusividade dessas motivações, mas as oferece em um pacote especialmente atraente e acessível. O equivalente para o tipo de sentimento que o livro oferece a muitos de seus recordistas seriam os esportes profissionais ou o sucesso no cinema, na TV ou na música. Para a maioria de nós, é mais fácil entrar para o Guinness.

Mas nem todo recordista mundial Guinness se torna um viciado, e os verdadeiros recordistas em série são as exceções, não a norma. Muitos deles simplesmente alcançam sua meta única de arrancar um recorde e depois continuam alegremente com suas vidas, sem sentir a urgência novamente. Meu amigo e colega jornalista (e romancista) Steve Eubanks me falou sobre estabelecer um recorde muito semelhante ao meu feito no pôquer, jogando *pinball* por 72 horas a fio quando cursava a Universidade da Geórgia nos anos 1970. Steve lembra o recorde com carinho, mas não se importa nem um pouco por ele ter sido arrasado repetidamente desde então. O motivo para ter ficado de pé em um bar com as mãos presas por fita adesiva aos botões da máquina foi o mais simples de todos: "Quando você está na faculdade, as garotas não ligam para qual é o seu recorde, desde que você tenha um." Fiquei satisfeito após quebrar meu primeiro recorde, e conseguiria não ter voltado à cena novamente — sucumbindo à compulsão que a *Newsweek* descreveu como "Guinnesite" — não fosse pela ação de duas forças poderosas: orgulho e pressão. Meus amigos e colegas se impressionaram e apoiaram meu recorde, além de nunca terem parado de massagear meu ego, contando a qualquer interessado sobre meu status de recordista mundial. Isso me fez bem. Mas ao contar e recontar a história me dei conta do óbvio: ainda que fosse uma coisa divertida de fazer, não era exatamente um desafio épico. A versão resumida é que eu joguei golfe, depois tomei uísque e cochilei, e finalmente joguei golfe de novo. É necessária alguma habilidade para montar o esquema, e, como Christopher Darwin havia observado — sobre frequentadores de bar fazendo planos —, ter realizado o negócio em vez de ficar só falando sobre isso já era alguma coisa... mas não o bastante. O recorde estava mais para um detalhe técnico do que para um triunfo humano, e o fardo de sua banalidade começou a pesar nos meus ombros. Ao mesmo tempo, praticamente desde o dia em que retornei da Austrália, em fevereiro de 2004, esses mesmos amigos me perguntavam sem parar o que viria a seguir, quando iria tentar novamente. Essa insinuação de que eu não tinha feito o *bastante* me pareceu um desafio direto. Eles viviam a mesma experiência por tabela, por intermédio do meu recorde; queriam que eu sofresse por eles novamente. Naturalmente, eu estava inclinado a ceder.

Era a minha vez de um pouco de Guinnesporte. Obrigado por meu editor na *Golf Magazine* a quebrar um recorde existente, dessa vez eu estava intrigado com a ideia de criar um novo e arrancar minha própria porção de imortalidade. Mas se alguns recordes são inventados porque são fáceis de quebrar, eu queria que o meu fosse merecido, algo realmente difícil, uma conquista que poucos seriam capazes de alcançar, um recorde que pudesse resistir e perdurar, mas isso só aconteceria se fosse algo que eu realmente pudesse realizar. Isso, claro, descartava praticamente todos os esportes convencionais. Eu, por exemplo, não poderia correr, andar de bicicleta ou esquiar mais rápido ou por uma distância maior que as que atletas profissionais já tinham conseguido. Para encontrar um recorde adequado, fiz um inventário rápido de minhas habilidades pessoais. Escrever era uma qualidade que não parecia relevante ao Guinness. Mas me deixou mais resistente, aguentando até mesmo uma dor intensa, e com um grau evoluído de teimosia e uma natureza em geral incansável. Tinha isso a meu favor, e, seja lá o que fizesse, praticá-lo por muito tempo seria melhor do que fazer rápido. Em que mais eu era realmente bom, melhor que a maioria das pessoas que conhecia? Infelizmente a resposta era "em quase nada". Havia uma coisa, mas isso não me ocorreu imediatamente. Seria necessária a intervenção de uma reportagem para que me desse conta de minha habilidade clara e destacada: jogar pôquer.

Eu adoro pôquer. Sempre adorei. Minha mãe me ensinou a jogar *gin rummy* e *500 rummy* quando eu era bem novo, e, assim como Ken Jennings se lembrava de ler o livro Guinness para seus pais durante longas viagens de carro quando criança, eu também jogava *gin rummy* com minha mãe e meu irmão em longas viagens. Isso logo se transformou em paixão por todos os jogos de cartas, mas na época em que estava no ensino médio praticamente só jogava pôquer. O pôquer continuou a ser um de meus muitos passatempos na faculdade e depois dela, mas só se tornou uma verdadeira paixão após minha reveladora primeira viagem a Las Vegas em 1988, com 22 anos.

Isso aconteceu antes do pôquer na TV, antes do pôquer na internet (antes mesmo da própria internet). Nunca tinha jogado com estranhos, e a ideia me soava deprimente, uma sala nos fundos cheia de trapaças e vigaristas. Por isso Las Vegas foi uma boa surpresa. A ideia de salas de carteado organizadas em um cassino — onde você podia fazer apostas que coubessem no seu orçamento, altas ou baixas (sem se preocupar com roubos), nas quais apenas o crupiê dava as cartas; onde você jogava apenas um jogo e ninguém podia criar regras esquisitas ou acrescentar um monte de cartas — me pareceu a melhor invenção desde o pão de fôrma. Era pôquer de *verdade*, jogado em sua forma mais pura. Voltei com frequência a Las Vegas a trabalho, e joguei regularmente a noite toda entre dias de conferências ou pesquisa, chegando uma vez a jogar por 40 horas antes de um fim de semana de despedida de solteiro. Aquelas sessões me deixavam mais revigorado que exausto, "provando", pelo menos para mim, que eu tinha um dom para maratonas de pôquer.

Com a descoberta de Las Vegas, passei muitos anos vendendo matérias sobre pôquer para editores de revistas. Bem antes de se tornar uma febre, eu pensava ter a missão pessoal de educar o público. Escrevi matérias pregando a diversão que era o pôquer, explicando por que era a melhor aposta em um cassino e como começar a jogar. Vendi alguns textos curtos sobre pôquer para a *Playboy*, e depois um sobre como participar de um torneio para a extinta *P.O.V.* Tinha escrito para boletins internos de várias operadoras de cassinos, como Harrah's, e até mesmo um improvável conto de pôquer para a *New York Magazine*, acabando por criar um grande portfólio de pôquer. Então foi criado o *World Poker Tour*, uma série de torneios milionária organizada por uma liga esportiva profissional que levou o jogo para a TV e o mudou para sempre. De repente o pôquer tinha entrado na moda, passado a ser algo a que se assistia no horário nobre, e o jogo varreu o país como fogo no mato. Quanto mais as pessoas assistiam, mais iam jogar, efeito semelhante ao que *Record Breakers* teve sobre a Guinness World Records três décadas antes. É difícil de acreditar, mas antes da criação do *World Poker Tour*, em 2002, a maioria dos cassinos, mesmo em Las Vegas, não tinha salões de pôquer — já que não havia demanda —, e os salões existentes fechavam a um ritmo assustador. Isso mudou rapidamente, e, assim como toda rede de TV de repente precisava de seu próprio programa de pôquer, todo cassino precisava de um salão para o jogo. Quando o *World Poker Tour* se tornou a série de maior audiência da história da emissora a cabo Travel Channel, eu estava escrevendo perfis de CEOs e de empresas para a revista *Inc.*, então vendi um perfil de Steve Lipscomb, o fascinante advogado, empresário e cineasta que tinha criado o torneio e seu programa de TV. A revista concordou, e, vários meses depois, quando a matéria estava pronta, meus editores gostaram tanto que ela acabou sendo capa da *Inc.*.

Durante minha pesquisa, entrevistei Lipscomb várias vezes, mas para vê-lo em ação precisava ir a um de seus torneios multimilionários. Escolhi o Foxwoods, em Ledyard, Connecticut, e fiquei dois dias no enorme resort do cassino, passando a maior parte do tempo na sala de controle com Lipscomb enquanto ele comandava a produção de um episódio de um grande torneio ao vivo. Conheci a equipe do cassino, o departamento de relações públicas do Foxwoods e a gerente do salão de pôquer, Kathy Raymond, uma das mais importantes executivas da área (hoje trabalhando em Las Vegas). Como todos que assistiam ao programa, vi meu interesse pelo pôquer aumentar a cada dia. Mantive contato com Lipscomb e os outros, e depois participei de um evento do *World Poker Tour*, terminando em uma muito respeitável 16ª posição. (Minha banca só durou alguns meses, até participar de um torneio de um subproduto de vida curta do *World Poker Tour*, a *Professional Poker Tour*, da qual logo fui expulso pelos profissionais.) Minha paixão pelo pôquer estava no auge e, como no caso do golfe, eu tinha uma visão de dentro do jogo. O pôquer virou uma febre; a série original gerou muitos outros programas, parecia sempre haver pôquer em algum canal. Foram lançadas várias novas revistas de pôquer e sites na internet, e livros sobre o assunto tomaram as prateleiras. Tudo isso acontecia enquanto eu pensava em uma nova tentativa de recorde, e finalmente liguei as duas coisas. Consultei o Guinness para saber se havia recordes de pôquer, pelo menos algum impresso no livro. Não havia, mas achei um verbete sobre uma maratona de jogos de cartas, quando oito homens e mulheres italianos jogaram Jass, ou o que quer que isso seja, em um restaurante da Suíça durante 28 horas consecutivas no dia de São Patrício — um acontecimento verdadeiramente multicultural. Vinte e oito horas não é muito no mundo rarefeito do Guinness, e eu já havia jogado pôquer por mais tempo que isso em várias oportunidades. Por isso imediatamente tive a ideia de reunir um número de amigos para jogar pôquer durante um tempo maior na casa de um de nós. Mas o problema com feitos em grupo é o efeito da ligação frágil: se uma pessoa se cansa e sucumbe, a tentativa de recorde é frustrada. Por outro lado, a beleza do pôquer de cassino é que, ao contrário de qualquer outro jogo de cartas, em um cassino movimentado como o Foxwoods os jogos são infinitos. A maioria dos jogos não tem começo nem fim, eles simplesmente existem, e quando um jogador sai, outro pega o seu lugar, 24 horas por dia, sete dias por semana. Ainda que não fosse possível iniciar um jogo prolongado de Jass, bridge, *rummy* ou qualquer outro sem ter colegas, o pôquer de cassino me oferecia o ambiente para uma maratona individual ilimitada sem precisar fornecer meu próprio grupo de jogadores. Considerando sua nova popularidade, também me dei conta de que deveria ser uma categoria fácil de conseguir aprovação para um novo recorde. O Livro anseia por publicidade e reconheceria instantaneamente o valor de pegar o bonde do pôquer enquanto o esporte estava em alta. O limitado conhecimento do *Guinness World Records* que eu tinha reunido durante minha experiência no golfe também me dizia que O Livro gostava de esportes nos quais pudesse aceitar regras estabelecidas e supervisionadas por outra autoridade, fosse a Associação Internacional de Federações de Atletismo, que controla os recordes de pista e campo, ou a administração do cassino Foxwoods.

Defini minha ideia como um recorde individual de maratona de pôquer, e escolhi a marca de 100 horas. Por quê? Imaginei que quatro dias parecia uma marca muito impressionante, muito mais viril que três dias, e, se eu já estava me propondo a jogar por 96 horas, por que não arredondar o valor? Acho que muitos novos recordes de maratonas para o Guinness são estabelecidos com uma lógica imprecisa semelhante. Quando Timothy Weber, da Alemanha, estabeleceu um novo recorde para "assistir filmes" em 2003, sua marca de 70 horas e 1 minuto (32 filmes) — assim como a minha de 72 horas e 2 minutos — sugere que se chega à meta estabelecida para então sair o mais rápido possível. Por outro lado, isso levanta a questão de como Louisa Almedovar e Rich Langley não fizeram mais 33 segundos após estabelecer o recorde de "beijo mais longo" com 30 horas, 59 minutos e 27 segundos, para fechar em redondas 31 horas. Talvez os relógios deles fossem ruins. Em sua defesa, eles permaneceram de pé o tempo todo.

Novas categorias de recordes são sempre arriscadas, por duas razões. Primeiro, embora ela não tenha sido tentada antes, você tem de explicar seu objetivo quando se candidata, e tem de ser convincente para conquistar os pesquisadores. Eu tinha certeza de que eles aceitariam 100 horas; dez horas eles descartariam. Mas onde ficava a linha invisível entre o modesto e o heroico? Essa confusão não termina com a aprovação da nova tentativa de recorde. Se o Guinness aceita uma nova categoria, teoricamente qualquer tentativa pode ser considerada uma nova marca. Se eu desistisse depois de cinco minutos, poderia alegar ter estabelecido o recorde mundial de mais duradoura sessão de pôquer em cinco minutos, tendo sido a única pessoa a conseguir esse feito segundo as regras do *Guinness World Records* para ele, que eu fundamentalmente acabara de inventar. Essa alegação seria ridícula, portanto o Guardião dos Recordes se reserva o direito de aprovar ou recusar tentativas que não alcancem a meta estabelecida. Se eu tivesse dito que planejava cumprir as 100 e não conseguisse após 82 horas, ainda poderiam honrá-lo e conceder o recorde se considerassem a tentativa merecedora. Isso deixa o estabelecedor de recordes em uma área nebulosa, e dá motivação suficiente para que se estabeleça uma meta grandiosa o bastante para garantir o respeito e a aprovação do livro, mas suficientemente realista para ser atingida. Eu sabia que as pessoas em cassinos jogavam pôquer rotineiramente por 24 horas seguidas, portanto pedir ao Guinness para aprovar algo perto desse limite pareceria ridículo. Tinham de ser cem horas.

Minha esposa pensava diferente. Embora estivesse acostumada a esse tipo de comportamento meu, imediatamente expressou sérias preocupações. Eu tinha aprendido após mais de uma década de casamento — na qual repetidamente me mostrei errado — que, nas raras oportunidades em que ela assume uma posição firme contra uma de minhas ideias, em geral está certa. Guiada simplesmente pelo instinto — ou talvez pela intuição feminina —, ela chamou atenção para o fato de que 100 horas acordado era, em suas palavras, "um tempo realmente longo". Meu argumento para o plano era simples: "Eu joguei quase 48 horas em Vegas após viajar de avião, tomando coquetéis, sem sequer me esforçar. Agora eu tenho um objetivo claro e posso ser capaz de dobrar meu esforço anterior." O argumento dela, baseado no que eu tinha dito a ela sobre a maratona de filmes de Weber e outras no livro, era ainda mais simples: "Por que se aborrecer se 72 horas garantem o recorde para você?"

Boa observação, e bem-feita. Reajustei minha marca oficial de quebra de recorde e preenchi um pedido on-line da Guinness World Records explicando minha intenção de jogar por pelo menos 72 horas e detalhando as circunstâncias: eu o faria em um grande cassino dos Estados Unidos, em um jogo aberto seguindo as regras habituais do lugar aplicadas a todos os clientes, tudo isso acompanhado pela gerência. Como eu esperava, o pessoal da Guinness World Records me deu sinal verde.

Quando a equipe de pesquisa aceitou minha tentativa em uma nova categoria, fez o que sempre faz em toda tentativa pré-aprovada: me deu uma relação de três páginas impressas com regras, determinações e detalhes da documentação exigida. Os pontos fundamentais para minha demonstração de pôquer eram os seguintes:

> *Deve ser feito um intervalo de 15 minutos após cada oito horas de atividade de quebra de recorde. Essa é uma regra de segurança médica padrão que o Guinness incorporou à maioria de suas tentativas de recorde em maratonas. Contudo, como Ashrita Furman descobriu, para seu desgosto, quando achou ter quebrado o recorde de pula-pula pela primeira vez, esses 15 minutos não podem ser acumulados. Você não pode pular por 16 horas e depois tirar um cochilo de trinta minutos.*
>
> *Eu deveria manter um "diário" registrando o começo e o fim do jogo, os horários de todos os intervalos para descanso e mudanças de pessoal do cassino.*
>
> *Funcionários da entidade responsável pelo jogo precisavam estar presentes o tempo todo e tinham de garantir que as regras estavam sendo seguidas. Nenhum funcionário podia cumprir essa exigência de controle por mais de quatro horas por sessão. Todo funcionário tinha de registrar a entrada e a saída no diário.*
>
> *Além disso, eu precisava de duas testemunhas independentes à minha disposição o tempo todo. Assim como os funcionários do cassino, elas tinham de fazer turnos nunca superiores a quatro horas, e tinham igualmente de assinar o diário. As testemunhas não podiam ser meus parentes e precisavam ter mais de 18 anos.*
>
> *Finalmente, o choque: eu precisava de um membro formado e registrado da profissão médica para supervisionar a totalidade da tentativa de recorde. Mais uma vez, médicos ou enfermeiros tinham de fazer turnos de quatro horas e assinar o livro. Eles também podiam pôr um ponto final: se eles dissessem que eu deveria desistir, eu teria de parar imediatamente.*

Os dois primeiros itens eram fáceis; os dois seguintes eram capciosos. O último era quase impossível. Essas regras de maratona supostamente também se aplicavam ao jogo de Jass no bar, a caminhar trinta horas com uma garrafa de leite na cabeça ou a longas sessões de acocoramento no poste. Tem havido maratonas de Banco Imobiliário, de televisão e de filmes e, claro, a muito disputada de DJ de rádio, uma das tentativas mais populares no livro. É difícil acreditar que todas foram organizadas seguindo regras onerosas como essas. Não existem muitas pessoas que tenham um número suficiente de amigos médicos e enfermeiros para fazer turnos voluntários de quatro horas durante três dias e três noites, e o custo dessa supervisão em tempo integral seria exorbitante. Além disso, algumas dessas maratonas duram muito, levando quatro, cinco dias, ou mais. Da mesma forma, ter testemunhas sem parentesco e fiscais em número suficiente para cobrir todos esses turnos seria extremamente problemático em qualquer tipo de jogo em casa, ou mesmo para o cliente médio de cassino. Mas eu tinha um trunfo na manga. Tinha escolhido o Foxwoods para minha maratona por duas razões: por ser o maior cassino do mundo, um superlativo que fazia com que parecesse especialmente adequado; e, mais importante ainda, em função da minha matéria sobre o *World Poker Tour*, eu conhecia os chefes do departamento de relações públicas e tinha noção da publicidade que o recorde poderia dar ao cassino (eles depois usariam minha foto em anúncios no *New York Daily News*). Todos os grandes cassinos têm equipes médicas de plantão para emergências, e o salão de pôquer é sempre comandado por uma hierarquia de gerentes, subgerentes e corretores. Então, quando apresentei a ideia, eles não apenas concordaram em me ajudar a cuidar da papelada, dando todos os detalhes aos gerentes, fornecendo enfermeiras e socorristas para acompanhar a tentativa e assinar meu diário, como também ofereceram comida e bebida grátis durante o jogo, servidas em uma mesa lateral, e um quarto de hotel para o inevitável descanso, não importando o resultado. A logística daquele recorde era mais assustadora que a do golfe, e, no final, meu diário tinha muitas páginas de certificados, assinaturas, declarações de testemunhas e outros documentos. Claro que a generosidade do cassino tinha um preço: eu queria dar início à minha tentativa às 9 horas da manhã, já que acordo cedo e não queria "desperdiçar" horas desperto, mas o cassino queria que eu aparecesse no noticiário da manhã, acrescentando seis horas à minha falta de sono. O cassino também organizou uma série de entrevistas com a mídia para imediatamente depois do acontecimento, quando eu planejava ir dormir. Mas esses obstáculos eram barreiras menores no caminho para o Guinness.

Quando parti para o Foxwoods, escondia um segredo da minha esposa: eu ainda queria 100 horas, e parti com a crença de que, se me sentisse ótimo após as 72 iniciais, continuaria. Como ela talvez tivesse previsto, isso não estava nas cartas, por assim dizer. Se tivesse insistido em minha meta original de quatro dias, as coisas certamente teriam acabado de modo diferente. Eu só posso imaginar dois resultados possíveis: o melhor era o fracasso; o pior, morte ou danos cerebrais permanentes. Por mais que estivesse preparado para a logística da tentativa, eu tinha feito poucas pesquisas sobre o conceito de privação de sono. Em vez disso, me concentrei em questões práticas como mudar de camisa e escovar os dentes, e, com esse objetivo, eu tinha uma bolsa com escovas de dentes descartáveis, antissépticos bucais, desodorante, lenços higiênicos, seis camisas limpas, meias extras, roupa de baixo, calças, barrinhas energéticas, aspirina e tudo mais que imaginei poder ser útil durante três ou quatro longos dias. E noites. As regras do Guinness determinavam que eu fizesse um "intervalo de segurança" de 15 minutos após oito horas de jogo. Ainda não entendo por que ficar em um pé só no banheiro tentando trocar de calça e escovar os dentes ao mesmo tempo era mais seguro do que ficar sentado em uma cadeira jogando cartas, mas isso definitivamente estimulava uma higiene pessoal melhor, e resolvi que iria fazer o máximo possível nesses 15 minutos. Achei que tinha pensado em tudo, mas esqueci a regra fundamental: NÃO HÁ RECORDES MUNDIAIS FÁCEIS. Minha ignorância era fruto do simples fato de que nunca tinha permanecido acordado por um tempo parecido com o de minha meta.

Minha falta de pesquisa sobre os efeitos da falta de sono não era negligência. Eu simplesmente não queria saber. Quando saio para longos passeios de bicicleta por terreno desconhecido, prefiro nada saber sobre o roteiro, porque assim você aceita o que encontra em vez de se preocupar com a grande montanha à frente, sobre a qual ouviu falar. É uma postura de "a ignorância é uma bênção", e adotei intencionalmente a mesma tática na questão do sono. Por isso rapidamente tentei esquecer o comentário de meu amigo Jim sobre a insônia permanente. Também era uma negação. Eu não queria enfrentar qualquer sinal que me dissuadisse da minha tentativa, que me deixasse com a cara no chão e me impedisse de conseguir mais um belo certificado da Guinness World Records. Eu já tinha contado aos amigos, cooptado o pessoal do Foxwoods, reunido uma equipe de apoio e, baseado em minha experiência anterior, esperado um enorme interesse da imprensa. Não iria dar para trás. Se tivesse feito uma pesquisa óbvia na internet, saberia bastante sobre a privação de sono, mas não a fiz. Planejei fazer a tentativa da forma mais destemida possível.

Minha ignorância intencional não fez diferença. A pesquisa que deveria ter feito, e acabei fazendo depois, simplesmente previa o que comprovei por mim mesmo. Descobri que os militares compreensivelmente se preocupam muito com os efeitos da privação de sono, pois a realidade da guerra é que algumas vezes os soldados não têm oportunidade de dormir durante combates prolongados. Coincidentemente, 72 horas é um número mágico para os militares. Muitos pacientes, por sorte voluntários, foram furados, apertados e examinados após ficarem acordados esse tempo específico, e os dados sobre essa específica duração da exaustão são muitos — e precisos.

Um dos estudos clínicos financiados pelas Forças Armadas resumia o resultado da privação de sono em uma jeitosa tabelinha no final de um artigo prolixo e praticamente incompreensível repleto de jargões médicos, e parecia uma descrição perfeita de mim mesmo no momento em que estava tentando voltar de minha infeliz viagem ao banheiro. A lista incluía:

Corpo oscilando quando em pé (sou eu)
Olhar perdido (verificar)
Discurso enrolado (em cheio)

Menos disposição, alegria e precaução (deixar que os militares financiem um estudo para descobrir isso)
Perda de interesse no ambiente (absolutamente)
Mais irritável ("mais" é um eufemismo)
Esquecimento (estou bastante certo de que tive esse sintoma)
Dificuldade de falar claramente (difícil distinguir isso de discurso enrolado, mas sim)
Incapacidade de manter uma conversa (isso)
Perda de memória de curto prazo (novamente, acho que tive isso)

A conclusão do estudo foi a de que após 72 horas sem sono a capacidade de realizar a maioria das tarefas era reduzida em pelo menos 50%. Outro estudo militar, mais voltado para o desempenho, descobriu que a redução era mais próxima de 80%. Experiências recentes feitas pela Universidade da Califórnia, em San Diego, concluíram que a atividade cerebral é modificada durante períodos muito longos de vigília, e que o "lobo frontal não funciona quando o paciente tem grande privação de sono". Isso é importante, porque, como os autores chamam atenção, o lobo frontal é "a parte do cérebro que pensa, responsável por atividades como fala, memória temporal e solução de problemas". Aparentemente isso inclui resolver problemas como voltar do banheiro.

Não apenas experimentei cada um dos sintomas descritos na lista dos militares como tive muitos deles combinados, uma espécie de coquetel de insanidade. Segundo três de meus amigos — Joe Kresse, Matt Rosenthal e Naim "JP" Peress — eu fui ficando cada vez mais irritável, agredindo os outros jogadores e os crupiês. Também fiquei esquecido e com reações lentas, tendo de ser constantemente lembrado de que era minha vez de pagar, apostar ou passar. Mas o verdadeiro problema só estava começando. Além de possíveis alucinações, nenhum dos artigos mencionava nada sobre acuidade visual. De repente me vi, por volta das 3 horas da manhã da última noite, ainda faltando dez horas, incapaz de ler as cartas. Ainda podia ver e conseguia identificar os rostos dos jogadores, as fichas e as cartas, mas as cartas pareciam vazias, retângulos de um branco puro como a neve. Tentei aproximá-las e afastá-las, apertando os olhos, mas não fazia diferença. A impressão vermelha e preta, copas e espadas, reis e rainhas, tinham desaparecido. Mesmo que você não saiba nada sobre pôquer, obviamente não é um jogo que você queira jogar valendo dinheiro se não sabe quais são as cartas.

Lembro-me claramente da frustração com as cartas em branco; de pensar que não conseguiria aguentar mais dez horas; que teria de desistir da tentativa e deixar as fichas caírem onde quisessem, desde que o Guinness concedesse o recorde. Mas me lembro de pouco mais, porque isso deflagrou um apagão de duas horas, durante o qual, segundo testemunhas, eu estava consciente e vagamente lúcido e continuei a jogar, mas não consigo recordar um só segundo desse tempo, exceto como uma espécie de sonho acordado. Em meu sonho, vi um gazebo branco ao redor da mesa elevada e fiquei preocupado com que estivesse no lugar errado. Tentei ter certeza de que estava no Foxwoods, ainda tentando o recorde. Embora Foxwoods tenha o maior salão de pôquer de todos os cassinos do país, com mais de oitenta mesas, cada uma delas para oito ou dez jogadores, em meu sonho acordado eu de repente estava jogando em uma pequena mesa solitária a um canto distante do cassino, cercado não de outras mesas de pôquer mas de barulhentos caça-níqueis. Implorei ao crupiê para me ajudar a voltar à mesa oficial, mas ele ignorou meus apelos. Eu estava perdido, desamparado e só. Essas conversas nunca aconteceram. Realmente foi um sonho.

Nos preparativos para a minha tentativa de recorde, o cassino tinha instalado um grande relógio digital vermelho acima da mesa, que também era cercada de cartazes anunciando minha tentativa para o *GWR*. Espectadores acompanhavam o tempo todo, a não ser na madrugada. O relógio marcava as horas e os minutos de zero a 24, e depois de um dia inteiro retornava ao zero, algo que já tinha acontecido duas vezes. Na verdade, foi quando o relógio reiniciou após 48 horas que eu desisti completamente da pretensão de completar 100 horas e me concentrei simplesmente em sobreviver ao último dia. Mesmo àquela altura, já com dois dias, o fim não chegaria rápido o bastante. Por volta das 6 horas da manhã de domingo, faltando apenas sete horas para completar as 72, o relógio contava mais ou menos 17 horas — o tempo passado no terceiro dia. Foram aqueles números vermelhos brilhantes que de repente entraram em foco, como o mostrador de um rádio-relógio de cabeceira, e eu "acordei" de qualquer que fosse o estado onírico em que estivera. Meus olhos embaçados entraram em foco, os números vermelhos ficaram cada vez mais nítidos até eu conseguir ler, e de repente lá estava eu, à mesa, cartas na mão, cartas que novamente conseguia ler, completamente desperto. Comecei a jogar quase no meu nível habitual e, para grande surpresa de meus colegas de mesa, comecei a ganhar novamente. Só depois, quando tinha estabelecido o recorde, meus amigos supriram a minha lacuna de horas. Eis o que aconteceu:

Pouco depois de me dar conta de que não conseguia ler as cartas, JP sussurrou em meu ouvido que eu deveria começar a passar todas as mãos. Ele teve de me lembrar várias vezes, mas eu aparentemente entendi a mensagem e comecei a passar automaticamente, como um relógio, após cada troca. Afinal, não tinha ideia de quais eram minhas cartas. O jogo exigia um pagamento de 50 centavos; eles davam cerca de 35 mãos a cada hora, então eu perderia cerca de 17 dólares por hora com essa estratégia, que parecia preferível ao que poderia perder apostando em cartas que não conseguia ler. Minha estratégia de jogar agressivamente no início, quando estava lúcido, tinha funcionado, e eu estava com um volume de dinheiro considerável das minhas muitas horas de jogo de quando ainda conseguia ver, então os pagamentos não fizeram diferença. O interessante, especialmente para JP, é que a despeito de sua orientação, duas ou três vezes a cada hora eu abandonava a estratégia de passar e de repente jogava uma mão. Não consigo me lembrar disso, aconteceu quando eu ainda não conseguia ler as cartas; mas em cada uma dessas raras ocasiões eu de fato tinha ótimas cartas e ganhei, como uma espécie de louco sábio no piloto automático, reconhecendo subconscientemente as ótimas mãos, apesar de não conseguir perceber as cartas.

Também fiquei cada vez mais irritável, distraído e com reflexos lentos, deixando a gerente, uma mulher que tinha me dado muito apoio nas duas noites anteriores e me desejado sucesso, um pouco preocupada. Mais uma vez, só sei disso porque ela me contou depois e Joe, Matt e JP confirmaram, mas não tenho lembrança. Ainda assim, confio nessas testemunhas, que me ajudaram a reconstruir o seguinte diálogo:

— COMO VOCÊ ESTÁ?
— BEMEUACHO.
— SABE ONDE ESTÁ?
— NÃO.
— QUAL É O SEU NOME?
— EUNÃOSEI.

Minhas respostas não eliminaram seu crescente desconforto com minha condição, e ela ameaçou terminar com aquilo no próximo "intervalo de segurança", dando um ultimato do tipo "ou melhora ou sai" aos meus amigos, que já não sabiam o que fazer. Foi James, o crupiê, quem me resgatou. James, de quem não tenho qualquer lembrança, emigrara do Haiti, onde tinha sido pugilista amador. Ele explicou aos meus amigos que minhas pálpebras estavam inchadas por permanecerem tanto tempo abertas, e o inchaço estava afetando gravemente minha visão. Sugeriu um tratamento com o colírio Visine, café gelado muito forte, com o máximo de açúcar que pudesse ser dissolvido, minha cabeça enfiada em água gelada, compressas frias sobre meus olhos, uma toalha molhada fria no meu pescoço e mais Visine.

A essa altura, Joe e JP, ambos advogados, decidiram consultar meu diário, o caderno que eu era obrigado a manter para o Guinness, detalhando minhas atividades a cada hora e os intervalos de segurança. As entradas desse período estão escritas com uma caligrafia cada vez mais maníaca e irregular, essa que se torna quase indecifrável às 4 horas da manhã do terceiro dia. Mesmo assim, de forma impressionante, não faltou nenhuma das 72 anotações exigidas. Faltando apenas oito horas, eu logo deveria fazer outro intervalo de 15 minutos. Joe, JP e Matt organizaram uma operação ao estilo militar que envolvia um deles correr para comprar Visine na farmácia, outro ir até o quarto do hotel pegar um balde de gelo e toalhas, e, no caminho, alguém ter que comprar o gigantesco café gelado na Dunkin' Donuts do cassino. Assim que os itens foram reunidos, eles me levaram até a saída de incêndio mais próxima e para a escuridão antes do alvorecer — minha primeira lufada de ar fresco em dias. Eu recebi as gotas de colírio, depois fiz uma marcha forçada para a frente e para trás no estacionamento, me movendo enquanto engolia o café. A seguir me sentei no meio-fio de tijolos enquanto eles jogavam água gelada na minha cabeça, seguida por compressas nos olhos. Com o relógio se encaminhando para o fim do intervalo, prenderam a toalha gelada molhada na minha nuca, enfiando as pontas no meu colarinho encharcado e gelado, e me levaram, como um prisioneiro vendado, para meu lugar na mesa de pôquer, onde retiraram as compressas e aplicaram a segunda dose de Visine. O resultado desse tratamento improvisado foi impressionante. Os números vermelhos do relógio entraram em foco e, de repente, eu estava de volta ao jogo. O motivo pelo qual os outros participantes aceitaram meu comportamento tedioso é que jogadores de pôquer gostam de jogar com alguém fraco, ou um bêbado, e, embora soubessem da tentativa de recorde, era assim que me viam, de modo que sua tolerância era motivada por egoísmo, não por caridade. Eles pareceram menos entusiasmados quando retornei com os olhos abertos, e, com a linha de chegada à vista e o ritmo circadiano do alvorecer me ajudando, continuei ganhando durante as horas remanescentes. Àquela altura meu maior problema passara a ser hipotermia: o ar-condicionado do cassino ajudava minha camisa encharcada a produzir tremores. A gerente do salão de pôquer, de repente animada, foi ao seu escritório e conseguiu para mim uma camiseta nova, um modelo amarelo encalhado com o logotipo da New England Poker Finals do ano anterior, hoje um de meus trajes favoritos e mais célebres. As horas restantes passaram correndo; finalmente, estimulada por anúncios dos gerentes do salão de pôquer e a entrada de fotógrafos e cinegrafistas de diversos meios de comunicação, uma multidão se aglomerou ao redor da mesa para a contagem regressiva do recorde, vendo impressionados eu vencer as três últimas mãos, fechando em grande estilo com uma trinca de dez para pegar a aposta final, 72 horas e 2 minutos após ter começado. Aproximadamente 2.300 mãos após ter me sentado, entrei para o Guinness.

Ainda tenho o vídeo do *ESPN SportsCenter* no meu gravador digital. Era a segunda vez que minha quebra de recordes me colocava nas Dez Melhores Jogadas do dia do noticiário esportivo, e me saí ainda melhor que no recorde do golfe, terminando em segundo, atrás apenas do vencedor do campeonato de 2004 da NBA e à frente do Recorde Mundial Guinness estabelecido naquele mesmo dia por sir Richard Branson — a travessia do Canal da Mancha no Aquaticar. A imagem usada pela ESPN tinha sido gravada imediatamente depois do acontecimento, depois da última mão, quando me ergui da cadeira e a gerente Kathy Raymond levantou meu braço. No vídeo, eu claramente não estou lúcido, e pareço um lutador grogue que precisa que o árbitro levante sua mão para festejar a vitória. Imediatamente depois disso, ela me levou ao seu escritório, onde durante 35 minutos, cada vez mais desorientado, respondi a perguntas de um repórter após o outro, enquanto meu amigo Matt tentava convencê-los a me deixar dormir. Quando terminei as entrevistas, de repente senti muita fome, e me dei conta de que minha última refeição tinha sido o jantar, cerca de 16 horas antes. Insisti para que Matt almoçasse comigo antes de dormir, e ele acabou aceitando contra a vontade. Assim que fiz o pedido, apaguei na mesa do restaurante. Ele me acordou e me levou para o quarto, onde cumpri a promessa de ligar para minha esposa e avisar que tudo tinha terminado e que eu estava bem. Ela estava passeando com o cachorro quando liguei, então deixei uma mensagem tranquilizadora e dormi instantaneamente, sem sequer me preocupar em tirar as roupas e puxar as cobertas. Quando fui para casa no dia seguinte, ela insistiu, rindo, para que eu escutasse a mensagem, que ainda estava gravada na secretária eletrônica. Era um fluxo de palavras incoerentes, sem uma só palavra compreensível. "Blá-blá-blá." Deve ter sido reconfortante. Felizmente Matt também tinha ligado para ela.

Mais uma vez a mídia adorou a história, e a cobertura fez meu recorde de golfe parecer sem importância. Eu apareci em emissoras afiliadas das grandes redes em todo o país, em matérias da Associated Press publicadas por centenas de jornais, e por um dia fiz minha parte em tirar a guerra do Iraque da primeira página do jornal da minha cidade, o *Valley News*. Apareci na *Sports Illustrated*, embora meu colega recordista do *Guinness World Records* Lance Armstrong tenha me tirado da capa com sua sexta vitória consecutiva no Tour de France. Fui convidado a participar do Celebrity Invitational do *World Poker Tour* do ano seguinte, em Los Angeles. O Homem-cobra do Texas ficaria orgulhoso de mim.

Depois de todas as perguntas habituais sobre o livro Guinness e seus recordes, a pergunta que mais ouvi da imprensa e dos amigos foi: "Como você conseguiu?" Apesar da recente popularidade do Texas Hold'em, o jogo que colocou o *World Poker Tour* no mapa e tornou minha tentativa possível — e um que jogo bem —, eu sou ainda melhor em Seven Card Stud. Também é uma versão mais lenta de pôquer, e como eu tinha de jogar com meu próprio dinheiro, o Hold 'em, com suas mãos aceleradas, parecia má ideia. Para guardar dinheiro, escolhi as apostas mais baixas, entre 1 e 5 dólares, menos do que costumo apostar, porque, como regra geral, quanto menores as apostas, menor o calibre do jogador, reduzindo meu nível de competição. Minha grande experiência em cassinos dizia que eu podia vencer regularmente os adversários em um jogo de apostas baixas. Então meu plano de jogo, o melhor cenário possível, era vencer o suficiente nas primeiras trinta horas, de modo a poder usar meu lucro nos "momentos negros" que se seguiriam, quando seria mais difícil me concentrar. Estabeleci um limite pessoal de não perder mais de mil pratas — até mesmo um Recorde Mundial Guinness tem um preço, principalmente quando você já detém um. Mas me preocupei em levar meu cartão caso mudasse de ideia.

Quando me sentei à mesa, comprei 100 dólares em fichas para começar, guardando o resto do meu dinheiro — e meu cartão — na carteira. Não precisei deles. Ganhei a terceira mão, cerca de quatro minutos após minhas 72 horas, e permaneci no azul a partir de então, mesmo não tendo conseguido ver as cartas durante duas horas e tendo enfrentado uma situação resumida pelo médico C. DiGiovanni, pesquisador militar, em seu comentário: "Quanto mais privado de sono [o] cérebro, mais provável que qualquer decisão tomada seja ruim, talvez desastrosa." No conjunto, ganhei de forma consistente ao longo de toda a empreitada. Saí da mesa com 373 dólares em fichas, um lucro de 273 dólares, mas essa era apenas a ponta do iceberg. Na tradição do cassino, dei uma gorjeta ao crupiê depois de cada mão vencedora, normalmente 1 ou 2 dólares de cada vez, sempre das fichas ganhas, e venci cerca de quatrocentas mãos, resultando em 600 dólares em gorjetas. Também dei gorjetas generosas às garçonetes, já que eram meu cordão umbilical para todas as refeições, servidas e comidas à mesa, juntamente com as mais de quarenta xícaras de café, 16 garrafas de água, vários copos de chá gelado, suco de laranja e diversas bebidas. Avaliei essas gorjetas em outros 400 dólares, levando o total ganho a mais de mil pratas, o que os espantados gerentes de pôquer consideraram impressionante em função das apostas magras que eu estava fazendo, na casa de 1 dólar, mesmo para alguém que não tinha ficado maluco.

A estatística mais definitiva de meu esforço foram as 17 horas, o tempo que eu dormi, e dormi como morto, após apagar em meu quarto no Foxwoods. Despertei na manhã seguinte me sentindo bem, como se nada tivesse acontecido, fui de carro para casa e voltei a trabalhar imediatamente. Os efeitos foram menores do que os de um *jet lag* após um longo voo, e no dia seguinte eu andei mais de 90 quilômetros de bicicleta, me reacostumando aos grandes espaços ao ar livre. A estatística mais difícil de calcular foi a do número de pessoas diferentes com as quais joguei, já que elas entravam e saíam da mesa, permanecendo por períodos de tempo radicalmente diferentes; minha melhor aposta é em torno de 75. Essas pessoas, refletindo uma grande diversidade, merecem ser incluídas em um livro, com muitos personagens (no sentido que minha mãe usa a palavra, para se referir a alguém estranho, e não no bom sentido). Apelidei esses parceiros de jogo com títulos divertidamente adequados como TiVo, Willie Mau e Sr. Limpinho. Este último era um careca assustadoramente enorme em uma razoável encarnação do Exterminador do Futuro, com direito a jaqueta preta de motociclista, botas e óculos de sol espelhados envolventes. Se o Sr. Limpinho estava em uma das pontas do espectro, o cara que me falou sobre o livro de cozinha que estava escrevendo nos mínimos detalhes estava no outro. O pôquer, assim como o *Guinness World Records*, assume todas as formas.

Quando quebrei o recorde de maior distância entre duas partidas de golfe no mesmo dia, descobri toda uma nova metodologia, aperfeiçoando os esforços anteriores, inventando a ideia de cruzar a linha internacional de data. Achei que era uma solução inovadora para um problema existente, que merecia um recorde Guinness. Mas o australiano que usurpou meu recorde simplesmente teve a sorte de haver um voo mais longo na mesma rota de Sidney para a América do Norte após eu ter feito todo o trabalho e a pesquisa para ele, e o modo como ele superou me pareceu excepcionalmente pouco criativa. Seja como for, aquela experiência me levou a tentar um recorde que pudesse durar, e ele durou. Houve algumas notícias há pouco mais de um ano[*] sobre um jogador de pôquer profissional que iria tentar o recorde em Vegas, mas isso nunca aconteceu. No momento em que este livro estava sendo escrito, verifiquei o site da Guinness World Records, e meu recorde, embora não esteja mais no livro, ainda perdura, três anos depois. A explicação é simples: apesar de ele ter recebido muito mais atenção da mídia do que a imensa maioria dos recordes, nem todo mundo pode jogar pôquer por 72 horas direto. Na verdade, muito poucas pessoas podem, e eu suspeito de que o recorde será meu por um bom tempo. Se alguém o quebrar, merecerá meu respeito, diferentemente do que aconteceu com o de golfe. Eu certamente não tentaria. Sinto que tive sorte de sobreviver ileso a ele. Posso fazer outra tentativa de golfe em longas distâncias mais à frente, mas quando as pessoas me perguntam sobre pôquer, respondo prontamente: "Nunca mais." E desta vez é sério.

---

[*] Este livro foi originalmente publicado em 2008. (N. do T.)

O FORMULÁRIO QUE PREENCHI NO GUINNESS APÓS MINHA TENTATIVA NO PÔQUER

Tentativa de recorde Guinness:
Mais longa sessão de pôquer em cassino

PEDIDO Nº 64041
Senhoras e senhores,

Esta tem como objetivo esclarecer minha tentativa de recorde e o material de confirmação incluído.

Na quinta-feira, 10 de junho de 2004, às 13:20h, hora do Leste, comecei a jogar pôquer no Foxwoods Resort & Casino em Ledyard, Connecticut. Joguei continuamente, na mesma mesa, até 13:22h de domingo, 13 de junho — 72 horas e 2 minutos depois. Fiz isso seguindo as regras apresentadas pelo Guinness, com apenas intervalos de 15 minutos a cada oito horas e sob as regras e determinações do salão de pôquer do cassino Foxwoods, como estipulado em minha proposta.

Estou incluindo meu diário pessoal, com o bilhete inicial do médico, a partir de então testemunha.

Também estão incluídos os depoimentos das testemunhas que consegui para cobrir os vários pontos exigidos nas regras da maratona. Um supervisor do salão de pôquer presente durante seu turno produziu um a cada quatro horas, como exigido, atestando que eu estava presente e jogando continuamente, além de confirmar a presença do pessoal médico exigido. Cada um deles também é assinado por duas testemunhas adicionais. As enfermeiras e os técnicos de emergência médica (TEMs) empregados pelo cassino também assinaram um diário adicional confirmando sua presença.

O melhor contato adicional para quaisquer perguntas ou para confirmação é Kathy Raymond, gerente do salão de pôquer do Foxwoods, que esteve presente no início, no fim e em boa parte do tempo intermediário, e supervisionou diretamente os outros gerentes de turno presentes. Seus dados são:

Kathy Raymond
Diretora de Operações de Pôquer
Foxwoods Resort Casino

Atenciosamente,
Larry Olmsted

7
O queijo não está sozinho: comida gigante e o Guinness

> *A baleia seria considerada um prato nobre por todos, não houvesse tanto ela; mas quando você se senta em frente a um pedaço de carne com quase 30 metros de comprimento seu apetite desaparece.*
> — HERMAN MELVILLE, *MOBY DICK*

> *Eu só achei que uma tonelada era um belo número redondo, então disse: "Certo, vamos fazer uma tonelada de fondue." Foi um novo recorde, e eles disseram sim.*
> — CHEF TERRANCE BRENNAN

Recordes de comida e bebida foram fundamentais para o livro Guinness desde a primeira edição de 1955, quando grandes consumidores como o americano Philip Yazdik e o espanhol Dionsio Sanchez entraram para suas páginas por comer 77 hambúrgueres de uma só vez e por beber quarenta canecas de vinho em uma hora, respectivamente. Foram incluídos na seção intitulada "Realizações humanas: resistência e empenho", juntamente com a conquista do pico mais alto da Terra, por sir Edmund Hillary, e a viagem histórica do comodoro Peary ao Polo Norte. Recordes gastronômicos estão no livro desde então, acabando por abranger a ingestão de tudo, desde pastel de carne até bicicletas e aviões. Mas toda uma categoria de recordes gastronômicos é uma parcela recente e significativa da história do *Guinness World Records*. Segundo sua antiga premissa de que maior é melhor e o maior é o melhor de todos, o livro abraçou com entusiasmo recordes de "grandes comidas" de todos os tipos imagináveis. Assim como o conjunto atlético se deu conta de que pode ser mais fácil entrar para o Guinness descobrindo novos itens para arremessar, aqueles voltados para a culinária começaram a buscar novos alimentos para ampliar.

Os recordes de comida gigante começaram a aparecer no livro bem cedo, mas só se tornaram um setor amplo e competitivo para recordistas nos últimos vinte anos. As primeiras duas décadas do livro tiveram alguns verbetes para cozinha gigante para os mercados inglês e americano, como os de maior pizza, sundae, hambúrguer e torta de carne. Hoje há dezenas de recordes altamente especializados, internacionais e exóticos desse tipo de comida. Em 1984, a comida grande se tornou uma febre no *GWR*: aquela edição inclui um camelo inteiro como o maior prato servido em uma refeição, juntamente com os maiores banana split, churrasco, bolo, ovo de Páscoa, *haggis*, pão, omelete, doce, purê de batata, pirulito, salame, pudim e, curiosamente, tigela de morangos, o único item não cozido ou processado. A mudança mais significativa foi no âmbito das tortas, que logo se tornaram a versão "comida gigante" de "arremesso de coisas"; sem limites para a imaginação, a pioneira torta de maçã foi seguida pelas tortas de cereja, carne, marmelo e até mesmo por pizza.

Embora muitos recordes aparentemente implausíveis sejam listados no livro sem qualquer explicação ou detalhes, os recordes de comida gigante tendem a incluir receitas resumidas, listando volumes enormes de ingredientes fundamentais, embora raramente todos apareçam. O *Guinness Time*, boletim interno da Guinness PLC (a mesma edição que publicou o obituário do fundador do livro sir Hugh Beaver, em 1967), continha um dos mais impressionantes recordes de comida gigante. Na Feira Mundial de Seattle de 1962 foi assado um bolo de aniversário de seis lados, pesando 11.340 quilos, com altura de 58 centímetros e perímetro de aproximadamente 18 metros. A receita levava 18 mil ovos, 4.762 quilos de farinha, 1.814 quilos de açúcar, 3.175 quilos de passas, 998 quilos de nozes e 480 quilos de sal (ver vol. 20, nº 2, primavera de 1967). Embora bolos de 12 toneladas ainda fossem incomuns em 1962, na edição do milênio, em 2000, com sua futurista capa prateada brilhante, a comida gigante tinha se tornado uma parcela tão bem-aceita do *Guinness World Records* que pela primeira vez um capítulo foi intitulado apenas assim: "Comida grande". Goste você de um *kebab* de uma tonelada ou de uma salsicha com mais de 45 quilômetros de comprimento, pode encontrar de tudo ali. Entre os verbetes notáveis do novo capítulo estão o maior curry (2,65 toneladas), o mais longo sushi (1,2 quilômetro), o maior *bhaji* de cebola (mais de 2,5 quilos) e o maior boneco de chocolate, com a medida de um dinossauro em tamanho natural.

Em certo sentido, recordes de comida gigante são perfeitos para o Guinness. Difícil até mesmo de imaginar, aquela salsicha de 45 quilômetros de comprimento é o equivalente gastronômico de Robert Pershing Wadlow, o ser humano mais alto. Comidas enormes também se encaixam perfeitamente — e tentam superar — na análise de quatro itens de Ben Sherwood do que torna os recordes tão atraentes para a mídia. Certamente comidas gigantes são classificadas como "maiores", e, como Sherwood observou, sem trocadilho, a "mídia se banqueteia com superlativos". Eles também são altamente fotogênicos, perfeitos para a televisão e facilmente capturados em uma única foto para revista ou jornal. Considere-se que o televisivo *Food Network Challenge* encontrou tanta forragem na forma de comidas recordistas que chegou a dedicar uma minissérie especial ao assunto, o *Guinness World Records Breakers Week*. Sherwood afirma ainda que os superlativos ganham força quando em categorias divertidas, curiosas ou com valor de bizarrice, o que bolos com o tamanho de campos de futebol certamente têm. Tentativas de recordes para comida gigante frequentemente são feitas em nome de ações de caridade, outra das pernas da cadeira de Sherwood. Mas há notáveis exceções, como a Mama Lena's Pizza House, na periferia de Pittsburgh, que, segundo a Associated Press, adotou a postura decididamente mais pragmática e lucrativa da história da comida grande do *Guinness World Records* quando criou "a maior pizza à venda do mundo". A Big One está no cardápio, e por 99 dólares a Mama Lena's a prepara para qualquer cliente. Ela mede 1,32m x 90cm, pesa mais de 10 quilos e é cortada em 150 fatias para ser servida.

Sherwood conclui que grande parte do apelo dos recordistas Guinness é o fato de que eles podem ser "caras como eu e você". Nesse caso, a comida corresponde ao "caras": quem nos Estados Unidos não considera a torta de maçã a comida saudável, comum e democrática que merece ganhar um status gigantesco? Qual coração escocês não se anima com a tentativa de quebra de recorde de seu bom amigo *haggis*? Há um motivo para essas serem chamadas de *comfort foods*, e na categoria de comida gigante elas tomam o lugar do cara esquisito do seu quarteirão saltando de pula-pula ou girando um ioiô na varanda da frente.

A comida gigante vai além dos critérios de Sherwood, e tem duas outras importantes dinâmicas que a distinguem e ajudam a fazer dela uma categoria cada vez mais popular entre leitores e recordistas. Em muitos casos esses recordes são uma questão de orgulho nacional ou cultural, o que os torna ainda mais importantes emocionalmente do que seus equivalentes humanos. Recordes de salsicha, por exemplo, são disputados por várias culturas com uma história de produção de salsichas, enquanto novos verbetes com frequência incluem pratos nacionais, como uma variação única de massa muito consumida em apenas um país sul-americano. Enquanto um australiano arrancando de um italiano um recorde individual de girar pratos ou de fazer malabarismo não chama grande atenção, é difícil não imaginar os italianos ficando irritados quando os australianos roubaram o título de maior risoto do mundo da terra natal desse prato em 2004, e de uma forma convincentemente enfática.

Mais que em qualquer outra categoria, a comida gigante assumiu um componente empresarial. Quem além do gigantesco conglomerado do chocolate Hershey Foods está em posição de produzir o maior Hershey's Kiss do mundo? É lógico supor que, mesmo que um competidor tentasse usar sua própria fábrica de chocolate, a marca impediria qualquer um que não a Hershey de estabelecer o recorde, o que foi feito — mais de uma vez. Da mesma forma, empresas como Coca-Cola e Snapple entraram no jogo de comida grande do *Guinness World Records*, sempre por uma questão publicitária, colocando na mesa muito dinheiro e uma enorme capacidade de produção. De fato, hoje os recordes de comida gigante raramente são estabelecidos por indivíduos (como a maioria dos outros tipos de recordes humanos); são detidos por uma empresa de alimentos, um restaurante, um hotel, uma instituição de caridade ou um país que tenha algo a provar e algo a vender. A primeira coisa de que a pessoa se dá conta quando pensa nesses recordes é que bolos, pizzas ou tigelas de morangos superam a capacidade de qualquer forno, panela ou tigela que uma pessoa comum tem em sua cozinha. É fácil entender por que alguém que pense no maior bolo de sorvete do mundo estude o recorde atual e mude de ideia, decidindo que o recorde de 30 horas carregando um tijolo é mais fácil de ser batido. O maior bolo de sorvete do mundo foi feito no país mais populoso do mundo, quando chefs de Pequim inventaram uma monstruosidade de 8 toneladas, do tamanho de uma pequena piscina, com mais de 90 centímetros de altura e medindo 4,70m x 2,95m. Eram quase 14 metros cúbicos de sobremesa congelada. No congelador de quem cabe isso? Recordes de comida gigante costumam exigir a fabricação especial de tudo, de potes a maçaricos, para não falar em volumes enormes de ingredientes, cujos custos chegam facilmente a milhares ou dezenas de milhares de dólares.

Onde, por exemplo, a cozinheira amadora escocesa que decide tentar o recorde de *haggis* vai colocar as mãos em mais de oitenta buchos de boi? Até hoje, o maior *haggis* registrado foi preparado por uma equipe de cozinheiros do Glasgow Hilton Hotel, em 24 de maio de 1993. Segundo o *Glasgow Herald*, ele exigiu aqueles oitenta buchos, e pesava 302,5 quilos. Quando o livro chama esses recordes de "Comida grande" está falando sério. Quando tomaram da Itália o recorde de maior risoto, que era de 440 quilos, os australianos não deram margem a dúvidas. Mais de 1.360 quilos de arroz arbóreo foram para a panela, juntamente com 300 quilos de queijo, quase uma tonelada de ervilhas, mais de 2.800 litros de caldo de legumes, 42 litros de azeite, quase 23 quilos de alho amassado, 453 quilos de cebolas e aipo picados e mais de 315 quilos de manteiga (sem sal). O toque final foi cerca de 1,3 quilo de açafrão, que tinha entrado por mérito próprio no *Guinness World Records* de 1972 como a especiaria mais cara. O resultado, que ficou acima não apenas do risoto da Itália como de todos os outros pratos da Terra baseados em arroz — um recorde duplo —, foram enormes 7.494 quilos — mais de 16 vezes o recorde anterior —

e peso superior ao de três utilitários esportivos juntos. A tentativa de quebra de recorde, realizada no Circular Quay de Sidney, junto ao mar, em 2 de novembro de 2004, foi organizada pela Australian Rice Industry para levantar dinheiro para o combate à fome no mundo. Cerca de 4 mil espectadores provaram o prato — sem sequer deixarem marcas nele — em troca de doações para a Care Australia. Os ingredientes foram doados por produtores de alimentos e fornecedores, e a tentativa exigiu uma panela feita sob medida, com 21 metros de circunferência.

"Inicialmente parece um exercício simples: fazer uma tigela de sopa para quebrar o atual recorde — um *goulash* de 5.045 litros, da Romênia. Mas só imaginar a panela já é uma tarefa difícil; onde alguém pode encontrar uma panela e um fogão grandes o bastante para a preparação de sopa suficiente para encher cerca de setenta banheiras? Ainda tinha o problema de encontrar os ingredientes para a receita escolhida, uma sopa de carne apimentada chamada *caldillo*", escreveu o atual editor do *Guinness World Records* Craig Glenday em seu blog, em julho de 2007, sobre viajar para testemunhar recordes, o que o levou a visitar a cidade de Durango, no México, para ver a história da sopa.

> *O projeto exigiu recursos da região inteira. Um mês foi gasto para planejar e construir a tigela, um aparato de aço semelhante a um OVNI, que servia ao mesmo tempo de panela e de fogão a gás; fazendeiros locais entraram com os legumes; restaurantes deixaram de lado a rivalidade e ofereceram seus cozinheiros; incontáveis voluntários trabalharam como seguranças, garçons e faxineiros, e as escolas locais apresentaram um espetáculo de variedades com um dia de duração. No final, todos conseguiram, criando um enorme caldillo de 5.350 litros. O prefeito, Jorge Herrera Delgado, juntou-se a mim na primeira prova — depois da autorização do conselheiro do órgão municipal de saúde que supervisionava os procedimentos, claro — e recebeu o certificado oficial da Guinness World Records em frente a uma fila de milhares de pessoas ansiosas para provar o prato recordista mundial.*

Embora o livro tenha mostrado uma impressionante diversidade cultural em comidas gigantes — da enorme tigela de *caldillo* ao *bhaji* de cebola indiano, a torta de carne inglesa e pratos típicos americanos como torta de maçã e cachorro-quente —, uma comida gigante que merece pouco respeito é o burrito. Foi o que a equipe de um restaurante Taco Bell no Tennessee descobriu após fazer uma versão de 133 metros que David Boehm (então editor da edição americana, que incluía alguns recordes dos Estados Unidos distintos da versão inglesa do livro) recusou. A justificativa de Boehm aparentemente foi a falta de apelo universal, algo que a pizza tem, mas os burritos não, pelos menos não em 1988. "Toda semana recebemos um telefonema sobre um novo recorde de burrito", disse o sr. Boehm em seu escritório em Nova York. "As pessoas na Califórnia acham que burritos são vendidos em toda parte. Em Nova York as pessoas nunca ouviram falar em burritos." Tomem nota, construtores de culinária colossal: o livro é tão caprichoso e imprevisível em relação a comidas grandes quanto em qualquer outra de suas categorias de recorde.

Uma coisa que torna esses recordes especialmente difíceis é a regra de que os produtos têm de ser comestíveis. Funcionários do *Guinness World Records* às vezes exigem até mesmo que os recordistas recebam essa comprovação de inspetores de saúde. É claro que eles não precisam ser comestíveis para humanos, pelo menos não se a comida gigante em questão for dirigida a cães. Foi o que aconteceu, em 2007, quando o Lions Club de Lunenburg, em Massachusetts, fez o maior biscoito de cachorro do mundo, com 172 quilos. Ele foi assado usando-se um forno crematório emprestado pelo cemitério local e retirado do mesmo por uma empilhadeira (de modo interessante, o biscoito de cachorro que detinha o recorde, com apenas 72 quilos, embora pequeno para os padrões da comida gigante, foi patrocinado por uma verdadeira gigante, a Microsoft Corporation). Segundo as regras do Guinness, o biscoito ainda tinha de ser comestível por cães, e os participantes do evento beneficente deram pedaços a seus próprios cães. Por causa de tais regras, mesmo chefs tarimbados podem ser surpreendidos com o trabalho envolvido em uma refeição recordista mundial. O chef Terrance Brennan é dono de dois restaurantes bem-cotados de Nova York, o Picholine e o Artisanal Bistro and Wine Bar, ambos especializados em queijos finos. "No Artisanal nós somos conhecidos pelo fondue, e há cerca de dois anos eu pensei: 'Não seria fantástico fazer o maior fondue do mundo?' Ano passado estive ocupado demais com outras coisas, então este ano [2006] eu disse: 'Nós vamos fazer.' Quando você pensa em recorde mundial, vem à sua cabeça a palavra Guinness. Eu tinha lido o livro quando criança e, subconscientemente, quando você pensa em recordes, pensa no livro. Se você vai estabelecer um recorde, será o Recorde Mundial Guinness."

Quando Brennan começou a estudar, o projeto imediatamente se mostrou mais difícil do que ele tinha imaginado, embora não existisse um recorde para fondue, o que o tornava mais fácil, pelo menos no papel. Como de hábito, Brennan imaginou seu feito como levantamento de fundos para caridade, mas o primeiro obstáculo foram as leis sanitárias da cidade. "A minha ideia era fazer no Central Park e que as pessoas pagassem uns 2 dólares por porção, mas foi difícil", em função das leis sobre venda de comida. Brennan é um convidado frequente do *Today Show*, e seus contatos na emissora logo se interessaram por seus planos. "A NBC comprou, quis exclusividade, e eu achei que era uma boa parceria. Eles já tinham uma relação com o *Guinness Book of World Records*, então se eu pudesse transformar aquilo em algo beneficente, além de simplesmente estabelecer o recorde, a NBC estaria junto", contou Brennan, acrescentando: "Preenchi a papelada, mas a NBC tinha contatos e já havia feito coisas antes com o Guinness, então cuidou de tudo. Pensei que uma tonelada era um belo número redondo, então falei: 'Certo, vamos fazer uma tonelada de fondue.' Era um novo recorde, e eles aceitaram."

Brennan começou a testar variações de sua receita de fondue para volumes muito maiores, porque derreter queijo é uma ciência, e ele estava preocupado "porque em algum momento ele começa a encaroçar. Será que permaneceria macio? Então descobrimos de quanta água precisaríamos e como fazer uma pasta para derreter o queijo de modo que ele permanecesse macio". Mas o maior desafio não era nem a receita nem os ingredientes, todos eles doados, mas uma panela de fondue grande o bastante para uma receita de uma tonelada. "Liguei para um grande amigo que tem uma empresa de alimentos na periferia de Nova Orleans para me ajudar, e ele adorou. Encontrou para mim uma cuba de ferro fundido de duzentos anos para produção de açúcar, de uma antiga fazenda de cana de açúcar. Teve de limpá-la com jatos de areia, mas acabou descobrindo que havia uma rachadura nela, então precisou encontrar outra como aquela e recomeçar. Depois sua equipe construiu uma moldura de metal ao redor dela, para sustentar mais de seis queimadores de propano, que teríamos de fabricar. Nós a enchemos de água para medir e descobrimos que tinha capacidade para 1.300 litros. Tinha 2,4 metros de diâmetro, quase 90 centímetros de profundidade e pesava 1.800 quilos, vazia. Fizemos o fondue usando apenas três quartos da capacidade, então se alguém quebrar o recorde podemos voltar e encher."

As pessoas que veem Ashrita Furman dando voltas na pista da escola perto de sua casa, onde ele treina — às vezes a noite toda — equilibrando coisas na cabeça, carregando um tijolo ou dando cambalhotas para a frente, acham que ele é louco. E quanto a vasculhar o sul em busca de duas enormes panelas antigas que precisam ser limpas com jatos de areia e exigem um fogão feito sob medida, tudo para um fondue do tamanho do Guinness? Providenciar a panela era apenas metade do desafio. Ela ainda precisava ser transportada e instalada do lado de fora do estúdio do *Today Show*, no Rockefeller Center. A panela de duas toneladas, com seus queimadores, sua moldura e o gás teve de ser colocada em um caminhão e levada de Nova Orleans para Nova York; para complicar ainda mais, a carga foi considerada perigosa por ser inflamável. "Com toda segurança que é exigida hoje desde o 11 de Setembro, estavam vindo da Louisiana com seis enormes tanques de propano. Tivemos que pedir que levassem a carga pelo nível mais alto da ponte George Washington — pois tínhamos pesquisado e descoberto que era a única forma de entrar com ela em Manhattan legalmente —, mas aparentemente a informação nunca chegou ao motorista do caminhão. Ele então pegou o túnel Holland, a polícia ficou furiosa e quase foram presos. Os policiais disseram: 'Se vocês derem meia-volta sem olhar para trás não prendemos vocês', e os mandaram embora. Então tentaram o túnel Midtown, onde foram mais gentis, mas também os mandaram de volta. Acabaram passando pelo túnel Lincoln."

A tentativa de fazer o fondue também exigia uma autorização especial dos bombeiros de Nova York, que tinham de colocar um carro de prontidão. Com tudo aparentemente pronto para a tentativa de recorde, Brennan ficou chocado quando o *Today Show* ligou para ele na véspera para cancelar o evento porque um produtor estava doente.

> *Também tínhamos planejado uma seção com fondue comum, além do recorde, então é provável que eles simplesmente não tivessem noção daquilo: que estávamos tentando o recorde Guinness, que tínhamos passado dois dias levando aquela grande panela desde a Louisiana, que alguém do Guinness estaria lá, que a City Harvest iria distribuir a comida para os abrigos de sem-teto, que o Corpo de Bombeiros estava preparado, que tínhamos autorização e que os bombeiros iriam colocar um caminhão lá. Eu disse: "Isso vai acontecer, não vamos cancelar, passamos três meses planejando." Então telefonei para o produtor-executivo que conheço, e tudo foi confirmado. Depois foi suspenso novamente porque a autorização dos Bombeiros já havia sido cancelada, e eles disseram que não conseguiriam outra a tempo. Procuramos todo mundo que conhecíamos que tinha bons contatos e acabamos conseguindo colocar os bombeiros a bordo novamente na 11ª hora. Chegamos lá às 5 horas da manhã, preparamos tudo, e o tempo de cozimento seria provavelmente de umas três horas. Demos todo o queijo para a City Harvest. Nós o transferimos do caldeirão para tonéis de plástico branco de 13 litros, e seus cozinheiros os levaram para abrigos nos cinco distritos e o usaram para fazer macarrão com queijo, sopas, pratos de massa, várias coisas. Nosso fondue doado alimentou umas 5 mil pessoas.*

A Guinness World Records enviou uma porta-voz ao evento, e, enquanto o pessoal do *Today Show* provava o fondue, que Brennan mexeu com baguetes francesas de um metro de comprimento, ela confirmou o novo recorde para as câmeras e entregou um certificado impresso, outra prerrogativa de quem é bem-relacionado, como o *Today Show* (recordistas normais têm de esperar semanas ou meses pela aprovação formal e para receber sua cópia por um sistema de correios moroso). Falando aos telespectadores, ela disse com gosto: "Em nome da Guinness World Records, queremos confirmar este recorde", e deu ao chef seu certificado. Embora Brennan estivesse muito feliz com o esforço e o resultado, rapidamente admitiu que não tinha em vista outros recordes de comida gigante. Como a maioria dos feitos Guinness, de comida ou não, a realidade se revela muito mais difícil que a ilusão.

Para o recorde, sua receita de fondue foi:

861 quilos de queijo Gruyère
397 litros de vinho branco
9,5 litros de suco de limão
19 litros de suco de alho
9,5 quilos de sal kosher
20 litros de xarope de milho
226 gramas de noz-moscada
340 gramas de pimenta-do-reino preta

Mesmo com queijo doado, chefs como Brennan têm de enfiar a mão nos bolsos, frequentemente nos próprios, para financiar recordes de comida gigante, o que pode explicar a recente enxurrada de tentativas feitas por algumas das maiores e mais ricas empresas no setor de comida e bebida, que estão em melhor posição para produzir esses recordes promocionais. Essa tendência começou há uma década, quando a Coca-Cola estabeleceu o Recorde Mundial Guinness de maior ilha flutuante de sorvete; no que não foi surpresa para ninguém, a empresa decidiu substituir o refresco tradicional por um de seus próprios produtos. Para marcar o relançamento da Vanilla Coke ano passado [2007], a Coca-Cola voltou à fonte, quebrando seu próprio recorde, mesmo com o porta-voz da Guinness Derek Musso tendo dito à Associated Press não ter informações sobre alguém ter tentado superar o recorde anterior nos mais de nove anos de intervalo. Musso confirmou que a nova ilha de 7.800 litros, feita de Vanilla Coke e sorvete, pesando 10 toneladas, era o novo recorde mundial. Mais uma vez provando que a maioria dos recordes de comida gigante é como comerciais que usam dublês e trazem a advertência "não tente isso em casa", a Coca-Cola mandou um caminhão-pipa de sua fábrica de xarope, bombeou o xarope puro em um copo de refrigerante de 4,5 metros feito sob medida, com direito a um equipamento que produzia dióxido de carbono, e gaseificou a bebida no copo. Operários então colocaram, manualmente, baldes cheios de sorvete. Em vez de servir às centenas de testemunhas, a Coca-Cola distribuiu pequenas amostras do sorvete em um quiosque, supostamente por determinação da saúde pública.

Assim como Jackie Bibby, "o Homem-cobra do Texas", mantém suas tentativas de quebra de recorde por segurar cascavéis vivas com a boca bem abaixo do seu potencial máximo, de modo que possa facilmente quebrar o próprio recorde quando necessário, empresas como Coca-Cola e Hershey descobriram que podem abrir seu próprio nicho repetidamente fazendo versões cada vez maiores das mesmas coisas. Quatro anos depois de ter moldado o "maior chocolate" do mundo, a Hershey Foods Corp. quintuplicou o tamanho do esforço. O recordista de 2003 foi um Rich Dark Kiss da Hershey com pouco mais de 1,80 metro, pesando 3.065 quilos. Ajudados por confeiteiros do French Culinary Institute, cientistas e engenheiros da Hershey construíram uma pirâmide usando blocos de chocolate de 4,5 quilos, soldados com chocolate derretido, e, depois de resfriada, a massa foi esculpida na forma tradicional de um Kiss da Hershey, embora 700 mil vezes maior que o tamanho normal. O Kiss foi colocado em exposição no Chocolate World, uma popular atração em forma de museu em Hershey, Pensilvânia. O dia 7 de julho de 2007 marcou o 100º aniversário do Kiss, e, para festejar, a equipe da Hershey mais uma vez esculpiu o chocolate bruto, dessa vez criando um Kiss de 3,60 metros, pesando mais de 15 toneladas, merecendo do *Guinness World Records* o título semelhante de "maior pedaço de chocolate do mundo". O dinossauro de chocolate em tamanho natural não deve ter ficado feliz por seu recorde ter sido extinto.

Nem todos os recordes de doces são tão estáticos quanto o do Kiss gigante, que pode ser mantido em um museu quase indefinidamente. As balas Mentos, famosas por produzirem gêiseres borbulhantes quando jogadas em garrafas de refrigerante, orquestraram uma breve mas criativa obra de arte performática quando a Eepybird Perfetti Van Melle, com sede no Kentucky, nos Estados Unidos, fabricante da bala de hortelã, convocou fãs de Cincinnatti para ajudar a estabelecer um impressionante novo recorde. Para comemorar o lançamento do novo Mentos Geyser Loading Tube — um pacote de balas em forma de tubo, projetado para facilitar essas brincadeiras, derrubando perfeitamente vários Mentos em garrafas de refrigerante —, a empresa conseguiu 504 pessoas para fazer exatamente isso, todas ao mesmo tempo, provocando um espetáculo ao estilo águas dançantes. Conseguiu do *Guinness World Records* o primeiro título de "maior número de fontes de Mentos e refrigerante". Como Pete Healy, vice-presidente de marketing da empresa, disse à revista *Candy Industry*: "Achamos fantástico que milhões de pessoas tenham gostado de fazer gêiseres de Mentos, colocado e assistido a vídeos sobre isso na internet. Os novos tubos de Mentos Geyser são nossa forma de agradecer aos fãs de Mentos e ajudá-los a criar gêiseres ainda mais legais e elaborados." Ele não estava brincando. No vídeo do acontecimento, que pode ser visto no site da empresa, juntamente com várias experiências de gêiseres Mentos (www.eepybird.com, Guinness World Record Event), os vários Mentos jogados a partir dos tubos dentro de garrafas de Coca-Cola Light de dois litros dispararam gêiseres doces a 6 metros de altura. O que é notável no recorde da Mentos é que, sendo comida múltipla, e não verdadeiramente comida gigante, parece vulnerável à pessoa comum. Previsivelmente, um dos milhares de fanáticos que folheiam o livro em busca de recordes para quebrar escolheu os gêiseres em massa. Quase imediatamente, pessoas intrépidas do Texas montaram sua própria equipe de Mentos e refrigerante e quebraram o recorde da empresa, com 791 fontes. Decidida a não ser tão facilmente superada, a controladora do Mentos, a holandesa Eeepybird, assumiu a missão e, na praça do castelo de Breda, Holanda, lançou 851 gêiseres alimentados a Mentos e Coca Light para recuperar o recorde mundial. Enfatizando como a Guinnesmania pode ser poderosa, o estabelecimento do recorde original e as duas quebras de recorde aconteceram em um período de apenas cinco meses. Suspeito de que, quando você estiver lendo isso, a disputada categoria gêiseres de Mentos já não estará sendo medida em três dígitos.

O Guinness World Records Day, festival anual de estabelecimento e quebra de recordes organizado pelo pessoal de marketing da empresa, é um ambiente perfeito para o preparo de comida gigante. Uma vez planejados, esses feitos normalmente podem ser realizados a qualquer momento, e têm finalidade mais publicitária que qualquer outra — algo que os meios de comunicação que cobrem o festival de quebra de recordes podem garantir. O primeiro Guinness World Records Day, em 2005, teve comida gigante como um dos primeiros eventos oficiais, com lojistas e equipe na filial de Birmingham do venerável supermercado inglês Selfridges montando a maior torre de *donuts* do mundo. A torre não deve ser confundida com o recorde de maior *donut* isolado, com 17,8 metros de diâmetro e pesando 1,5 tonelada. O evento também levou a promoção de marca a um novo estágio juntando o conhecido varejista com o fabricante de *donuts* Krispy Kreme, que forneceu a matéria-prima para a torre formada por 2.544 *donuts*.

Nem toda tentativa de comida gigante termina tão bem quanto a torre de *donuts* ou a enorme ilha de sorvete, mesmo quando financiada e concebida por uma rica indústria internacional de alimentos. Foi esse o caso quando a fabricante de bebidas Snapple visitou Nova York em uma tentativa de quebrar o recorde de "maior picolé do mundo" e acabou se tornando vítima do maior derretimento de picolé do mundo. Como observou ironicamente a *PR Week*, uma publicação de negócios dirigida ao setor de relações públicas: "Em retrospecto, 'Retribuindo o favor' não deve ser o melhor lema para o feito de relações públicas da Snapple que se transformou em uma inundação de kiwi e morango, semana passada, em Nova York. Uma tentativa da empresa de refrigerantes de quebrar o Recorde Mundial Guinness de 'maior picolé do mundo' se transformou em fiasco quando o picolé de 15.870 quilos derreteu ao sol do verão, obrigando os espectadores a fugirem da maior poça de bebida inteiramente natural do mundo. (...) O espetacular fracasso do picolé gerou centenas de matérias nos Estados Unidos, mas a maioria destacava mais a incompetência na execução da ideia do que a qualidade dos novos picolés da Snapple." Esfregando sal nas feridas da Snapple, o *New York Post* noticiou que vários ferimentos leves foram provocados pela inundação de suco, e o advogado Michael Lasky contou ao *PR World* "que a Snapple pode ter sido negligente em 'planejar salvaguardas' para evitar responsabilidade legal no caso". Em um dos poucos casos em que alguém evita a publicidade do *Guinness World Records*, boa ou ruim, representantes da Snapple e de sua empresa de relações públicas não retornaram as ligações da revista.

A gama de receitas adequadas ao gigantismo parece ser limitada apenas pela imaginação, mas certos segmentos têm mais apelo que outros. Há comidas, há comidas gigantes e há salsichas gigantes, talvez a subcategoria mais disputada entre os comestíveis enormes do *Guinness World Records*. Quando uma única salsicha inteiriça que mede inimagináveis 44,8 quilômetros de comprimento — mais longa que a maratona que tem sido a base para tantos divertidos Recordes Mundiais Guinness ao longo do tempo — ingressou na estreia do capítulo "Comidas grandes", em 2000, quem imaginaria que ela não fosse durar? Aparentemente, os habitantes de Melon — cidade na região espanhola da Galícia, famosa por seu chouriço condimentado — não sabiam do feito quando prepararam um chouriço gigante com 108 metros e tentaram colocá-lo no livro. Embora uma salsicha maior que um campo de futebol inicialmente pareça impressionante, ela é, na verdade, de quarta divisão pelos padrões do *Guinness World Records*, especialmente considerando-se que o padrão de 2000 foi superado no mesmo ano em que o livro foi publicado, quando um certo J. J. Tranfield, de Sheffield, Inglaterra, quebrou o recorde, originalmente estabelecido no Canadá, com sua salsicha de 57,6 quilômetros. Ao descobrir que Melon tinha ficado a mais de 56 quilômetros do recorde mundial, seu prefeito, Alberto Pardellas, falou por telefone com pesquisadores do Guinness em Londres para discutir um caminho para o livro. O *Times* noticiou que "o prefeito acha que convenceu o Guinness a criar uma categoria específica para o chouriço, dessa forma dando ao produto comparativamente insignificante de sua cidade uma chance de brilhar. Ele explicou que a tentativa foi para 'divulgar a principal indústria da nossa cidade, a produção de embutidos'". Embora essa tentativa de arrancar uma vitória da derrota soe um tanto desonesta, o prefeito Pardellas estava simplesmente se baseando em um precedente, já que a edição de 2000 relacionava tamanhos e pesos de várias subcategorias de embutidos, e o chouriço de sua cidade se encaixaria entre o maior salame do mundo (170 centímetros) e a *bratwurst* mais comprida (mais de 1,6 quilômetro). Outra subcategoria de embutido, um novo recorde para o cachorro-quente mais comprido, apareceu na edição de 2008, ao lado de um box gráfico explicativo intitulado "Reivindicações que não queremos ver", que, além dos compreensíveis "cirurgia mais rápida" e "gato mais gordo", relaciona "batata frita mais comprida" e "maior batata chip" — com a explicação de que "não há mérito nesses pedidos, portanto, obrigado, mas NÃO!" Essa lógica perturbadora é o caso claro das mensagens dúbias enviadas pelo *Guinness World Records*, que fazem o leitor se perguntar por que *bratwursts*, cachorros-quentes, salames — ou *bhaji* de cebola — são inerentemente mais merecedores do que várias formas de batatas fritas. Isso mostra ainda que não há nada tão fascinante para os editores quanto a salsicha, embora, por mais que o livro tenha se mostrado extremamente flexível em seus recordes de maiores salsichas do mundo, não se deva esperar ver a maior casa de salsicha, a maior represa de salsicha ou qualquer outra realização arquitetônica de salsicha num futuro próximo. "Nós também desapontamos a aldeia húngara com uma tradição de fazer uma parede de salsichas", contou ao *London Telegraph* o editor do *Guinness World Records*, Craig Glenday, o mesmo funcionário que ungiu a maior sopa no México. "É possivelmente a maior parede feita de salsichas no mundo, mas temos de estabelecer um limite em algum ponto."

8
Recordes globais

> *Estive na Malásia ano passado, e eles são loucos por recordes, é incrível. Eu era uma celebridade na Malásia e sequer sabia disso até chegar lá.*
> ASHRITA FURMAN, DETENTOR DO MAIOR NÚMERO DE RECORDES GUINNESS

> *Há um recorde para o país com mais tempo livre? Os canadenses abalaram o livro este ano, quebrando mais de cem recordes mundiais.*
> REVISTA *TIME*, 2006

Nenhum país leva mais a sério o estabelecimento e a quebra de recordes que a pequena Cingapura — pelo menos segundo alguns relatos. Uma autoridade, o próprio Ashrita Furman, descreve o lugar como uma incubadora para tudo o que diz respeito a quebra de recordes. Além do Guinness, Cingapura tem seu próprio livro de recordes e um clube de estabelecimento de recordes. Também é assim na Índia, onde tentativas de recordes chegam regularmente às primeiras páginas dos jornais. A Índia se mostrou terreno muito fértil para novos museus da Guinness World Records, e seus cidadãos inundam o escritório do livro, em Londres, com correspondência relacionada a recordes. Os motivos para a Índia ser uma central de recordes são fortes, mas é o que também acontece no caso da Austrália, embora as estatísticas possam ser distorcidas por um punhado de recordistas em série especialmente obcecados. A China está entrando em cena com o que pode ser um ritmo *recorde* de recordes, e, na Malásia, Ashrita é um astro pop. Aparentemente, a mania de recordes Guinness é mais forte no Pacífico, caso não se leve em conta o Canadá, que tem um índice de recordes per capita excepcionalmente alto, assim como o maior volume proporcional de compra de exemplares do livro. Os Estados Unidos ainda dominam o estabelecimento de recordes, e Inglaterra e Alemanha estão entre os cinco maiores. A despeito da natural competitividade que o livro inspirou, pode ser impossível escolher um vencedor nacional: a Guinnesite se tornou global, e praticamente a única coisa com que todos podem concordar é que o líder do surto *não* é o Chile carente de recordes.

A primeira edição do *Guinness Book of Records* levou apenas alguns meses para chegar à lista dos mais vendidos e menos de dois anos para emigrar para os Estados Unidos, hoje seu maior mercado. Em uma década havia edições publicadas em francês, alemão, norueguês, espanhol, japonês, finlandês, dinamarquês, sueco, tcheco e holandês. O apelo universal do livro nunca diminuiu, e, desde sua criação, há mais de meio século, ele foi traduzido para 37 idiomas e gerou programas de TV, museus e um legado global de quebra de recordes que transcende todas as barreiras culturais. Todo esse sucesso junto a leitores tão radicalmente diferentes prova que o fascínio do livro não se deve apenas a uma cultura de bar ou a tradições inglesas, mas a seu próprio apelo humano. O homem mais alto do mundo ainda é um homem, seja ele Robert Wadlow ou os vários detentores vivos desse título, sejam mongóis ou ucranianos, como os dois últimos recordistas dessa categoria. O elemento humano se destaca aos olhares de todas as pessoas — assim como os 15 minutos de fama e o fascínio do livro pelo Guinnesporte. A diferença é que isso parece ter mais apelo em alguns lugares que em outros.

Desde o início, os McWhirter identificaram uma resposta mais apaixonada ao fenômeno de entrar para o Guinness nos Estados Unidos que em sua terra natal. Eles atribuíram isso ao fascínio americano por explorar e conquistar fronteiras, mas, embora o livro ainda venda mais exemplares e produza mais recordes nos Estados Unidos, ele é mais amado, em alguns casos idolatrado, em outros países e culturas. Em número de recordes, os Estados Unidos são seguidos por Grã-Bretanha, Austrália e Alemanha, mas a devoção ao livro parece ser maior nos países do Pacífico e no Canadá. A empresa privada do livro é tão reservada sobre suas finanças quanto é sobre sua base de dados de recordes, e, dependendo de quem fala, os detentores do maior número de recordistas per capita podem ser diferentes países, incluindo Canadá e Cingapura, enquanto vários especialistas em recordes acreditam que a Índia é a maior de todas as incubadoras Guinness. Esses países certamente são exemplos radicais de Guinnesite segundo quaisquer parâmetros, e eles não estão sós.

"Em minhas pesquisas encontrei matérias sobre a obsessão fervorosa da Índia por recordes", recorda Ben Sherwood, que fez uma exaustiva pesquisa para seu romance *O homem que comeu o 747*. "Acho que eles têm o maior número de recordistas mesmo que não seja per capita, e as pessoas que detêm recordes são reverenciadas como em um culto. Eles vendem um número enorme de livros lá."

Na verdade, a Índia é apenas a décima na relação de países com maior número de recordes, mas seus fiéis compensam isso com uma intensa dedicação. Nos anos 1990, a mania de recordes na Índia chegou a tal ponto que uma em cada cinco cartas recebidas na sede da empresa em Londres chegava de lá. Ashrita Furman se lembra de ter lido na Índia "sobre como os Recordes Mundiais Guinness lá são como medalhas olímpicas", e contou a história do indiano que buscou conseguir amplo reconhecimento quebrando seu recorde de empurrar uma laranja. A Índia sem dúvida produziu algumas das tentativas mais bizarras de conseguir imortalidade Guinness, mesmo para os altos padrões de bizarrice do livro, forçando os limites de tal modo que constantemente tem recordes negados. Entre os exemplos estão o filho adolescente de um médico que tentou entrar no livro como o cirurgião mais jovem; um garoto de 4 anos que queria correr uma maratona de 69 quilômetros (ele foi impedido pelos médicos, e seu treinador acabou preso); e um bebê de 17 meses que em menos de quatro horas comeu 50 pimentas Bhut Jolokia, reconhecida pelo Guinness e pelo resto do mundo como as mais fortes da Terra.

Essas tentativas são menos seguras, mas de modo algum menos incomuns que muitos esforços indianos que entraram para o livro. "A Índia é uma terra obcecada por superlativos, especialmente do tipo que você encontra no livro *Guinness World Records*", escreve o correspondente da Associated Press, Sam Dolnick. "Aqui um recorde Guinness justifica manchetes em jornais de circulação nacional." Dolnick cita exemplos de indianos conquistando status de recordistas, como Radhakant Bajpai, que deixou crescer cabelos com mais de 12,6 centímetros na orelha; Vadivelu Karunakaren, que literalmente seguiu os passos de Ashrita Furman pulando 16 quilômetros em menos de uma hora; e Arvind Morarbhai Pandya, que levou a um novo nível a antiga tradição do Guinness de andar para trás, correndo 1.500 quilômetros para trás em pouco mais de 26 dias. Dolnik destaca que na Índia esses recordes não são apenas pessoais, mas uma questão de orgulho cívico, e consequentemente viram, com frequência, manchetes de jornais respeitados. Ele conta que um importante jornal, o *Hindustan Times*, publicou mais de cinquenta matérias sobre Recordes Mundiais Guinness em um ano, com manchetes bombásticas como "GAROTO DE UTTAR PRADESH ESCREVE EM SEMENTES DE MOSTARDA!" E "HOMEM DE ORISSA QUER RECORDE POR QUEBRAR 72 COCOS COM O COTOVELO!". Lutando para não ser superado, outro importante jornal, o *Times of India*, que cobre tentativas de Guinness como campanhas políticas, estampou: "HOMEM QUER RECORDE MUNDIAL DE PUXAR VEÍCULOS COM O BIGODE."

Donick atribui a paixão da Índia por recordes a uma gama de razões: desde seus verdadeiros superlativos nacionais (maior democracia, maior população jovem) à sua súbita riqueza e oportunidade em um ambiente de hierarquia cultural rígida e um histórico sistema de castas. Ele afirma até mesmo que os recordes podem ser uma busca de aprovação ocidental ao status do país de futura superpotência. Nesse ambiente, os recordes dão às pessoas uma chance de conseguir reconhecimento social, já que essas não fazem parte da recente geração de milionários nem nasceram nas classes superiores. "As pessoas que não têm dinheiro querem fazer algo na vida, então os pobres tentam quebrar recordes com sua força ou com sua vontade", diz Guinness Rishi, de 66 anos, cujo cartão de visitas relaciona 19 recordes (a imensa maioria não — ou ainda não — reconhecida pelo Guinness) e que trabalha como consultor para estabelecimento de recordes. Ele acredita que, por causa de seus feitos — que incluem beber uma garrafa de ketchup em 39 segundos —, "sou considerado uma pessoa extraordinária, não uma pessoa comum". A prova clara de seu amor pelo livro é que Rishi mudou seu prenome de Har Parkash para Guinness pouco depois de ter integrado uma equipe que manteve uma *scooter* em movimento pelo recorde mundial de 1.001 horas, seu único recorde oficial. A falta de certificados legítimos não deteve sua carreira política: Rishi foi presidente do Guinness World Record Holder Club da Índia.

Guinness Rishi — com seus mais de 12 recordes não reconhecidos — e todos os pretensos cirurgiões infantis, maratonistas e comedores de pimenta demonstram a propensão indiana a prosseguir com tentativas de recorde sem se preocupar com a aprovação do livro, muito mais do que acontece em outros países. Como a porta-voz da Guinness World Records, Amarilis Espinoza, disse à Associated Press, em função da inacreditável determinação em estabelecer recordes, "eles simplesmente vão em frente e fazem", enquanto outros pretensos recordistas normalmente perguntam primeiro, o que em parte explica a superabundância de ideias aparentemente arriscadas. Essa postura de "atire primeiro, pergunte depois", em relação à quebra de recordes, também levou a Índia a ser pioneira em um nicho incomum no mundo da quebra de recordes: o de litígios contra o venerável livro. "O fascínio por recordes lá é inacreditável, e eles realmente levam a sério, a ponto de irem à justiça. Se você não der atenção nem ao menos pensar nos recordes deles, será acionado pelos tribunais indianos. Isso aconteceu há alguns anos, quando um indiano quebrou um recorde que tinha sido aposentado e foi à Justiça para recriá-lo. Aposentar um recorde é comum na Guinness World Records, mas ser processado por isso é muito incomum", disse Robert "Bob" Masterson, presidente da Ripley's Entertainment. O produto mais famoso da empresa, o livro sempre atualizado *Ripley's Believe It or Not*, é considerado pela Guinness e pelo mercado editorial um dos maiores concorrentes diretos do livro de recordes, se não o maior. Em uma situação incomum, a Ripley's Entertainment tem licença para construir e operar todos os museus Guinness World Records. Esse relacionamento único nasceu quando a megacervejaria Guinness PLC ainda era dona do livro, mas estava tentando sair do negócio de estabelecimento e quebra de recordes. Segundo Masterson, a Guinness havia terceirizado a administração de seus museus ao redor do mundo, que estavam perdendo dinheiro e precisavam ser subsidiados todos os anos, quando Masterson os procurou e se ofereceu para tirá-los do vermelho. Hoje a Ripley's Entertainment, subsidiária de uma das maiores empresas privadas do Canadá, tem direito perpétuo aos museus baseados no *Guinness World Records* e a edições especiais relacionadas, além de suas próprias atrações baseadas no Ripley, em museus de cera e em parques aquáticos.

Uma das primeiras medidas de Masterson foi fechar museus que davam prejuízo por estarem em locais menos populares — como Las Vegas, em Nevada, e Gatlinburg, no Tennessee — e substituí-los por museus em viveiros de recordes como Tóquio, Londres (aberto em 2008) e Índia. "Assinamos um contrato em Bangalore, Índia, para fazer um museu Guinness, um museu Ripley e um museu de cera. A primeira atração indiana deve ser inaugurada no outono de 2008, e pensamos em talvez abrir quatro museus Guinness lá, incluindo Mumbai e Nova Délhi. Ela [a mania de recordes] é tão popular que o livro Guinness não dá conta do número de pedidos, então eles criaram seu próprio livro de recordes, que não tem a sanção da Guinness World Records, mas se tornou quase tão popular quanto ele na Índia."

A Índia é apenas um dos países em que o fascínio pelos recordes gerou um concorrente interno do *Guinness World Records*. O intitulado *Limca Record Book* foi criado pela Coca-Cola India e batizado em homenagem ao refrigerante Limca, muito popular no país. Lançado em 1990, o livro já teve 17 edições anuais e registra as conquistas dos recordistas indianos. Da mesma forma, Cingapura, obcecada pelo Guinness, alimenta o orgulho nacional com o *Singapore Book of Records*, publicado por uma organização chamada Record Breakers Singapore, ou RBS. A RBS é obra de Helen e John Taylor, que alegam ter reunido 79 recordes mundiais de economia de combustível e direção veloz, e apregoam ter "mais de vinte anos de experiência na organização de grandes eventos de quebras de recordes mundiais, de Cingapura à Austrália, passando por Estados Unidos, Reino Unido, Europa, América do Sul e Caribe". A primeira edição do RBS foi publicada em 2005, e a ela se seguiu uma versão atualizada em 2007. O site do livro explica sua missão e seus objetivos: "O público de Cingapura adora recordes e conhecimentos gerais, portanto o livro será um grande sucesso. Publicação anual abrangendo o mais rápido, o maior, o menor, o mais rico, o mais velho, o mais comprido, o mais pesado, o mais curto, o mais barulhento, o mais alto, o mais leve, o mais jovem, o mais grandioso e assim por diante." Entrar para o livro parece limitado a cidadãos de Cingapura, desse modo novamente permitindo o surgimento de "primeiros".

Nada de sir Edmund Hillary: dr. Robert Goh e Edwin Siew agora detêm o recorde de primeira escalada de um pico de 8 mil metros, o monte Xixabangma, em 2002, cerca de 49 anos depois de Hillary ter escalado o ainda maior monte Everest. Seriam necessários três anos para que o recorde do Everest fosse reivindicado por Teo Yen Kai, que em 2005, segundo a RBS, se tornou o primeiro cidadão de Cingapura a escalar o pico mais alto do mundo. O livro também dá o crédito a Edwin Siew, do monte Xixabangma, que escalou o Everest em 1998 com seu parceiro Khoo Swee Chiow, mas que aparentemente só teve parte do crédito como morador permanente de Cingapura.

Os cidadãos do país também cobiçam um lugar no verdadeiro livro *Guinness World Records*, e em 2006 tinham cerca de 45 recordes nele, consideravelmente menos que os de Ashrita Furman sozinho. Não é muito, ainda mais se você considerar o total do país como um para cada mil na enorme base de dados do Guinness, ou um para cada 100 mil habitantes, mas é mais impressionante quando se percebe que a pequena taxa per capita do país é quase o dobro da do resto do mundo. Segundo as estatísticas globais, apenas cerca de 8% dos recordes de Cingapura entraram no livro de 2007, em um total de quatro feitos, mas o orgulho do país e a abrangência de sua coleção é um microcosmo daquele do resto do mundo, incluindo feitos de alta tecnologia, como a mais rápida mensagem de texto em inglês, de um garoto de 16 anos de idade; a maior corrente de pessoas usando patins; o maior número de pessoas usando chapéus de balões; e o mais longo mergulho com cilindro, em impressionantes 220 horas. Embora isso tenha sido feito em um ambiente controlado, supostamente com os intervalos de segurança determinados pelo Guinness, ainda é o triplo de minha própria maratona de pôquer e pertence ao âmbito do verdadeiramente impressionante. O recordista de mergulho, o mesmo Khoo Swee Chiow que escalou o Everest, também pareceu com muitos de seus compatriotas ao redor do planeta ao dizer aos repórteres: "As pessoas me chamaram de idiota, ridículo, disseram que era perda de tempo e me xingaram. Mas em geral eu ignoro pessoas que falam demais. Eu prefiro fazer a falar."

Diferentemente da Índia e de Cingapura, o Canadá não tem seu próprio livro de recordes, mas demonstra uma insaciável sede cultural por marcas e é berço de um dos maiores marcos recordistas mundiais de todos, a CN Tower, famosa torre de TV. Embora tecnicamente ela não seja um prédio, tem a distinção do Guinness por ser a mais alta estrutura autossustentada da Terra, e esse status, por sua vez, fez dela um ímã para todo mundo, desde paraquedistas até futuros recordistas, incluindo Ashrita Furman, que subiu de pula-pula seus 1.899 degraus para conseguir um recorde memorável e aparecer no programa de TV *Record Breakers*. Ele não está só. O dublê de Toronto e ex-campeão canadense de motocross Terry McGauran subiu a escadaria da torre de motocicleta, em 1984, para divulgar suas habilidades para a indústria cinematográfica. "Não foi uma coisa realmente maluca para mim nem algo ousado. Fiz isso para divulgar meu negócio, para que o mercado de Toronto soubesse que eu estava na área." As sempre elaboradas regras da Guinness World Records determinavam que, assim que ele começasse, seus pés não poderiam tocar o chão. Por isso, quando o pneu traseiro escorregou após oito lances e a moto capotou sobre ele, o ileso McGauran mostrou o tipo de coragem que o estabelecimento de um recorde mundial costuma exigir: ele desceu, fez a volta e recomeçou. Em 1989, Lloyd Stamm, chefe do departamento técnico de uma revendedora Suzuki de Vancouver, dirigiu um utilitário Suzuki Samurai até a base da torre e, com a ajuda de oito mecânicos e 54 voluntários da organização social United Way, começou a desmontá-lo e a levá-lo para cima em pedaços. Determinada a não apenas conseguir o feito, como também a fazê-lo rapidamente, a equipe de Stamm tinha treinado a desmontagem e a montagem do carro 15 vezes. Eles só enfrentaram a torre quando sabiam que poderiam deixar o carro em pedaços e montá-lo novamente em menos de duas horas. Foram necessárias mais três horas para a equipe carregar o veículo de 845 quilos até o alto, em 61 pedaços, dos quais o maior era o bloco do motor (pesando cerca de 45 quilos), o que exigiu o esforço de duas pessoas — dois voluntários, claro. O próprio Stamm só teve vigor para uma viagem, carregando o para-lama dianteiro esquerdo, mas alguns no seu exército de voluntários, que incluía triatletas experientes, fizeram várias viagens. "Eles eram incansáveis", recordou Stamm. "Estavam em ótima forma. Parecia que ganhavam a vida carregando pianos. E eu ficava pensando: 'Deus do céu, não consigo dar mais um passo.' E aqueles caras se arrebentaram com o motor." Claro que as regras do Guinness exigiam que a equipe montasse completamente o carro — hoje instalado na torre de observação — e o colocasse em funcionamento. O feito demorou apenas 5 horas e 38 minutos. Para não ser superada, a própria CN Tower conquistou recentemente um novo espaço no *Guinness World Records*, o segundo, por ter a adega de vinhos mais alta do mundo. Até mesmo Ashrita ficou impressionado com a torre, à qual retornou para reduzir em quase meio minuto seu tempo recorde de escalada usando pula-pula. "A maioria dos funcionários de prédios é ranzinza com essas coisas", disse ele por experiência própria, tendo sido recusado pelo Empire State Building e pela Torre Eiffel, entre outros. "Mas na CN Tower eles são malucos. É fantástico como têm a mente aberta. Talvez por serem canadenses."

Isso explicaria muitas coisas. Por exemplo, como o Canadá quebrou mais de cem recordes — mais de duas vezes a cota total de Cingapura — apenas em 2006. Ou por que, segundo a porta-voz do livro no Canadá, Carey Low, no mesmo ano os canadenses fizeram impressionantes 1.433 pedidos de recorde. Isso inclui sete diferentes canadenses que queriam ser reconhecidos por ter os maiores pelos de braço. Embora o Guinness não considere essa categoria merecedora de um recorde, é notável que nenhum outro país tenha reivindicado algum recorde de comprimento de pelo no braço, deixando o placar dessa não categoria em 7x0 para o Canadá. A explicação de Low? "Os canadenses têm pelos longos no braço."

Como observou o *Ottawa Citizen*, "para o bem ou para o mal, o Canadá deixou sua marca como um dos países mais preocupados em tentar quebrar recordes esquisitos e maravilhosos". O país está entre os cinco maiores do mundo em recordes, e o editor Craig Glenday disse ao jornal que sua organização recebe mais procuras per capita do Canadá do que de qualquer outro país do mundo. As vendas corroboram esse interesse, com o país de apenas 33 milhões de habitantes comprando anualmente cerca de 200 mil exemplares do total de 3,5 milhões vendidos. Isso significa que um país com menos de 0,5% da população mundial compra 6% dos livros, uma taxa mais de dez vezes superior à dos seus pares.

No extremo oposto do espectro global Guinness está o Chile, que se destaca por sua escassez de realizações recordistas. Com o quádruplo da população de Cingapura, o Chile apresentou apenas 27 reivindicações de 1990 a 1999. Destas, apenas dez foram aprovadas pela Guinness World Records. Vendo por outro ângulo, em dez anos, quase 17 milhões de chilenos não conseguiram chegar a um terço do resultado de recordes de Ashrita Furman apenas em 2006 — ou 2007. Ashrita quebrou em apenas um mês tantos recordes quanto o Chile levou a década de 1990 inteira para conseguir. O Chile pode ter a economia mais forte da América do Sul, mas é pobre em certificados de Recorde Mundial Guinness, em média apenas um por ano. Ashrita reivindicou dois em um minuto. Até mesmo eu consegui dois em 2004. Entre as tentativas fracassadas estiveram uma maratona de canto de 30 horas, bem abaixo do recorde — mas tentando um nicho específico de músicas exclusivamente latino-americanas —, e a maior fritada do mundo, que segundo o *Financial Times* "custou cerca de 706 animais". Talvez não surpreenda o maior sucesso do país, já que uma das poucas coisas que o livro parece adorar mais do que comida gigante é comida regional gigante, o que pode explicar por que o recorde de maior Pisco Sour do mundo, um coquetel chileno, foi aprovado com rapidez incomum.

O *Guinness World Records* entrou agora na segunda metade de seu primeiro século, mas seu alcance global continua a aumentar, e o volume de estabelecimento de recordes pode ter despertado um dragão adormecido no maior país do mundo. Só depois da abertura do regime comunista da China o livro passou a ser publicado e vendido em mandarim, no final dos anos 1990. Desde então, o estabelecimento de recordes se tornou um fenômeno social, embora os chineses, que chegaram um pouco atrasados à festa, não pareçam compreender as regras tão bem quanto seus adversários globais. Segundo Wu Xiaohong, ex-conferencista universitária que se tornou juíza do Guinness na China, menos de 1% dos pedidos que ela recebe merece ser repassado a seus colegas em Londres — que então recusam nove de cada dez. Ainda assim, o *Daily Telegraph* de Londres noticiou em 2005 que uma mania de quebra de recordes varre o país que já tem a maior população do mundo, o maior Exército e a maior muralha. Só em 2004 foram concedidos vinte novos recordes, muito pouco para um país tão grande, mas representando um crescimento de 25% e finalmente levando o total da China a mais de cem, o suficiente para colocá-la entre os dez mais do mundo pela primeira vez. Pode-se esperar muito mais do país, especialmente se a teoria de Wu estiver certa: "À medida que os chineses levam vidas mais confortáveis, ganham mais tempo para fazer o que gostam. Eles têm tempo para realizar seus sonhos. As pessoas nos telefonam de toda a China. Todas querem ser as melhores; sentem que o livro de recordes é um canal para isso; descobriram um palco no qual se exibir. A sociedade chinesa está mudando. A China está se abrindo ao mundo e quer alcançar os países desenvolvidos."

Enquanto a China acelera rumo ao cenário mundial, alguns países desenvolvidos estão indo na direção oposta, como a Irlanda, justamente onde o *Guinness Book of Records* foi concebido. O país tinha toneladas de recordes, especialmente porque o *Guinness Book of Records* original trazia muitos verbetes para coisas como a maior pedra e o ponto mais alto de cada um dos vários integrantes das Ilhas Britânicas. Mas os tempos mudaram, e hoje todos, dos alemães aos australianos, têm mais recordes que os moradores do condado de Wexford e de suas redondezas. A paixão, o interesse e o orgulho pelo livro ainda são grandes na Irlanda, e a redução dos recordes irlandeses não passou despercebida. Desde o quinquagésimo aniversário do livro, várias matérias abordaram esse tema, e *Irish News*, *Irish Independent* e *Daily Mail* fizeram reportagens analisando especificamente por que a Irlanda aparece muito menos vezes no livro moderno em comparação com o original. Segundo o *Daily Mail*, a resposta não é boa. "Como a Irlanda se saiu nesta edição? Nossas ações no mundo dos recordes em 2007 estão em alta ou em baixa? Infelizmente, as notícias são ruins, não boas. Para começar, não há mais espaço para a dúvida original de sir Hugh sobre o galo-selvagem do condado de Wexford nem espaço para a vaca mais velha do mundo, Big Bertha. O animal da raça fresian nasceu no dia de São Patrício, em 1945, no condado de Kerry, e passou para o grande estábulo do céu em 1993, aos 48 anos de idade. Big Bertha também teve o recorde de reprodução, tendo gerado 39 bezerros — mas as duas categorias foram retiradas do livro."

Os irlandeses ainda mantêm alguns recordes, mas a maioria deles foi retirada do livro para abrir espaço para recém-chegados, como arremesso de máquina de lavar. É interessante perceber que a Irlanda parece ter um número desproporcional de artistas de sucesso, base de muitos de seus recordes. Entre os antigos integrantes do livro que desapareceram e podem ou não ser recordistas oficiais hoje, estão o U2, o organizador do Live Aid Bob Geldof, o dançarino zilionário Michael Flatley, as bandas juvenis Boyzone e Westlife, o sapateador mais rápido do mundo John Devine, o dramaturgo Samuel Beckett, o escritor Bram Stoker e a atriz Greer Garson. O mais impressionante — se, como eu, você nunca ouvira falar nele — é Daniel O'Donnell, que o *Daily Mail* descreve como o "artista mais consistente em vendas da Grã-Bretanha, com pelo menos um álbum entre os 40 mais em todos os anos entre 1991 e 2006". Quem diria.

Apesar de ter perdido Flatey — o mestre de *Riverdance* — e seu recorde de dançarino mais bem-remunerado, a dança irlandesa continua no livro por participação em massa, com os 7.764 dançarinos que mostraram suas habilidades nas ruas de Cork. Qualquer um que tenha dirigido pelas sinuosas estradas do interior da Irlanda e estremecido com a impossibilidade de ver as curvas, porque a densa folhagem bloqueia a visão, não se surpreenderá ao descobrir que a cerca viva mais alta do mundo, com 9 metros de altura, pode ser encontrada no condado de Offaly. Mas talvez a maior reivindicação da Irlanda ao domínio no estabelecimento de recordes seja no jogo nativo de *hurling*, semelhante ao hóquei, no qual a ilha tem todos os cinco recordes relacionados no livro, sustentando a afirmação (não oficial) do *Irish Independent* de que o país é o maior do mundo em *hurling*.

Reconhecidamente, a competição de *hurling* não é tão acirrada no cenário global quanto outros recordes Guinness. Portanto, o domínio mais surpreendente da Irlanda, especialmente considerando-se a disputa acirrada sustentada por sua equivalente anglófona louca por recordes, Índia, e pelos países do Pacífico, igualmente obcecados pelo Guinness, é seu status de país que mais bebe chá na Terra. Os irlandeses consomem 1.184 xícaras de chá per capita por ano, mais que três por dia para cada homem, mulher e criança. Como observa o *Independent*, "é um volume impressionante de chá. Ainda assim é um dos recordes menos interessantes. Comparado com a riqueza das informações absolutamente inúteis oferecidas ao longo do livro todo (maior roupa de baixo, gêmeos mais velhos, caça da Segunda Guerra Mundial mais produzido), uma estatística sobre o consumo de chá não deveria parecer muito importante. Mas era um recorde irlandês. Outros recordes podem ser maiores ou mais vistosos — maior número de baratas comidas em um minuto, alguém se arrisca? —, mas este é nosso". Os editores não esqueceram o orgulho cívico de que o livro desfruta na Ilha Esmeralda, e qualquer ideia de perda de espaço em estabelecimento de recordes pode ser em parte apagada pelo fato de que o país mereceu um gesto único do Guinness com o lançamento em 1994 de

The Guinness Book of Irish Facts & Feats [O Guinness dos fatos e feitos irlandeses]. É de se perguntar por que Índia, Canadá e muitos outros países não receberam suas próprias edições selecionadas, mas apenas traduções do livro-base. Pode ser apenas questão de tempo.

Sejam os irlandeses se aferrando a seu orgulho nacional Guinness de décadas atrás, os chineses abraçando o estabelecimento de recordes como um elemento da crescente liberdade política ou econômica, ou a Índia emulando as superpotências ocidentais, não há dúvida de que o apelo do *Guinness World Records* é global — e crescente. Novos museus dão vida aos recordes na Índia e em outros países, o surgimento da edição em mandarim tornou o livro acessível a praticamente todos os países do mundo e o alcance da televisão é hoje igualmente extenso. Nos dois últimos anos, novos programas sobre recordes foram produzidos pela Guinness World Records TV e lançados na Austrália, na Itália, nas Filipinas, no Vietnã, na Indonésia, no Camboja e na China, onde é transmitido pela Central China, a maior rede de TV do maior país do planeta. Ainda mais recentemente, uma versão em árabe do programa foi produzida e imediatamente comprada por emissoras de 18 diferentes países: Bahrein, Brunei, Iraque, Jordânia, Kuwait, Emirados Árabes Unidos, Líbano, Omã, Qatar, Arábia Saudita, Síria, Iêmen, Argélia, Egito, Líbia, Marrocos, Sudão e Tunísia. Os recém-chegados se juntam às dezenas de países que já tinham programas baseados no *Guinness World Records*, incluindo Japão, França, Alemanha, Espanha, Suécia e Finlândia, elevando o total a cerca de 85 países nos quais a quebra de recordes está no horário nobre. Considerando-se a explosão de feitos bizarros provocada pelo *Record Breakers* da BBC, as ramificações de programas semelhantes espalhadas de repente por todos os cantos do planeta desafiam a imaginação. Agora mesmo, chefs ansiando por seu momento sob os holofotes podem estar batendo a maior tigela de *kimchi* do mundo, o falafel mais pesado, o maior *adobo* ou o maior *doner kebab*. Espere... esse já está n'O Livro.

9
O lado negro: os recordes Guinness do mal

Entre 10 mil e 20 mil pedidos são rejeitados porque as tentativas são arriscadas demais, como a proposta de um garoto de 10 anos de enfiar 135 alfinetes no polegar.
— TORONTO SUN, 15 DE JULHO DE 2007

Uma garota de 10 anos da província de Hunan, na China, nadou durante três horas em um afluente do rio Yang-tsé na terça-feira com mãos e pés amarrados, esperando algum dia entrar para o livro Guinness de recordes. "Da próxima vez ela vai nadar mais, e eu a seguirei em um barco para garantir a segurança", disse o pai.
— INDO-ASIAN NEWS SERVICE, 4 DE OUTUBRO DE 2007

Muitos candidatos a recordistas fracassam em suas tentativas, mas raramente as coisas dão tão errado quanto deram com o falecido Hans Rezac. O efeito do estabelecimento de um recorde é muito variado nos praticantes, e muitas pessoas que conseguiram um Recorde Mundial Guinness desfrutaram do momento ao sol e depois voltaram a viver normalmente, deixando o livro e seus feitos para trás. Outros, como teoriza Jake Halpern, autor do livro *Fame Junkies*, se viciam na excitação produzida pelo estabelecimento de um recorde — como viciados em chocolate, jogo, sexo ou drogas — e não conseguem parar, só obtendo satisfação com mais feitos, frequentemente mais dramáticos. Entre aqueles com disposição para recordes em série há dois grupos, com Ashrita Furman e Joachim Suresh em um extremo, acumulando Recordes Mundiais Guinness como adolescentes que colecionam *cards* de beisebol, mas em tentativas relativamente seguras, sem sinais de dramaticidade ou dificuldade crescente. Ashrita pode conseguir um feito impressionante de resistência física para um recorde e depois quebrar o de maior número de estalada de dedos em um minuto, enquanto alguns de seus recordes são medidos em segundos, em vez de quilômetros ou horas. Ele já saiu machucado, arranhado, ensanguentado e desorientado de suas tentativas, mas, quando fracassa e não consegue fazer flexões ou polichinelos em número suficiente em uma hora para quebrar um recorde, sobrevive para tentar outro dia. O que não é o caso dos que seguem os passos fatais do pioneiro na travessia do Canal da Mancha, Matthew Webb. Aparentemente, em suas segunda e terceira tentativas de conseguir a imortalidade no livro dos recordes, Hans Rezac se viu mais perto da extremidade Webb do que da Furman na escala de perigo.

Rezac era dono de um bar em Viena e apaixonado paraquedista que tinha aberto seu caminho para o Guinness uma vez e estava determinado a repetir a dose. A oportunidade surgiu em 1997, quando Rezac integrou um grupo de elite saltando de um avião e aterrissando no Polo Norte. Foi um feito raro e impressionante, mas seu salto não foi revolucionário, e ele não foi o primeiro a conseguir. Transformar o salto no Polo Norte em seu segundo recorde exigiria muito mais. Para entrar no Guinness, Rezac precisaria de um salto no Polo Sul — no mesmo ano —, algo que ninguém tinha feito.

O paraquedismo tem uma longa e rica história nas páginas do *Guinness World Records* e é uma categoria em que os primeiros recordistas, especialmente em relação aos polos Norte e Sul, são exaltados e imortalizados; nunca desaparecem mesmo quando igualados ou superados. O esporte sempre recebeu bastante espaço e atenção no livro, com uma seção própria no capítulo de esportes e também muitos recordes, quadros e fotos em várias edições. O livro de 1986 tem uma grande foto do paraquedista dr. Jack Wheeler — chamado de "verdadeiro Indiana Jones" pelo *Wall Street Journal* — de pé com seu equipamento no Polo Norte, uma primazia descrita no livro como "Um recorde que não pode ser melhorado após estabelecido". Como o Polo Sul tinha sido conquistado muitos anos antes, o Polo Norte foi, nas primeiras décadas do *Guinness World Records*, o Santo Graal do paraquedismo; em 1972 o recorde de salto mais ao norte ainda estava em 89°30'N, marca que implorava para ser quebrada. Foi o que aconteceu quando o dr. Wheeler pousou no polo em 1981. Com o aumento da procura dos polos Norte e Sul, isoladamente, para se estabelecer recordes de paraquedismo e saltos nas extremidades da Terra, o único recorde inédito que restava era saltar nos dois polos no mesmo ano — exatamente o que Rezac decidiu fazer.

Segundo o *Washington Post*, Rezac se juntou a três outros experientes paraquedistas para fazer a viagem à Antártica. Tais excursões, assim como escaladas guiadas do Everest, são proibitivamente caras para serem feitas sozinho, a não ser para os mais ricos. Os quatro, que não se conheciam antes, se viram unidos pelo destino e pela necessidade de dividir os custos logísticos, que chegavam a 22 mil dólares por pessoa (embora alguns membros da viagem tenham conseguido descontos em função de sua reputação e da publicidade que poderiam dar ao operador da excursão). Os parceiros de Rezac eram três americanos: Michael Kearns, 39 anos, gerente de computação gráfica e ex-capitão da Força Aérea com cerca de 750 saltos; Ray Miller, 43 anos, que, como Rezac, de 49, saltara no Polo Norte; e Steve Mulholland, 36 anos, especializado em salto de estruturas — uma subcategoria que dispensa aviões, com saltos de marcos terrestres como arranha-céus, montanhas e pontes. Mulholland ficou famoso com o primeiro salto autorizado da Space Needle de Seattle, de 60 andares. Segundo o *Post*, Rezac não estava sozinho em busca de sua glória, já que, além de sua tentativa de dois polos em um ano, ele também planejava se juntar aos três companheiros na tentativa de estabelecer o recorde de primeiro "salto livre quádruplo" sobre o Polo Sul. Embora tais manobras sejam comuns entre paraquedistas que saltam e treinam juntos, tinha sido uma tentativa de recorde improvisada. O grupo decidiu que faria isso quando estava no Chile se preparando para a última etapa da viagem, estimulado pela tentativa extra da glória do recorde. Mas no dia 6 de dezembro de 1997, apenas 18 segundos após ter deixado a segurança de seu avião a 2.400 metros, com a temperatura do ar a 100 graus negativos, o grupo conseguiu um recorde muito diferente: o de pior acidente com civis em queda livre em trinta anos. Dois não conseguiram abrir os paraquedas, e os outros os abriram tarde demais. Desses, apenas Kearns, o mais experiente dos quatro, sobreviveu, mas com ferimentos múltiplos. Kearns não conseguiu explicar o que tinha acontecido com os colegas, mas dentre os fatores poderiam estar hipóxia de altitude (uma espécie de embriaguez provocada pelo ar rarefeito), queda livre mais rápida que o normal no ar rarefeito e uma aguda falta de referência visual acima da massa de gelo plana e branca difícil de identificar. Significativamente, Kearns era o único dos quatro a usar um equipamento de segurança automático que detonaria uma carga e abriria o paraquedas caso ele não conseguisse fazer isso manualmente. Isso aconteceu, o que provavelmente salvou sua vida.

Não há nada de novo quando se fala em acidentes e morte no mundo da exploração e da aventura. A corrida para ser o primeiro, o mais alto e rápido provocou a perda de centenas, talvez milhares de vidas. "Acho que um outro verbete do *Guinness World Records* no qual eu poderia ingressar é o de ter sido tirado da água, de helicóptero, seis vezes. A maioria das minhas aventuras terminou em algum tipo de catástrofe", disse o aventureiro bilionário sir Richard Branson. Mesmo quando conseguiu ser bem-sucedido, as coisas raramente foram tranquilas: "Quando cruzamos o Atlântico, fomos em frente e nos tornamos o primeiro balão de ar quente a cruzar o Pacífico. Embora pretendêssemos chegar a Los Angeles, erramos o caminho por 4 mil quilômetros e caímos no Ártico. É claro que tínhamos roupas adequadas a Los Angeles, mas não para 60 graus negativos." De todos os seus muitos recordes, Branson admite sem cerimônia que se orgulha mais da primeira travessia transatlântica de balão, por causa do perigo inerente. "Porque antes de conseguirmos, seis pessoas tinham tentado, e cinco morreram. Certamente era o homem contra os elementos naturais, e foi uma de minhas primeiras grandes aventuras, que adoramos ter conseguido realizar e sobrevivido a ela." Pouco depois de eu ter falado com Branson e pouco antes de entrevistar seu grande amigo Steve Fossett para este livro, Fossett, um aventureiro profissional e o primeiro a fazer um voo solo ao redor do mundo sem reabastecer, morreu em um acidente de avião em outra tentativa de recorde.

Quando as pessoas tentam ampliar os limites em aventuras como exploração, montanhismo ou aviação, algumas morrem no esforço. À luz dessa realidade, e considerando-se algumas das atividades para as quais ela concede certificados, é impressionante que o livro *Guinness World Records* pareça não ter provocado muitas mortes diretamente. Com recordes para saltar de motocicleta, engolir espadas e caminhar na corda bamba a grandes alturas, a falta de "mortes por estabelecimento de recordes" em torno do livro é uma grata surpresa. Como fatalidade, Rezac foi uma rara exceção na caça ao Guinness, mas muitos chegaram perto, e ao longo dos anos vários recordes e várias categorias de recorde foram discretamente eliminados ou modificados por seu perigo implícito. É importante observar que o livro inclui muitos recordes que não foram estabelecidos especificamente para "entrar para o Guinness", e é importante distinguir os feitos de domínio público que os editores escolheram incluir no livro daqueles levados a cabo especificamente para abrir um espaço em suas páginas. Hillary escalou sua montanha, Neil Armstrong caminhou na Lua e Roger Bannister quebrou o recorde da milha em quatro minutos, todos por propósitos elevados; esses tipos de tentativas às vezes perigosas não dependem da existência do livro, uma vez que há outras motivações envolvidas.

Não é o caso de Jackie Bibby, "o Homem-cobra do Texas", que literalmente coloca sua vida em risco toda vez que quebra um de seus recordes com cascavéis, espetáculos perigosos que ele admite claramente serem feitos por causa do reconhecimento do *Guinness World Records*. É fato que Bibby foi mordido por suas cobras venenosas em nove oportunidades, mas não quando tentava estabelecer um Recorde Mundial Guinness (embora seu treinamento para essas tentativas pertença a uma zona muito nebulosa). Da mesma forma, o ferimento mais sério de Ashrita, a laceração de sua mão com o corte de um nervo que exigiu cirurgia, aconteceu enquanto ele treinava, não quando de fato tentava o recorde de equilíbrio de copos — algo que ele nunca faria, não fosse pela existência do livro. O Livro se esquivou de mais bala quando outro de seus recordistas de cobras foi morto durante uma demonstração pública em vez de em uma tentativa de recorde.

Boonreung Buachan, conhecido como "o Homem-cobra", era uma alma gêmea tailandesa de Jackie Bibby e dono do Recorde Mundial Guinness de passar o maior tempo preso com cobras. Entrou para o livro em 1998 após ficar sete dias em uma caixa de vidro com cobras venenosas. Buachan morreu em 2004, mordido por uma de suas najas.

Ao longo dos anos, o Guinness periodicamente tentou criar uma atmosfera de quebra de recordes mais segura, algumas vezes usando regras importantes, em outras apenas conversando. Precauções médicas e observações agora estão presentes entre as regras específicas para muitos tipos de tentativas de recorde, incluindo quase todas as maratonas. De fato, o *Independent* de Londres noticiou que em 1990 o Guinness tinha eliminado todos os recordes de resistência alegando segurança, mas os reintroduziu em 1999 com regras rígidas. Mas as várias edições do livro ao longo dos anos 1990 não mostram isso, e na verdade incluem vários recordes de eventos extremamente longos no período, desde Ashrita Furman carregando o tijolo por 113 quilômetros até uma corrida de camas de 5.172 quilômetros e uma sessão de palmas de 58 horas. Não está claro exatamente quais provas de resistência foram banidas. Da mesma forma, em várias oportunidades a empresa anunciou recordes ou categorias que foram banidos ou, no jargão do Guinness, "aposentados", transformando a última pessoa a estabelecer a marca em recordista vitalício. Isso aconteceu com o recorde de cambalhotas de Ashrita, que lhe provocou náusea e demência, na trilha de Paul Revere. Mas, assim como no caso do suposto veto à resistência, houve muitos casos em que funcionários da Guinness World Records deram entrevistas afirmando que certos recordes ou tipos de recordes não eram mais aprovados... Apenas para seguir em frente e os receber de volta — ou pelo menos para receber variações muito parecidas com a versão banida que não pode ser justificada por nenhuma razão de segurança. Talvez O Livro faça um jogo duplo, pois sabe que o fascínio do perigo é o que apela a seu público principal, mas ao mesmo tempo procura desencorajar problemas jurídicos quando as coisas dão errado.

Nenhuma categoria de recordes gerou tanta polêmica nesse aspecto quanto as relacionadas a comer. Avisos impressos sobre possíveis perigos começaram a aparecer no livro no início dos anos 1970, e esses alertas logo foram reforçados pela proibição específica de recordes envolvendo o consumo de destilados (qualquer volume) ou "grandes quantidades" de cerveja. As competições envolvendo deglutição pareciam ser endêmicas na época, chegando até mesmo às emissoras, pelo menos à ESPN, que transmitia a popular competição anual de ingestão de cachorros-quentes Nathan's Conney Island de 4 de julho. Comer por esporte, caso possa ser chamado assim, evoluiu para quase um fenômeno Guinness, com seu próprio corpo oficial de guardiões de recordes, e aqueles que comiam tudo mais rápido, de apresuntado a cérebros de vaca, se tornaram celebridades em um nicho pequeno, mas com muitos fãs. Porém, apesar de sua nova popularidade, recordes de comer rápido e glutonaria como gênero foram — mais ou menos — banidos pela Guinness World Records já em 1989. Em maio desse ano o *Times* de Londres publicou: "Agora que se reconhece oficialmente que comer pode ser muito prejudicial à saúde, o *Guinness World Records* vai desistir de todos os seus recordes para glutonaria e rápida deglutição." A matéria cita o então editor Donald McFarlan, dizendo: "Hoje consideramos esses recordes não saudáveis e fora de moda à luz da crescente preocupação com a saúde." McFarlan acrescentou que o único recorde do tipo a ser mantido era o de maior onívoro, "por seu valor histórico e nostálgico".

O título de maior onívoro é um dos mais duradouros do livro e há muito tempo é território exclusivo do francês Michel Lotito, mais conhecido pelo apelido de Monsieur Mangetout, ou Sr. Come Tudo, em francês. Lotito entrou para o restrito panteão dos maiores de todos os tempos do Guinness, se tornando um astro, ao lado do Homem-cobra do Texas, de Robert Wadlow e dos gêmeos McCrary. O maior, assim como o mais estranho (seu recorde também apareceu como "dieta mais estranha"), mais feio ou mais artístico é uma definição vaga, e um dos raros casos no *Guinness World Records* em que uma avaliação editorial está fora do âmbito das comparações quantificáveis. Mas o direito de Lotito ao recorde parece inquestionável, já que o cidadão de Grenoble consumiu uma dieta impressionante de coisas amplamente consideradas não comestíveis, incluindo 18 bicicletas, 15 carrinhos de compras, sete televisores, seis candelabros, duas camas, um par de esquis, um computador e um avião inteiro. "Acredito que ele tenha sido o único homem a ter um caixão dentro de si, em vez de fora, quando morreu", disse de Mangetout o atual editor do *Guinness World Records*, Craig Glenday.

Lotito foi a inspiração para o personagem-título do romance *O homem que comeu o 747*, de Ben Sherwood. Sherwood teve um grau incomum de acesso aos bastidores das operações de recorde da empresa graças à sua amizade com Mark Young, então editor da versão americana. Ele vasculhou arquivos, leu propostas de recordes e assistiu a tentativas antes de escrever o romance, que apresenta um alto nível de realismo e experiência. "Meu interesse era do ponto de vista da ficção. Você verá que no romance o livro não é chamado de *Guinness Book of Records*, porque esta é uma marca registrada e você não pode fazer isso, então o meu se chama *Book of Records*. Eu criei um personagem que fosse o que eu queria, um cara percorrendo o mundo sob a pressão de conseguir mais, maiores e melhores recordes." Esse cara que percorre o mundo é o protagonista, uma espécie de romântico viajante detetive de recordes, que não tem equivalente na vida real, mas foi um amálgama do Guardião dos Recordes do livro com a visão infantil de Sherwood de como o livro *deveria* ter sido feito — buscando mais a glória dos superlativos que o lucro. No romance, o homem do *Book of Records* chega a Superior, Nebraska, cidade batizada com um superlativo, onde um fazendeiro local está sistematicamente esmagando e engolindo um avião inteiro, um 747 que caiu em seu milharal anos antes e foi abandonado. O pesquisador visita a fazenda e descreve entusiasmado o que vê como a maior das muitas tentativas de recordes que ele já testemunhara. Quando o dedicado mastigador está quase terminando, a matriz londrina do *Book of Records* ficcional de Sherwood de repente interrompe a tentativa, decidindo que é perigoso demais e zombando da sociedade americana muito litigante. Em uma memorável discussão telefônica com seu superior, o verificador itinerante de recordes ouve: "O problema é que estamos com imitadores. Uma mulher em Gana está comendo um edifício comercial; uma família do Marrocos está comendo uma ponte; um homem na Malásia está comendo um transatlântico. Não sabemos onde isso irá parar." Por intermédio desse absurdo exagero de implausível ingestão, Sherwood dá um golpe certeiro no mundo dos recordes Guinness, e seu romance é um caso claro de arte imitando a vida dos imitadores de recordes.

Embora a tentativa de comer um 747 seja intencionalmente absurda, Lotito de fato abriu seu caminho para o *Guinness World Records* a dentadas, consumindo um avião inteiro, igualmente caído, embora tenha sido "apenas" um monomotor Cessna 104 de quatro lugares, um chamado "avião leve" — pelo menos até você tentar comer um. Embora a ingestão de aviões não seja mais endossada hoje pelo livro, a ingestão acelerada está de volta ao mundo aceitável do *Guinness World Records*, a despeito da proibição de 1989. O livro atual destaca recordes baseados em tempo para o consumo em massa de tudo, desde molho Tabasco e pimentas-jalapenho até couves-de-bruxelas e *donuts*, este último com recordes distintos para as versões simples e com geleia. O veto aos destilados, porém, parece ter resistido, e, embora seja difícil imaginar alguém aprovando recordes para entornar vodca ou similares, permanecem aqueles, quase tão politicamente incorretos, de enxugar cerveja (incluindo o de *stouts* ao estilo Guinness). Há até mesmo um recorde para beber cerveja de cabeça para baixo, o que não é exatamente considerado um modelo de comportamento seguro. Apesar do aparente perigo de encorajar a ingestão rápida de cerveja, esta categoria tem uma história rica que remonta à primeira edição, de 1955, a única sem qualquer conquista feita para o Guinness. O livro verde original faz corar os beberrões de hoje, que pelas regras são limitados a no máximo dois litros, com recordes de velocidade para cerveja (24 canecas em 52 minutos) e vinho (40 canecas em 59 minutos). Mesmo em 1971, qual editor acharia boa a ideia de o livro incluir um recorde de maior bebedor do mundo? Claro que eles não chamaram o recorde assim. O título mais eloquente para esse recorde foi o de "indivíduo mais alcoólico". Independentemente do nome, o bebedor londrino era impressionante, tomando em média quatro garrafas de vinho do Porto por dia, o equivalente a 2,4 litros de vinho fortificante, com graduação alcoólica consideravelmente superior à dos vinhos normais. Ele manteve esse ritmo frenético por 23 anos seguidos, até sua morte nada surpreendente aos 61 anos. Se ele tivesse vivido na época atual, mais ecológica, poderia ter sido classificado como o "maior produtor de lixo reciclável", já que estima-se que ele tenha deixado 35.688 garrafas vazias.

O mais antigo aviso impresso no livro alertando para riscos potenciais em quebras de recordes que consegui encontrar foi na edição de 1971. Ela trouxe um aviso em vermelho na sessão em preto e branco de recordes gastronômicos, sugerindo que, embora não houvesse registros de alguém ter sucumbido durante uma disputa de comer ou beber, tais tentativas eram clinicamente "não recomendáveis". Foi uma lição que Bennet D'Angelo aprendeu da pior forma possível, quando entrou para a história do sorvete e para as páginas do *Guinness World Records* ao vencer uma disputa em que engoliu 1,6 quilo da sobremesa em apenas 90 segundos. Logo em seguida, ele ficou enjoado, o rosto permaneceu dormente a maior parte do dia, e, quando finalmente voltou a senti-lo, descobriu que o frio tinha amolecido um dente e sua obturação caíra. Ele não estava só: todos os outros 27 competidores também passaram mal.

O alerta de 1971, em textos ligeiramente diferentes, continuou a aparecer todos os anos até 1979, quando foi significativamente reforçado com o acréscimo de proibições específicas. "O *GWR* não aceitará recordes envolvendo o consumo de mais de dois litros de cerveja nem qualquer um que envolva destilados." Os editores provavelmente estavam menos preocupados com os problemas de D'Angelo com o sorvete que com o galês que tentou apelar à história do Guinness estabelecendo um recorde por beber a *stout* homônima. Ele engoliu 75 canecas da cerveja Guinness em 50 minutos e 30 segundos, mas os editores fizeram uma exceção por causa de sua técnica, dizendo ao *Times*: "Este senhor regurgitou o que tinha bebido na metade do caminho. Não temos o poder de impedi-lo, mas consideramos que tais espetáculos não são do interesse de ninguém." A despeito das mudanças nas regras, a nova quantidade máxima ainda deixa muito espaço para vários recordes remanescentes de beber rápido, incluindo a jarda de *ale* mais rápida e a rodada de cerveja mais rápida da Universidade de Oxford, ambas correspondendo a mais ou menos duas canecas. Aqueles interessados em quebrar o recorde por beber cerveja de cabeça para baixo gostarão de saber que isso ficou mais seguro com a transformação do arriscado "maior número de cervejas consumidas quando invertido" no aparentemente inofensivo "menor tempo para engolir um Imperial Pint (568ml de cerveja)", que permanece no livro até hoje — em impressionantes 3 segundos. Parece surpreendente que a edição de 1979 ainda inclua esse incomum recorde de cerveja, especialmente considerando-se que oito anos antes, quando foi avaliada a proibição de recordes gastronômicos, um funcionário da Guinness disse ao *Times* que "alguns dos recordes foram de tal modo levados a extremos que é perigoso tentar quebrá-los. Alguém recentemente se feriu tentando quebrar o recorde de beber cerveja de pé sobre a cabeça de alguém". O aviso de 1979 também proíbe recordes alimentares que envolvam alimentos "potencialmente perigosos", entre eles — mas não limitados a — formigas vivas, gomas de mascar, marshmallows e ovos crus com casca. Para o leitor atento, isso sugere que formigas mortas, ovos crus sem casca e ovos cozidos com casca supostamente ainda são permitidos, o que leva à dúvida de se a preocupação quanto à segurança dos ovos dizia respeito a estarem crus ou com casca, não esclarecida na proibição. Em um raro comentário editorial explícito ao final desse alerta, aparentemente dirigido a Michel Lotito, os editores classificaram comer uma bicicleta como o "cúmulo da estupidez", mas ainda assim o incluíram com a justificativa de que provavelmente não seria repetido. Nem todos os recordes alimentares foram eliminados no interesse da segurança, como quando David Boehm, veterano editor e interpretador das regras da edição americana, cortou da lista aprovada o consumo de peixinhos dourados. Seu raciocínio? Os peixinhos dourados comidos estavam cada vez menores, tornando o recorde menos difícil. "O peixinho dourado diminuiu para o tamanho de caviar", queixou-se Boehm.

É interessante que o Guinness considere perigoso comer formigas vivas, mas que segurar com a boca escorpiões vivos (o maior, de 17,5 centímetros, garantiu página dupla) e cascavéis vivas (máximo de 12) seja estimulado em texto e fotos, e ainda por aparições de Jackie Bibby, "o Homem-cobra do Texas", na TV e em eventos especiais. Assim, Bibby, que foi mordido muitas vezes por cascavéis — sem efeitos prejudiciais a longo prazo —, pode achar que até mesmo seu número mais arriscado de sentar em uma banheira com mais de cem cascavéis é algo seguro. Geralmente, mordidas de cascavéis não são letais, e há muito soro disponível nos hospitais. Não é o caso de muitas outras espécies de cobras venenosas, e poderíamos pensar no que o livro diria caso Bibby decidisse quebrar o recorde muito mais antigo de Peter Snyman. Em 1979, mesmo ano em que o livro proibiu os recordes de goma de mascar por serem perigosos demais, Snyman, que abriu o caminho para gente como Bibby, passou 50 dias e 7 horas em uma jaula de 7 metros quadrados — tamanho de um banheiro — com duas dúzias de cobras muito venenosas, uma variedade letal impressionante que incluía mambas, najas, cerastas e cobras-de-papo. Por quê? Para estabelecer o recorde de "mais tempo dentro de um ninho de cobras", claro.

Apesar dos alertas, dos vetos regulares e variados, e de frequentes avisos dados por porta-vozes da Guinness World Records em entrevistas, recordes alimentares continuaram a aparecer sob muitas formas. Em 1996, a funcionária do Guinness Carole Jones disse ao *Los Angeles Times* que a glutonaria como categoria tinha sido "retirada em 1990. Mesmo o número de panquecas comidas em um minuto pode ser bastante perigoso para um indivíduo. Além disso, com tanta gente passando fome no mundo, não é nada diplomático". Contudo, quatro anos depois, a edição do milênio ainda incluiu o recorde de maior número de relógios comidos. Da mesma forma, o banimento de recordes de "glutonaria e ingestão rápida" aparentemente não se aplica a concursos que envolvam pizza. A Guinness World Records não apenas aceitou a tentativa do belga Tom Waes, em 2 de dezembro de 2006, como ainda a exibiu em seu site. Waes comeu uma pizza de 30 centímetros em 19,91 segundos, tornando-se assim o mais rápido comedor de pizza, pelo menos na categoria 30 centímetros. Se a simples ingestão de panquecas é considerada perigosa, por que a edição de 2008 inclui o reconhecimento do maior número de salsichas engolidas inteiras em um minuto, feito que soa muito mais perigoso, ou recordes de velocidade de quantidade para comer ou beber mais de duas dúzias de coisas, de molho Tabasco a almôndegas, passando pela veterana cerveja? Mas aqueles preocupados com segurança gostarão de saber que marshmallows e formigas vivas não estão entre as categorias ressuscitadas que aparecem impressas.

Recordes de comida e de resistência podem simplesmente ser bons demais para serem abandonados e foram esteio do livro desde sua concepção, mas não são os únicos feitos recordistas perigosos a serem banidos e depois novamente aceitos no rebanho. A edição de 1980, preocupada com a segurança, incluiu um aviso de que não seriam mais relacionadas novas maratonas de *disc-jockey* depois que Dave Belmondo chegou à marca de 2.016 horas. Como esse número excede em muito todas as maratonas de outras tentativas e qualquer recorde de permanecer acordado, ele parece absolutamente implausível. Pode ter sido alcançado sob regras e parâmetros distintos daqueles que regulam outras maratonas, ou mesmo outros recordes de maratona de DJ; desde a destruição de pianos, nos primórdios da publicação, o livro tem uma tendência a mudar as regras durante o jogo. Seja como for, a despeito do alerta, o recorde de maratona de DJ resiste — continua a ser um dos recordes mais buscados e publicados entre todos no livro. De fato, o site da Guinness World Records o dá como resposta à pergunta "Qual recorde é o mais quebrado?", dizendo que todo mês é feita uma tentativa. O livro de 2008 indica o recorde como de apenas 125 horas e afirma que em média o recorde é quebrado três vezes por ano, o que sugere que quaisquer que tenham sido as circunstâncias bizarras que levaram ao recorde de 2.016 horas de Belmondo, elas foram corrigidas.

Outro alerta de segurança impresso no livro mas amplamente ignorado diz respeito ao recorde de cama de pregos, que foi oficialmente "aposentado" na mesma edição de 1980. Naquela época, o peso colocado nos peitos dos recordistas tinha passado de 750 quilos, e o livro observou que "não serão estudados nem publicados novos pedidos de registro". A proibição foi mal-escrita e aparentemente se refere não ao recorde de cama de pregos "padrão", que é simplesmente se deitar sobre pregos, mas ao chamado recorde da dama de ferro; neste, o participante é ensanduichado entre duas camas de pregos. Nos dois casos, empilhar pesos o torna mais interessante. O feito da dama de ferro era tão popular que no Ano-novo de 1977, quando David Boehm, o fundador da Sterling Publishing, organizou um festival de quebra de recordes para entrar o novo ano no Guinness World Records Museum de Nova York, ele estava incluído. Mestre Chi, cujo nome verdadeiro era Ronald Chamberlain, ficou ensanduichado entre duas camas de pregos enquanto 639 quilos eram colocados sobre ele, assim estabelecendo um novo recorde. Como não era de se arriscar, mestre Chi foi cauteloso e se preparou ao deitar em uma única cama de pregos e mandou um assistente acertar seu peito com um machado. Depois mandou o ajudante quebrar um bloco de cimento com um golpe de marreta, o que foi mais interessante, já que o bloco estava sobre uma estaca de metal com a ponta apoiada em seu peito. Só depois dessa preparação elaborada foi que ele quebrou o recorde da dama de ferro. Nesse momento, o Guinness aparentemente se deu conta de que não podia confiar em que todo recordista demonstrasse a cautela e o profissionalismo do mestre Chi, e três anos depois baniu o evento. Deve ter sido uma péssima notícia para o mestre Chi, já que ele tinha anunciado seus planos para melhorar a marca fazendo um ônibus de 44 passageiros passar sobre ele enquanto estivesse na dama de ferro. Felizmente, mestre Chi, que dizia que "só existe dor quando você a aceita", tinha um plano alternativo: um dia saltar de um avião 1,6 quilômetro acima do oceano para ver o que acontecia (aparentemente ele nunca tentou isso). Antes, as duas variações do recorde de cama de pregos eram impressas juntas, como verbetes conjugados, e, embora a dama de ferro tenha desaparecido depois da proibição de 1980, o recorde padrão continuou a aparecer... e a ser quebrado. Apesar da justificativa inicial, tanto o recorde da dama de ferro quanto o de peso da cama de pregos acabaram sendo considerados atraentes demais para ser ignorados: um recorde de cama de pregos tripla retornou em 2000, e o livro mais recente inclui o recorde de Chad Netherland de ter centenas de quilos de blocos de concreto quebrados em seu peito com uma marreta enquanto deitado em uma cama de pregos. Netherland é um recordista em série especializado em feitos de força e perigo aparente; também é empregado da concorrente Ripley's Entertainment, que publica o *Ripley's Believe It or Not*.

A política de vaivém do livro em relação à segurança tem alguns momentos brilhantes. Em um gesto de racionalidade assustadoramente previdente em 1989, o livro baniu todos os "recordes de mais jovem" para pilotos, decisão que foi justificada em 1996, quando, infelizmente, Jessica Dubroff, de 7 anos, morreu ao tentar se tornar a pessoa mais jovem a atravessar os Estados Unidos pelo ar, juntamente com seu pai, Lloyd Dubroff, e o instrutor de voo Joe Reid. Como muitos recordes imitados, a ideia da proeza nasceu quando o pai de Jessica leu sobre o voo de costa a costa de outra jovem. Jessica tinha ganhado um voo em um avião particular como presente por seu sexto aniversário, e surpreendentemente estava pilotando em um voo transcontinental apenas um ano depois, tendo se acidentado fatalmente um dia antes da data marcada para que ela e o pai aparecessem no *Today Show* da NBC, segundo o *Washington Post*. O jornal noticiou que a Associação Aeronáutica Nacional e o *Guinness World Records* tinham parado de registrar esses feitos. O porta-voz do Guinness, Mark Young, explicou que os pilotos estavam se tornando perigosamente jovens. "Primeiro recebemos o pedido de um menino de 11 anos; depois, de um de 10 anos; e finalmente de um de 9 anos. O pai ligava para nós, ou uma escola de pilotagem, mas normalmente o pai." A decisão do livro de parar de registrar voos de longa distância feitos por crianças provocou telefonemas de pais e mães furiosos, segundo Young. "Os pais nos dizem que estamos impedindo as crianças de realizar suas ambições. 'Como podem não reconhecer esses garotos quando reconhecem malabarismo com bolas, pular corda, todas essas coisas?'"

A aviação e o livro Guinness aparentemente não se encaixam, seja no caso de pessoas comendo aviões, voando ou saltando deles. O mesmo vale para helicópteros, como descobriram Jennifer Murray e Colin Bodill. Em 2003, Murray, uma avó britânica de 63 anos, e seu amigo Bodill tentaram se tornar os primeiros a pilotar um helicóptero, um Bell 407, em uma volta ao mundo pelos polos Norte e Sul, em um esforço apelidado de Primeiro Polar. Eles não conseguiram e tiveram a sorte de sair com vida — Murray com um braço quebrado e seu copiloto com ferimentos no peito — após caírem na Antártica em meio a uma nevasca, passado um terço da viagem. Murray não era uma novata inexperiente, e já havia estabelecido o recorde mundial de primeira mulher a circum-navegar o globo, em 1997. No momento em que ela estava prestes a decolar para o Primeiro Polar, seu marido, também de 63 anos, estava tentando se tornar o homem mais velho a caminhar até o Polo Sul sem apoio. Eles quase conseguiram o que seria em si um feito inédito, uma reunião de família não planejada na Antártica.

Alguns dos tristes incidentes sofridos por recordistas têm pouco a ver com suas tentativas de entrar para o livro, sendo em vez disso fruto de suas habilidades únicas. Um caso memorável envolveu William Fucqua, morador de Fort Worth,

Texas, militar do Exército com um talento incomum que lhe permitia ganhar a vida como manequim humano. Seu dom especial? A capacidade de permanecer absolutamente imóvel por longos períodos de tempo. Fucqua entrou para o livro em 1971 por passar quatro horas e meia absolutamente imóvel. Nem o recorde nem seu trabalho pareciam especialmente perigosos, de modo que Fucqua ficou provavelmente tão surpreso quanto todo mundo ao ser esfaqueado em uma loja de departamentos por um marido palerma determinado a "provar" à esposa que a estátua humana não passava de um manequim realista. Esse tipo de risco profissional talvez ajude a explicar por que o *Guinness World Records* informou que Fucqua ganhava impressionantes 1.300 dólares por hora por esse trabalho.

Embora muitos recordes proibidos tenham ressurgido após períodos curtos ou longos de ausência, algumas categorias banidas de fato ficaram fora do livro e parecem ter desaparecido permanentemente, como a de piloto mais jovem, recordes de velocidade em estradas públicas e cabo de guerra. Embora a popularidade dos recordes gastronômicos torne difícil para a Guinness World Records ignorá-los, a decisão de descartar o cabo de guerra parece banal aos leitores de hoje, mas a competição foi um dos esteios do livro por muitos anos, merecendo um capítulo à parte na seção de esportes. Apenas em 1979 houve cinco diferentes recordes de cabo de guerra listados. A mudança já era cogitada em 1974, quando oficiais da Marinha Real tentaram quebrar o recorde de cabo de guerra em Gibraltar, só conseguindo, porém, arrebentar a corda; as pernas de dois marinheiros ficaram fraturadas e as costelas de um terceiro quebraram. Havia de cada lado trezentos membros dos comandos da Marinha Real de Plymouth e Portsmouth, mas seiscentos marinheiros em boa forma ansiosos por um lugar no *Guinness Book of Records* se mostraram demais, mesmo para uma corda usada em serviços pesados. Em 1995, um garoto morreu esmagado na Alemanha quando outro cabo de guerra gigantesco deu errado. Em 2006, John DiPietro, de Eastport, Maryland, descobriu em primeira mão a relutância do livro dos recordes. DiPietro anualmente organiza um cabo de guerra épico do tamanho de uma cidade, conhecido regionalmente como "Massacre sobre as águas", que ele apresentou à Guinness World Records como o maior cabo de guerra sobre uma massa de água usando uma corda de 510 metros. Mas, como DiPietro contou ao *Washington Post*, "nós o submetemos ao *Guinness Book of World Records*, mas eles não certificam cabos de guerra por causa do perigo inerente". Embora desapontados por não serem incluídos no livro, os participantes do evento não desanimaram, porque, como DiPietro explicou, "nós rimos diante do perigo".

Apesar das boas intenções do livro, com frequência parece não haver lógica na escolha de quais atividades são perigosas e quais não são. Embora o azar dos bravos oficiais da Marinha britânica não deva ser minimizado, é difícil para o observador comum considerar o cabo de guerra, um recorde que aparentemente foi aposentado (segundo a experiência de DiPietro), mais perigoso que, digamos, tentar impedir a decolagem de dois aviões em direções opostas segurando-os com cordas. Isso foi descrito em um release anterior à tentativa como um caso em que o candidato a recordista "se arriscará a literalmente ter os braços arrancados". O candidato potencialmente sem braços era ninguém menos que Chad Netherland, o recordista de blocos de concreto esmagados no peito quando deitado em uma cama de pregos. O recorde anterior de segurar aviões, do halterofilista finlandês quatro vezes campeão olímpico Ilkka Nummisto, era de 54 segundos. Netherland pretendia passar um minuto inteiro segurando dois aviões tentando decolar em direções opostas, recorde que nunca tinha sido de um americano. "Na vida, a maior vitória traz o risco de um grande fracasso. Isto na verdade é muito mais perigoso do que ter 400 quilos de concreto quebrados no meu peito com uma marreta, deitado em uma cama de pregos — estou acostumado a isso!" Netherland não apenas conseguiu, conquistando seu quinto Recorde Mundial Guinness, como imediatamente, depois de ter certeza de que ainda tinha todos os membros, pediu sua namorada em casamento na pista.

Já em 1981 David Boehm se preocupava com recordes perigosos. Como escreveu posteriormente, "uma das muitas divergências que eu tinha com [o diretor] Marv Minoff e David Frost era a propensão deles a incluir — na verdade apresentar — proezas perigosas nos programas de TV sobre o Guinness". A censura foi feita pelo mesmo Boehm que promoveu o feito da dama de ferro do mestre Chi, com direito a golpes de machado no peito nu do recordista. Sua preocupação surgiu mais ou menos na mesma época em que o livro de 1980 incluía vários alertas e proibições impressos e que os representantes da empresa continuavam a falar sobre isso. "Apenas não queremos encorajar recordes que sejam gratuitamente perigosos", disse em 1996 ao *Los Angeles Times* Peter Matthews, editor consultivo do Guinness.

É difícil pensar em coisas mais gratuitamente perigosas do que recordes de esmagar concreto com uma marreta sobre alguém deitado em uma cama de pregos ou se arriscar a ser arrastado e esquartejado por aviões. Portanto, quais tentativas a Guinness World Records realmente baniu além do cabo de guerra? Animais de estimação acima do peso, por exemplo. Notas em várias edições recentes, incluindo a de 2008, lembram aos leitores que pedidos de "animal de estimação mais pesado" não são mais aceitos, já que alguns donos estavam alimentando seus animais à força. "Esse acabou", disse o porta-voz Alistair Richards. Na época, pelo menos segundo as poucas regras divulgadas, também tinham sido banidos recordes de "animal de estimação mais leve", pelo similar risco potencial de donos obrigarem o animal a passar fome, mas o livro contorna isso criativamente permitindo o recorde de "menor" cão. A privação de sono também foi banida. Tente quebrar o recorde de permanecer acordado e você sofrerá as terríveis consequências que enfrentou Tony Wright, de Cornish, Inglaterra. Em uma tentativa de superar a marca de 264 horas, estabelecida em 1964 pelo americano Randy Gardner, Wright passou mais de 11 dias sem tirar um cochilo, permanecendo de pé por 266 horas, apenas para descobrir que a Guinness World Records tinha aposentado o recorde por questões de saúde. Jogando sal nas próprias feridas, Wright descobriu tarde demais que não apenas o recorde não podia ser quebrado como Gardner sequer era o recordista. O recordista era Toimi Soini, da Finlândia, que superara Gardner no ano seguinte, 1965, e esteve no livro com seu recorde de 275 horas até 1990, quando "privação de sono" deixou de ser categoria. O truque — e com tantos recordes supostamente aposentados sempre parece haver um truque — é que o livro ainda reconhece uma série de outros recordes de maratona, incluindo o meu próprio de jogo de pôquer ininterrupto, que para todos os propósitos são recordes de privação de sono de fato e podem muito bem superar os de Wright, Gardner e Soini desde que não sejam chamados de recordes de privação de sono.

No caso de Wright, ele confiou no próprio livro como base para ir em frente com uma tentativa que presumivelmente não teria sido previamente aprovada. Mas no caso de recordes aposentados por serem perigosos, às vezes nenhuma preparação pode garantir a confiança por parte da empresa, como quando Ashrita Furman falou dos funcionários mudando de ideia sobre permitir que ele tentasse o recorde de cambalhotas para a frente. Isso pode ser especialmente frustrante quando a tentativa feita em vão coloca a vida em risco. Robert Masterson, presidente da Ripley's Entertainment, descreveu um caso assim.

> *Eis um exemplo que mostra a frustração do público com a forma pela qual a Guinness World Records faz as coisas. Como nós administramos os museus, as pessoas nos procuram para quebrar recordes, e explicamos como entrar em contato com a Guinness. Bem, há um recorde do maior número de vezes que alguém beijou uma cobra. Então um cara da Tailândia nos procurou para quebrá-lo, e nós o colocamos em contato com a Guinness World Records. Eles explicaram tudo, como ele tinha de fazer, qual tinha de ser a altura da mesa, todas as regras, e ele fez, pegou as cobras, fez tudo do modo como disseram explicitamente que ele teria de fazer, arriscando a vida, e depois disseram a ele: "Lamentamos, mas o recorde foi aposentado." Fico pensando: por que não disseram isso a ele antes? Agora você tem um eterno inimigo. Ele fez exatamente o que mandaram fazer, poderia ter sido morto, contou a todos os amigos que tinha quebrado um recorde e acabou sem nada para mostrar a não ser a frustração. Esse tipo de coisa acontece o tempo todo.*

Enquanto várias categorias de recordes foram banidas, esquecidas ou aposentadas, outras são tão obviamente perigosas que nunca chegaram a ser aprovadas. Foi o caso do homem que fez consultas sobre estabelecer um recorde para passar o maior tempo em uma câmara cheia de gás lacrimogêneo. "Não o queríamos no livro porque todas as outras pessoas perturbadas tentariam quebrar", explicou o editor Donald McFarlan. O interessado no recorde de cair lances de escadas recebeu a mesma resposta. Da mesma forma, pode não ter importância para muitos aspirantes a recordes mundiais, mas outro tipo de recorde difícil de ser aceito pelo livro é um que envolve retirar grandes áreas de pele do corpo. Em 2007, o funcionário público Barry Kwok, de Hong Kong, mandou à equipe do livro um pedaço de pele queimada de sol de 22 centímetros que ele alegou ter arrancado do peito em 1979 e guardado por quase trinta anos. Kwok contou que ele e sua irmã precisaram de cerca de 90 minutos para remover a pele. Acreditava ser o maior pedaço solto de pele queimada do mundo, que, de forma impressionante, saiu de seu corpo na forma de um mapa da China. A Guinness World Records se recusou a dar um certificado a Kwok, mas o júri ainda não chegou a uma conclusão sobre o destino de futuros aficionados por pele descascada. Enquanto o atual editor Craig Glenday disse candidamente ao *Birmingham Post* que "não queríamos outras pessoas arrancando pedaços da pele para tentar quebrar o recorde", outros funcionários da Guinness World Records contaram ao *Times* que negaram o recorde a Kwok simplesmente porque ele não podia provar que a pele era dele.

O recorde não oficial de tentativa fracassada de recorde bizarro tem de pertencer à família Murugesan. Apesar da mania de recordes pela qual a Índia é conhecida, é difícil imaginar exatamente no que o dr. K. Murugesan e sua esposa, também médica, estavam pensando quando permitiram que seu filho de 15 anos realizasse uma cesariana em uma paciente aparentemente não informada sobre isso, em uma tentativa de que ele entrasse para o *Guinness World Records* como o "cirurgião mais jovem". O casal é dono de uma maternidade particular, na qual, em 2007, o filho Dhileepan Raj realizou a operação, sob a supervisão deles, em uma mulher de 20 anos anestesiada. O orgulhoso pai gravou a operação e depois a exibiu para uma seção da Associação Médica Indiana, explicando à plateia que desejava que seu filho conseguisse o recorde mundial de cirurgião mais jovem do mundo. Para sua surpresa, os colegas ficaram mais horrorizados que impressionados, então Murugesan contou que não era apenas capricho ou sorte; ele estava treinando o filho havia três anos, e aquela não era a primeira cirurgia do adolescente. Segundo o *Times*, "quando os membros da seção reagiram horrorizados, acusando-o de violar a ética médica, o dr. Murugesan disse que não tinha feito nada de errado e os acusou de estarem com inveja da realização do filho. Ele argumentou que, se um menino de 10 anos pode dirigir um carro e um de 15 anos pode se formar em medicina nos Estados Unidos, seu filho deveria poder ser cirurgião. 'Estávamos todos chocados, mas Murugesan simplesmente não escutava', disse Venkatesh Prasad, secretário da Associação Médica de Manaparai. 'Ele disse que estávamos com inveja e por isso não reconhecíamos o progresso de seu filho. Não pensava na ética da cirurgia.'" As autoridades começaram imediatamente uma investigação profissional e criminal sobre o caso, e Amarilis Espinoza, porta-voz da Guinness World Records, disse à Associated Press que o livro não endossava feitos como aquele porque isso encorajaria uma "má medicina". Como milhares de candidatos a recordista antes dele, dr. K. Murugesan aparentemente cometeu o erro clássico de não submeter as peculiaridades da tentativa de recorde ao livro antecipadamente. O *Times* observou ainda que o incidente "também demonstra o persistente fascínio dos indianos pelo estabelecimento de recordes, mesmo quando eles colocam vidas em perigo. Ano passado um garoto de 4 anos quis correr uma maratona de 69 quilômetros em uma tentativa de entrar para a versão indiana do *Guinness World Records*. Os médicos detiveram o menino quando ele mostrou sinais de exaustão após 64 quilômetros, e depois descobriram que ele estava subnutrido, anêmico e sofrendo de estresse cardíaco".

Outra vítima das regras de segurança do livro é o artista americano David Blaine, que de alguma forma ganhava a vida e estrelava especiais de TV fazendo exatamente o tipo de coisa que os detentores de Recordes Mundiais Guinness fizeram durante anos sem recompensa financeira — mas ele fazia de modo muito menos impressionante. Blaine foi enterrado vivo, uma categoria muito disputada desde a primeira edição e na qual ele não é particularmente bom. Sua última proeza foi se trancar em uma caixa, uma variação acima do enterro. Em setembro de 2003, Blaine foi lacrado em uma caixa de acrílico suspensa da ponte da Torre de Londres, sobre o rio Tâmisa, com o objetivo de passar fome durante 42 dias. Embora Blaine costume se definir como mágico, esse não foi um recorde mundial nem um truque de mágica, mas um estranho híbrido de resistência física e arte performática. A tentativa, intitulada "Acima do vazio", aparentemente foi concebida unicamente para conseguir a atenção da mídia, o mais perto que ele já chegou de ter algo em comum com verdadeiros recordistas mundiais Guinness. Os funcionários do livro disseram ter sido procurados pelo artista, pedindo que seus feitos fossem reconhecidos, mas uma porta-voz respondeu: "Desejamos tudo de bom, mas ele está muito longe de superar os inacreditáveis recordistas Guinness." Da mesma forma, o livro descartou seus esforços anteriores — incluindo ser enterrado vivo e morar em um bloco de gelo — por não terem quebrado recorde algum. A proeza de Blaine na caixa sobre o Tâmisa também não atendeu ao exame dos fiscais de recordes em dois pontos. Considerou-se que a casa temporária de 2 metros não era tão pequena quanto a dos atuais recordistas para esse tipo de confinamento, e, do ponto de vista da segurança, o livro se recusa a endossar recordes de jejum, apesar de já ter apresentado uma categoria de greve de fome. O Guardião dos Recordes Stewart Newport contou ao *Evening Times* de Glasgow: "Nunca encorajamos ativamente reivindicações do maior tempo passado voluntariamente sem comida sólida." A seu favor, Newport fez a pergunta retórica que cerca tantas tentativas fracassadas de quebra de recordes: "Se você quebrar o 'recorde' e depois morrer, a tentativa foi bem-sucedida?"

Uma resposta silenciosa à pergunta de Newport é Hans Rezac, o saltador cuja tentativa de estabelecer um Recorde Mundial Guinness pulando de paraquedas sobre o Polo Sul não deu a ele um lugar no livro, e sim o matou. Será que Rezac teria saltado não fosse pelo recorde? Ninguém pode dizer, mas isso não importa: seu voo estava cheio de outros paraquedistas, alguns sobreviveram e outros morreram, com ou sem livro dos recordes, e eles não serão os últimos a tentar. Aqueles que buscam a descarga de adrenalina, a promessa de fama ou a superação dos medos continuarão a se ferir e a morrer, talvez influenciados pela glória que acompanha o ingresso no Guinness, talvez não. "As pessoas fazem coisas perigosas independentemente de nós as registrarmos", disse Craig Glenday ao *Financial Times*. Isso certamente é verdade, mas também é razoável supor que há uma probabilidade maior de mais pessoas tentarem quebrar recordes por eles serem confirmados como tais do que apenas como proezas malucas únicas. Na mesma matéria, o *Financial Times* observou que "ele [Glenday] chama a atenção para uma mania japonesa chamada queda livre banzai, na qual os participantes jogam seus paraquedas e depois saltam atrás, tentando agarrá-los durante a queda. Essa está no livro". Apenas não tente fazer isso comendo marshmallows.

Epílogo

Que viagem longa e estranha foi essa.

Há quatro anos eu tive a ideia de fazer uma matéria divertida para a *Golf Magazine* sobre tentar abrir meu caminho para o Guinness a tacadas de golfe. Agora este livro está pronto, e para escrevê-lo eu viajei pelo mundo fazendo pesquisas, passando incontáveis horas entrevistando inúmeros personagens — que a palavra "fascinantes" sequer começa a descrever — e vasculhando matérias e documentos originais em várias bibliotecas de diversas cidades. Eu vi o mesmo brilho de identificação nos olhos de centenas de estranhos e amigos quando a conversa os levava de volta aos marcantes recordistas de sua juventude, Robert Wadlow, o cara das unhas compridas e os gêmeos McCrary sentados em suas motocicletas.

Se tivessem me perguntado há alguns anos o que realmente me levou a começar a escrever este livro, eu teria dito "um recorte de jornal inglês e a minha matéria para a *Golf*". Mas eu estaria errado. Hoje sei que meu interesse começou cerca de trinta anos antes, quando eu era aluno do ensino fundamental em Nova York. Eu me lembro de um exemplar gasto do livro Guinness na prateleira da biblioteca na minha sala da PS 92, no Queens. Considerando-se o estado do volume, todos os garotos, inclusive eu, adoravam folhear aquelas páginas e se encantar com os recordes e as fotos do livro, que provavelmente estava alguns anos desatualizado, embora a inspiração despertada por ele nunca envelhecesse. Eu me lembrei disso de repente no final de 2004, quando uma professora do ensino fundamental me pediu para ir à sua turma de quinta série em Lebanon, New Hampshire, para falar sobre jornalismo. Eu me preparei o melhor que pude para um bando de garotos de 8 e 9 anos, mas não tinha conseguido fazer com que eles se interessassem por meu trabalho até minha amiga Sarah contar que eu estava no *Guinness World Records*. Não tinha como evitar, e os garotos só queriam saber disso, com uma pergunta atrás da outra. Como eu mesmo três décadas antes, eles tinham um exemplar gasto e desatualizado d'O Livro na prateleira da sala e, apesar de viverem na era da MTV e dos DVDs, da internet e dos celulares, ficaram tão fascinados pelos relatos de pessoas subindo os degraus de arranha-céus em pula-pulas e segurando cascavéis vivas com a boca quanto eu quando tinha a idade deles. Hoje suspeito de que quase todas as salas de aula nos Estados Unidos tiveram um velho — mas de modo algum obsoleto — exemplar d'O Livro ao longo de todos aqueles anos, e o país é melhor por causa disso. Para as crianças, e para a criança dentro de nós, o *Guinness World Records* é matéria de sonhos.

Esse fascínio não se limita a crianças, e a persistente popularidade d'O Livro ignora demografias e idades. Afinal, quase todo recordista (humano) é um adulto, e o livro é comprado por leitores de todas as idades. Recentemente visitei a casa de veraneio do astro de cinema Bruce Willis na ilha caribenha de Turks & Caicos (ele não estava lá) e dei uma espiada na estante. Havia apenas alguns volumes, a maior parte sobre a flora e a fauna da região, juntamente com um *Guinness World Records*. Suspeito de que com mais de 110 milhões de exemplares vendidos em 37 idiomas diferentes, a dele não é a única casa, de celebridade ou anônimo, com ou sem filhos, jovem ou velho, que tem um exemplar. Eu mesmo tenho quase cinquenta edições diferentes.

É impossível exagerar o significado social do livro *Guinness World Records*, especialmente nos dias atuais. Aparentemente metade dos programas de TV são os chamados reality shows, e muitos jovens hoje acreditam que essa tendência começou com programas como *Survivor* e o *Big Brother* original. Na realidade, toda a reality TV, bem como os programas de entrevistas chocantes ou escandalosos têm suas raízes no livro Guinness. Esse foi o primeiro espaço, impresso ou transmitido, no qual as pessoas comuns podiam fazer coisas, algumas vezes impressionantes, algumas vezes humilhantes, mas sempre "reais", e desse modo conseguir aparecer na mídia. Da mesma forma, o Guinness pode ser considerado a gênese do sucesso de espaços on-line de mídia pessoal, como YouTube e MySpace, de outros sites de relacionamento e de todo o conceito de blog. O livro Guinness criou a ideia de um caminho para aparecer na mídia e para o reconhecimento potencial de todos os que não pertencem ao Quarto Poder, mesmo que, como acontece com muitos blogs, ninguém leia ou se interesse. Começou com o livro a ideia de que uma pessoa pode se convencer de que ela e suas opiniões ou ações são notícia ou interessam a estranhos, de que mais alguém em algum lugar pode querer ler sobre elas, e desde então a tecnologia e a mídia produziram uma miríade de variações do tema.

Comecei este projeto como um trabalho amoroso, já que tinha uma paixão eterna por todas as coisas ligadas ao *Guinness World Records*. Quando descobri a história da pergunta de sir Hugh Beaver e os irmãos McWhirter, que possuem dons tão únicos, incomuns e estranhos quanto qualquer um dos personagens que eles imortalizaram, isso pareceu matéria-prima de uma fantasia nobre. Mas ao longo do caminho também descobri alguns dos aspectos menos agradáveis do livro e de sua história, o modo como ele deforma alguns de seus candidatos a recordistas, como enriquece com o culto à celebridade em nossa sociedade, distorce a mídia e como repetidamente modificou sua missão, seu estilo e seu significado ao longo das décadas.

E agora, o que eu acho?

Ainda há muita energia positiva em torno do livro. Afinal, é um livro infantil, e ainda excita e desperta o interesse das crianças, o que é bom. Eu vi isso em primeira mão na turma de ensino fundamental que visitei, vi na casa de amigos com filhos, e um enorme número de conhecidos me disse que o livro estava nas listas de Natal ou de Hanukkah de crianças da família. A revista *National Geographic Kids* publica uma matéria mensal sobre recordes Guinness, e o editor me garante que é um importante elemento educacional, que os recordes ajudam os professores a ensinar aos garotos uma grande variedade de temas, incluindo geografia. Simplesmente levar crianças a ler algo hoje é um desafio cada vez maior, e o livro certamente ajuda nisso.

Também há uma certa pureza em suas páginas. Apesar de algumas irregularidades e do hábito de favorecer a mídia e as celebridades, o *Guinness World Records* em geral tem há muito uma obsessão com justiça e com oportunidades iguais; é uma das poucas instituições democráticas que resistem em nossa vida. As regras que cercam cada tentativa de recorde, por mais bizarras que pareçam, são longas, detalhadas e basicamente padronizadas, tudo em nome de comparar maçãs apenas com maçãs (ou laranjas com laranjas) no que diz respeito a recordes. O que mais surpreende leigos em recordes é a cansativa burocracia embutida no processo. Os recordes aprovados pelo Guinness (com exceção dos "primeiros") estão lá para serem quebrados, e com esse objetivo cada um deles é documentado e administrado de uma maneira que o torne o mais justo possível a qualquer um — exceto eu, mas chegaremos a isso. Com algumas poucas exceções, o mundo do Guinness é imparcial quanto a raça, credo e conta bancária, e em suas páginas é possível encontrar uma verdadeira diversidade: qualquer um com motivação e disposição suficientes pode penetrar em suas páginas consagradas. Por exemplo: quando eu ia quebrar o recorde de distância entre jogos de golfe me foi dito especificamente que só poderiam ser utilizados voos comerciais, nunca jatos particulares, do contrário meu recorde seria uma exclusividade de bilionários excêntricos. Embora o livro tenha sua parcela adequada de atletas profissionais, incluindo muitos dos maiores de todos os tempos, é também o último bastião do puro amadorismo, celebrando os impulsos e as paixões que um dia fizeram parte dos Jogos Olímpicos. Alunos de quinta série ouvem todos os dias que nos Estados Unidos tudo é possível, que eles podem se tornar médicos, advogados, até mesmo presidentes. Alguns já são espertos o bastante para saber que essa promessa não é inteiramente verdadeira, mas ao mesmo tempo reconhecem que há muitas formas pelas quais podem se superar. O Guinness encarna essa crença: há um lugar para eles em suas páginas, caso se dediquem a isso.

Essas são as boas notícias. A má é que o livro e sua equipe dão muito pouca atenção aos seus fãs mais radicais, os próprios recordistas. O processo de tentar um recorde parece ser intencionalmente difícil de cumprir; é tedioso, e eles são lentos para responder, tendo adotado a tecnologia na forma, mas não na função. A mecânica de recordes na internet não parece ser melhor que o antiquado correio, a não ser pelo fato de que a autoridade hoje pode desencorajar candidatos sem precisar entrar em contato com ninguém. Obrigar as pessoas a esperar meses para fazer algo que o livro precisa que elas façam para continuar a existir parece contraproducente, assim como as mudanças retroativas de regras e parâmetros de recordes e a insistência de esconder de leitores e fãs informações que não têm valor monetário.

O livro parece cercado por um clima de quase paranoia que remonta ao primeiro almoço que os McWhirter tiveram com sir Beaver em 1955, quando Norris McWhirter percebeu a tendência ao sigilo de seu patrão. Ser obtuso apenas por ser obtuso se tornou algo habitual no Guinness. Eu entendo por que todos os recordes não podem estar no livro, já que simplesmente não cabem. Contudo, quando sugeri a Stuart Claxton, chefe do desenvolvimento de negócios nos Estados Unidos, que eles também poderiam publicar uma edição completa e cobrar 100 pratas ou mais por ela, ou vendê-la em CD ou DVD, ele não conseguiu me dar nenhum motivo para não fazê-lo a não ser um resmungo vago sobre o valor de sua base de dados. Isso seria o equivalente ao Webster's retirar palavras do dicionário mas nunca as vender nem usar de forma produtiva. Há meio século eles operam com uma espécie de filosofia de buraco negro, sugando recordes e escondendo a imensa maioria deles das vistas do público, nunca reconhecendo que esses recordes só têm valor para os leitores dispostos a pagar para vê-los e para aqueles interessados em quebrá-los. Mas, em vez disso, eles escolheram escondê-los e não ganhar nada com o conjunto. Essa postura se estende à relação deles com a imprensa, e não me senti melhor quando a empresa tentou me impedir de escrever este livro. Eu os procurei claramente buscando colaboração e expliquei que não apenas este livro não prejudicava suas vendas — ninguém interessado em recordes vai comprar meu livro em vez do Guinness, e eu não espero ter como clientes muitos garotos de 8 anos de idade — como poderia reacender o interesse de muitos leitores da minha faixa etária que não compraram nenhum em décadas. Todas as pessoas com as quais conversei na mídia e no setor editorial — que não trabalham para a Guinness World Records — concordam com isso, mas eles disseram não. Não apenas a Guinness World Records disse não, como primeiramente me levou a acreditar que estava realmente pensando em uma tentativa de arrancar a maior quantidade de detalhes possível sobre meus planos antes de acionar seus advogados. O Livro poderia ser muito melhor, mas parece atolado em uma relação ruim com os consumidores, uma falta de atenção para com detalhes e uma administração burocrática frustrante.

Meus últimos pedidos de recordes foram recebidos com tal desprezo e aparente desorganização que comecei a pensar ter sido colocado na lista negra, uma prática que aparentemente não tinha sido aplicada sequer a empregados de seu maior concorrente, a Ripley's Entertainment. Seria tão perigosa a ideia de que eu estabelecesse recordes? Fiz pedidos pelo site para três diferentes recordes, incluindo um existente, e uma semana ou duas depois recebi por e-mail os exigidos formulários de aceitação de recordes a serem preenchidos e enviados por correio ou fax (exclusivamente). Também recebi três "números de identificação de pedido", uma espécie de registro de tentativas de recorde, embora eles não tenham me dito qual número correspondia a qual recorde, informação sem a qual você *não pode* preencher os formulários. Questionei sobre isso por e-mail e nunca recebi resposta. Algumas semanas depois fiz a mesma pergunta por fax, dessa vez conseguindo retorno. Então mandei os três pedidos por fax para Londres de uma só vez, um total de 24 páginas, observando enquanto elas eram escaneadas por meu aparelho de fax — devorando muitos dólares em tarifas telefônicas internacionais —, e peguei um recibo confirmando a transmissão feita com sucesso. Eles alegaram ter recebido apenas um dos três, o que parece impossível, mas enviei novamente os outros dois — e perdi mais de um mês. O impossível se repetiu, quando alegaram terem recebido apenas um desses dois, me obrigando a transmitir o último pela terceira vez e perdendo mais de um mês. Passados cinco meses desde meu primeiro pedido — por um processo que promete não demorar mais do que cinco semanas —, eu ainda não tinha recebido retorno. Para o único pedido que admitiram ter recebido havia um aviso on-line de que me retornariam em quatro semanas — e já tinham se passado mais de três meses. Algo parecia errado.

Será que minha paranoia era justificada? Seria tão perigosa a ideia de que eu estabelecesse recordes?

Aparentemente, sim. Após meses de espera e de cobranças repetidas, recebi um fax do diretor de recordes informando que "enquanto os advogados da Guinness World Records estiverem estudando sérias preocupações referentes ao conteúdo de seu livro e sua ligação não autorizada com a Guinness World Records, não estaremos em posição de considerar quaisquer pedidos seus de recordes".

Como minhas conversas sobre tal livro nunca passaram do pessoal de relações públicas da empresa, que por sua vez levaram as cartas recebidas de seus conselheiros, fui "marcado" internamente como um candidato proibido ao estabelecimento de recordes. Sei que a Guinness World Records é uma empresa privada e compreendo os sentimentos do editor Craig Glenday quando disse ao *Wall Street Journal*: "Algumas vezes somos vistos como um serviço público, como se os contribuintes esperassem isso de nós." Ainda assim, me surpreende a incongruência de alguém se colocar na posição de maior autoridade do mundo em registro de recordes, de fato se valendo dessa reputação para justificar sua própria existência, e ao mesmo tempo escolher e selecionar quem considera merecedor ou não de pelo menos poder tentar estabelecer recordes. Como eventual espectador de beisebol, me parece óbvio que as autoridades da Major League Baseball, igualmente uma empresa com fins lucrativos, não exatamente gostem de jogadores como Barry Bonds, mas elas não ordenam aos árbitros que classifiquem cada *home run* dele como não oficial. Recordes são recordes, e, quando o árbitro autodeclarado desses feitos vai além da regra de comparar maçãs com maçãs e começa a discriminar quem pode e quem não pode ser um recordista baseado em suas preferências e seus preconceitos, parece claro que sua "autoridade" nessas questões deixa de existir. Dessa forma, a questão de estabelecer recordes passa a ser mais parecida com a luta da criança para se tornar presidente: você consegue, desde que seja popular e os caras do Guinness gostem de você.

Surpreendentemente, depois de toda essa controvérsia e da desilusão, eu continuo a ser um fã cauteloso. Por quê? A primeira razão é que imediatamente antes de este livro ser impresso, no início de 2008, a Guinness World Records foi novamente vendida, dessa vez para a antiga concorrente Ripley's Entertainment. Com base em minhas conversas com o ex-presidente da empresa Robert Masterson (hoje presidente do conselho) e o novo presidente, Jim Pattison Jr., eu espero mais do futuro. Masterson deixou claro acreditar haver falhas no relacionamento entre os guardiões de recordes e os estabelecedores de recordes. E Pattison observou que, diferentemente de outros donos especuladores, ele de fato pretende supervisionar as operações. Estou esperançoso de que isso signifique maior reconhecimento para as pessoas que fornecem o material que é a matéria-prima para o moinho de lucros da Guinness World Records.

Mas a adoração que tenho pelo livro vai além de atritos administrativos; é fruto de mais de meio século de uma história fantástica. Os recordes podem ter se tornado mais extravagantes, a diagramação mais espalhafatosa e a missão menos nobre, mas ainda há algo fascinante em quase todas as páginas. As sobrancelhas ainda se erguem, a mente ainda dispara tentando entender "como ele (ou ela) fez isso?". Por ter entrado em sintonia com o livro, eu hoje vejo recordes em toda parte, todo dia. Eles acontecem no mundo todo, o tempo todo, ao redor de nós. Recebo um enorme número de e-mails de amigos e colegas com links para matérias sobre a nova mulher mais velha ou o maior bolo. Não apenas estabeleci recordes, eu os vivi. Comi no restaurante mais velho do mundo, o El Botín, em Madri, onde os cartões-postais de lembrança são um fac-símile do certificado da Guinness World Records para a casa. Goya foi lavador de pratos no El Botín enquanto tentava deslanchar sua carreira de pintor, e Hemingway era um admirador tal que ambientou ali uma cena nas últimas páginas de *O sol também se levanta*. Fui à China ver Mission Hills, o maior resort de golfe do mundo, e visitei o topo da mais alta estrutura do mundo, a CN Tower. Até mesmo participei do maior passeio organizado de bicicleta do mundo, a Five Boro Bike Tour de Nova York. Os recordes estão à nossa volta, são parte de nós, e o livro é o principal motivo. Ele se estendeu para além de seu próprio idioma, e "segundo o Guinness" passou a ter para os superlativos o mesmo peso que "segundo o Webster's" tem para a ortografia inglesa.

Agora que estudei todo o espectro dos recordes e da quebra de recordes, a história, a evolução e o futuro do livro Guinness, vou voltar à pergunta por cuja resposta você está ansioso, pelo menos se chegou até aqui: qual é o mais rápido, o galo-selvagem ou a tarambola-dourada?

Segundo o British Trust for Ornithology, a velocidade máxima da tarambola europeia, também conhecida como boieira, lavandeira e pastorinha, é de 96 quilômetros por hora, enquanto o galo-selvagem vermelho, a espécie mais comumente caçada nas Ilhas Britânicas, chega a no máximo 64 quilômetros por hora. Sir Hugh Beaver era um verdadeiro cavalheiro, e nesse sentido ele ganhou sua aposta de cavalheiro: apostara na tarambola, que de fato era mais rápida. Mas a discussão original não era sobre o galo-selvagem ou a tarambola ser o mais rápido, mas sobre qual deles era o pássaro de caça mais rápido da Europa. A resposta não é nenhum deles: o pato-ferrão tem uma velocidade no ar registrada de 140 quilômetros por hora, enquanto o grande vencedor era, segundo os McWhirter, o pombo-torcaz.

Agora você tem tudo de que precisa saber para decidir se quer ser você mesmo um recordista, dar o primeiro passo na estrada que leva ao absoluto, ser o melhor do mundo em algo. Espero que o faça, e assim vou me despedir da mesma forma que disse olá, com as palavras de Ashrita Furman:

> *Espero que após ler isto você se inspire a tentar seu próprio feito. O acontecimento em si não é importante, desde que dê a você a oportunidade de dançar no limite de sua capacidade. Mas esteja preparado: os benefícios podem ser reveladores e de longo alcance.*

Apêndice 1

AS HISTÓRIAS DOS MEUS RECORDES PREFERIDOS

Quando apresentei a proposta de escrever este livro, me pediram seis exemplos de recordes especialmente chocantes ou divertidos. Isso foi há dois anos, e havia tanto a escolher que foi praticamente impossível reduzir o campo. Hoje a dificuldade para executar a mesma tarefa aumentou exponencialmente: apenas no livro de 2008, mesmo entre os recordes identificados como novos, a absoluta bizarrice de muitos salta à vista. Sempre que acho ter descoberto o mais irracional ou bizarro, outro chama minha atenção e o supera — quando parece que os recordes não podem ser mais malucos, é o que acontece. Os acréscimos recentes à ladainha incluem feitos de perturbadora excentricidade, como o maior número de pessoas bronzeadas artificialmente (67) em uma hora por uma pessoa usando um spray químico; o maior número de painéis de vidro (laminado) atravessados; o maior número de peixes assoados em um minuto (ou seja, chupados com a boca e expelidos pelo nariz; o professor de ioga que conseguiu oito também detém o mesmo recorde para a hora, com 509 peixes assoados); o maior peso levantado com as pálpebras (um carro Volkswagen), que não deve ser confundido com o veículo mais pesado puxado por ganchos cravados na pele (uma van, por meio de dois ganchos enfiados na base das costas). Alguns são apenas bizarros, outros repulsivos, e embora muitos sejam Guinnesportes inventados, alguns o levam a pensar em como alguém descobriu que tinha talento para enfiar ganchos na carne ou prender correntes às pálpebras para puxar coisas. No final, a interminável esquisitice de tudo isso ameaça tornar mundanos até mesmo os feitos mais absurdos. Felizmente, a receita ainda inclui alguns recordes que são mais divertidos que insanos.

Assim como o objetivo da pequena amostra de recordes selecionada pelos editores do livro é chocar e provocar os leitores, o objetivo de minha seleção de recordes representativos foi chocar os possíveis editores deste livro. Agora que já superei essa parte, posso me concentrar mais nos recordes que são simplesmente interessantes, não pelo caráter bruto, mas por outras razões como a pura audácia da realização ou a criatividade e o bom humor por trás do próprio recorde. Mas o *Guinness World Records* dá poucas informações sobre as histórias por trás dessas conquistas marcantes, simplesmente as apresentando com o menor número de palavras possível. Assim, considerando-se coisas cada vez mais difíceis de imaginar que os seres humanos sejam capazes de fazer para entrar para o Guinness — e em raras oportunidades por outras razões —, eu gostaria de dar uma olhada nos bastidores de algumas das coisas mais quixotescas que já mereceram um certificado, alguns dos recordes que se destacaram e se tornaram os meus favoritos.

Acompanhando os Norberg: Devo supor que Norberg é um sobrenome sueco muito comum, porque em 2004 o número impressionante de 583 Norberg se reuniu na Suécia e estabeleceu o recorde de reunião com o maior número de pessoas com o mesmo sobrenome. Esse tipo de recorde não passa despercebido, e logo foi quebrado quando mais de 1.200 pessoas com o sobrenome — não surpreende — Jones se reuniram para isso. De modo interessante, os organizadores conseguiram incluir um elemento de celebridade nessa grandiosa ocasião, já que a cantora e ex-Bond Girl Grace Jones, assim como a cantora lírica Dame Gwyneth Jones estiveram entre os Jones reunidos. Essa reunião de 2007 provoca a pergunta óbvia: onde ficam os Smith em tudo isso? O clã Smith tem um lugar especial na doutrina Guinness, já que a primeira edição, de 1955, deu a eles o título de sobrenome mais comum da Grã-Bretanha, com mais de 800 mil Smith apenas na Inglaterra e no País de Gales. Um ano depois, a primeira edição americana provou mais uma vez que os Estados Unidos eram o número 1, com mais de 1,5 milhão de Smith, também o sobrenome mais popular do país. Meio século depois, com um pouco de organização, os Smith finalmente poderiam ficar à altura de seu recorde potencial.

Herói por acaso: Alguns perseguem a grandeza do Guinness, enquanto outros a veem ser empurrada em sua direção. Esse foi o caso de Toby Hoffman, um desconhecido membro da equipe de palco da KTLA, emissora que transmite a versão americana do programa *Guinness Records* apresentado por sir David Frost e criado por David Boehm. Como Boehm recordou em *The Fascination of Book Publishing*: "Você nunca sabe quando um recorde será estabelecido em um palco de TV. O plano era fazer o homem que tínhamos trazido da Europa mostrar como conseguia levantar 15 tijolos ou mais do chão ao mesmo tempo apertando-os quando alinhados horizontalmente. Os tijolos tinham chegado na noite anterior ao programa, e um dos operários que movimentavam os equipamentos era Toby Hoffman, cujos bíceps enormes faziam as garotas da plateia engasgarem. Toby me perguntou para o que seriam usados os tijolos. Eu contei. Ele foi imediatamente até os tijolos, os enfileirou e os colocou em uma plataforma. 'Espere', disse, engasgando. 'Quantos tijolos você ergueu?' Nós os contamos: 17. No dia seguinte, o europeu tentou três vezes e só conseguiu levantar 15. O locutor proclamou que era um recorde mundial, mas eu e meu assistente, que também tinha visto Toby, sabíamos mais. Toby entrou para o livro."

Um dia negro na Cidade Luz: Nem todos os muitos eventos planejados para os últimos Guinness World Records Days transcorreram tão bem quanto os organizadores gostariam. Quando se pede que alguém pense em um cenário famoso para um romance, muitos responderiam imediatamente Paris. Também deve ter sido isso que passou pela cabeça da pessoa que quis quebrar o recorde do maior número de pessoas se beijando ao mesmo tempo. Mas a despeito de sua reputação relativa à paixão, meros 1.188 parisienses compareceram ao esforço de 2006, enquanto alguns países mais a leste, os verdadeiros românticos — 11.570 deles —, podiam ser vistos se agarrando em Budapeste. Com um comparecimento quase dez vezes superior ao da Cidade Luz, foi a capital da Hungria que entrou para o livro dos recordes. No mesmo dia, Nishio, no Japão, cidade famosa por seu chá verde, conseguiu colocar 14.718 pessoas tomando chá simultaneamente, sentadas de pés descalços em um tapete de mais de 1,5 quilômetro. Isso eclipsou facilmente os participantes do recorde de beijo, talvez demonstrando as prioridades dos candidatos a recordistas mundiais Guinness.

Velho, mas bom: Em abril de 2004, o dublê Eric Scott voou a 45,6 metros de altura sobre Londres para quebrar o Recorde Mundial Guinness de voo mais alto com mochila a jato. Mas o mais interessante nesse feito, noticiado na *Popular Science* e prova de que até mesmo a inovação científica tem seu lugar no livro, é que o objetivo do voo de Scott era quebrar um recorde. Quebrar, não estabelecer, sugerindo que não era o primeiro sucesso no panteão dos passeios com mochila a jato. Este recorde parece especialmente vulnerável, já que neste caso o céu de fato é o limite. Scott sequer chegou perto da altura da CN Tower de Toronto, um voo de mochila a jato que historicamente mereceria o reconhecimento do Guinness.

Se pelo menos cartas fossem comestíveis: O arquiteto Bryan Berg está para os castelos de cartas como cada chef no capítulo "Comida grande" do livro está para comida gigante. Ele simplesmente domina sua categoria de um modo que nem mesmo Ashrita Furman conseguiria. Desde que Berg estabeleceu seu primeiro recorde em 1992, quando ainda estava no colégio, o Empilhador de Cartas, como o livro o descreve — Berg se define como "especialista em estruturas de cartas" —, nunca perdeu o título de construir o maior castelo de cartas. Suas criações são tão grandiosas que o único que pode vencê-las é ele mesmo. E, para adicionar um pouco de teatro à receita, ele sempre derruba pessoalmente o resultado em um grandioso gesto destruidor. Quão impressionantes são as obras de Berg? O repetido e múltiplo recordista construiu um castelo de cartas de 7,71 metros de altura em 1999, e depois conquistou um segundo Recorde Mundial Guinness pela maior estrutura de cartas do mundo ao construir uma réplica detalhada do castelo da Cinderela para o Walt Disney World. Berg então criou o "supersuperlativo" quebrando seu novo recorde em 2005 com uma homenagem à famosa linha do horizonte de Nova York, com direito a recriações em escala de cartas do Yankee Stadium, do Empire State Building, da Times Square e de vários outros marcos da Big Apple. Essa cidade em miniatura exigiu 178 mil cartas, mais de três mil baralhos. Na Feira Estadual do Texas de 2007, ele melhorou seu recorde de altura de 1999 construindo a réplica de um arranha-céu com mais de 7,725 metros de altura, cercada por vários prédios menores para formar o perfil de uma cidade. O trabalho demorou um mês para ficar pronto; ele acrescentou entre setenta e duzentos baralhos por dia, ou cerca de 4,5 a 56,5 quilos de cartas. Entre suas outras obras há catedrais e domos complexos, e as estruturas tridimensionais são tão complicados que parece impossível que sejam feitas inteiramente de cartas sem cortes, dobras, cola ou outros meios de sustentação. A falta de concorrentes ao recorde, que ele manteve continuamente por 16 anos, deve ter se tornado algo tedioso para Berg, que ajudou os candidatos a rivais ao publicar detalhadas dicas e técnicas de construção com cartas em seu livro *Stacking the Deck: Secrets of the World's Master Card Architect* [Empilhando o baralho: os segredos do maior arquiteto de cartas do mundo]. É outro título justo que ele merece.

Mas suas unhas esquisitas podem fazer isso?: Deixar crescer barbas, bigodes, unhas e mesmo pelos nas orelhas até enormes proporções é há muito um método clássico de entrar para as páginas do Guinness. Mas isso não era o bastante para Antanas Kontrimas, que em 2004 já deixava a barba crescer havia mais de 25 anos. Qualquer um pode parar de fazer a barba, mas em um verdadeiro caso de "faça ou cale-se", em 11 de setembro de 2004 o fortão lituano mostrou a que veio, levantando uma mulher de 61,6 quilos com sua barba. Além de estabelecer um Recorde Mundial Guinness, Kontrimas também conquistou um lugar na relação de "Feitos de força" da revista *Joe Weider's Muscle & Fitness*, um apanhado anual dos mais impressionantes feitos de força. Aparentemente, Kontrimas usou todo o tempo que economizou não fazendo a barba para planejar e treinar feitos de levantamento com barba, erguendo coisas como um saco de grãos e um barril de chope com seus pelos faciais enquanto treinava para levantar a primeira mulher. Sua barba também puxou um Land Rover e um avião. Apesar de seu repertório especial, Kontrimas não foi o único vencedor de "Feitos de força" da revista a estabelecer um Recorde Mundial Guinness. A mesma relação homenageia o canadense Kevin Fast, doutor em teologia de Toronto especializado em puxar coisas muito pesadas (não com a barba). Ao saber que seu recorde de arrastar veículo por 30 metros tinha sido quebrado não oficialmente, Fast não perdeu tempo em recuperá-lo, sem dar chance a ninguém: ele imediatamente arrastou três caminhões de bombeiros unidos uns aos outros, totalizando 46,6 toneladas, percorrendo 30 metros em pouco mais de dois minutos. Segundo a *Muscle & Fitness*, "depois, se sentindo muito enjoado, Fast anunciou sua aposentadoria".

O melhor amigo do recordista: Cães não são estranhos às páginas do *Guinness World Records*, uma tradição que remonta a Jacko, o terrier com uma fome insaciável por ratos. Desde Jacko, os cães são reconhecidos como os maiores ou menores (seu dono procurou o Guinness achando que tinha o menor cavalo do mundo — sério), os melhores em equilibrar copos na cabeça e pular corda, e um dos meus preferidos é o golden retriever que consegue pegar e segurar cinco bolas de tênis com a boca de uma só vez. Mas nenhum recorde canino é tão Guinnesportivo quanto aquele que foi do falecido Josh, o Cão Maravilha, que em vida se tornou o "cão mais acariciado dos Estados Unidos". Josh era um vira-lata preto e castanho que em 1984 acidentalmente encontrou seu caminho para o gramado da frente da casa, em Pasadena, de Richard Lynn Stack, um escritor de livros infantis. Por um acaso fortuito, Stack tinha acabado de escrever seu primeiro livro, *The Doggonest Christmas*, uma semana antes. As coincidências continuavam: Josh tinha uma semelhança surpreendente com o principal personagem canino do livro ilustrado, desenhado pelo tio de Stack. Ele imediatamente adotou Josh, mas três anos depois suas vidas mudaram dramaticamente quando um louco entrou em um surto de matar cães e atirou em três cachorros no bairro de Stack. Apenas Josh sobreviveu, mas se tornou incapaz de abanar o rabo por causa de lesões na coluna vertebral. Josh então se tornou porta-voz da superação da adversidade. Stack escreveu dois livros infantis ficcionais inspirados por Josh e depois ajudou o Cão Maravilha a escrever sua autobiografia, que incluía aforismos inspiradores como "Josh diz: 'Corra atrás de seus sonhos!'". Em 1989, Stack largou seu emprego de advogado e começou a percorrer o país com Josh em um *trailer*, visitando escolas de ensino fundamental para espalhar a mensagem inspiradora. Em cada uma dessas sessões as crianças faziam fila para acariciá-lo, e Stack começou a manter um diário de cada sessão de carícias. O cachorro viveu até estimados 16 anos de idade, o equivalente a 110 em termos humanos, e visitou mais de duas mil escolas. Pouco antes de morrer de câncer, Josh entrou para o livro dos recordes de 1997 como o cão mais acariciado depois que seu dono deu ao Guinness declarações assinadas documentando as sessões de carícias. O Cão Maravilha tinha sido acariciado por mais de 408 mil pessoas, um recorde Guinness que praticamente qualquer cachorro invejaria.

Fome de seios: Onde além de Berkeley, Califórnia, mães — muitas delas — festejariam a Semana Mundial da Amamentação tentando quebrar o Recorde Mundial Guinness de amamentação em massa? Na quinta feira, 3 de agosto de 2006, os organizadores pediram que bebês de toda a cidade se conectassem precisamente às 14 horas. Entrar para o Guinness não era apenas um delírio para Berkeley: quatro anos antes, a cidade tinha estabelecido o recorde de amamentação satisfazendo as necessidades de 1.130 bebês famintos. As mães da cidade ficaram felizes com o reconhecimento até o certificado ser enviado para as Filipinas em 2006, depois que 3.738 mães lactantes demonstraram solidariedade em Manila. Se desfeitas assim merecem contra-ataque de pessoas como Ashrita Furman e seus rivais, por que lactantes seriam menos movidas pelo orgulho? O desafio tinha sido feito, e as mulheres de Berkeley reagiram como qualquer outro recordista Guinness desbancado faria, aceitando o desafio e dando de mamar a muitos bebês.

Trivialidades de bar — sem as trivialidades: O próprio livro é fruto de bares e clientes de bar, logo é adequado que haja um recorde de maratona de massa por bares. É ainda mais adequado que o recorde reacenda as acaloradas discussões de bar. Em 2005, moradores de Maryborough, uma pequena cidade da Austrália, inventaram a categoria e estabeleceram o primeiro recorde reunindo 1.198 bebedores para percorrer todos os 17 bares da cidade. No ano seguinte a cidade resolveu melhorar seu próprio recorde e conseguiu 2.237 participantes que consumiram cerca de 50 mil drinques por toda Maryborough. Os números são impressionantes, ou talvez apenas merecedores do Guinness, com uma média de mais de 22 drinques por pessoa. As regras determinam que cada participante consuma pelo menos meia caneca de bebida em cada um de pelo menos dez bares diferentes. A bebida pode não ser alcoólica, mas, tendo passado bastante tempo na Austrália, não consigo imaginar muitos recordistas fazendo essa opção. De fato, um dos organizadores contou a um jornal local que parte da dificuldade logística da tentativa é fazer os bebedores preencherem e devolverem seus "cartões de registro", observando que "é um problema fazer com que eles os devolvam no final do percurso, quando estão 'cansados e alegres', digamos". Esse problema foi demonstrado em 2006, quando rivais de Londres tentaram arrancar o título de Maryborough e teoricamente conseguiram que 2.700 clientes visitassem dez bares diferentes, mas sem conseguir preencher a papelada para serem aprovados pelo livro. Como o recorde de Maryborough ainda aparecia na edição de 2008, parece que muitos dos maratonistas de bar ingleses tiveram problemas para concluir seus cartões. Embora essa notícia provavelmente tenha sido bem-recebida na cidadezinha do interior que zombou de sua rival mais famosa por falta de comparecimento, considerando-se a população de 7 milhões de Londres em comparação com os 25 mil de Maryborough, os australianos não vão ficar parados esperando a próxima ameaça. Decidiram transformar a maratona de bar em um evento anual, realizado no fim de semana do aniversário da rainha, e eu espero dar um pulo lá um ano desses e fazer de tudo para entregar um cartão.

Não existe "eu" em uma equipe: Quando a EchoStar Communications Corporation, que opera o serviço de televisão por satélite DISH, colocou oito fanáticos admiradores de futebol americano uns contra os outros em uma disputa de privação de sono ao estilo sobrevivência do mais forte, as pessoas da empresa se esqueceram de uma coisa: fãs de futebol adoram trabalho em equipe. Após vencerem disputas para representar seus times do coração como "Fãs Radicais de Futebol", os oito concorrentes foram colocados em frente à TV em uma tentativa de quebrar o Recorde Mundial Guinness de assistir à TV, que era de 69 horas e 48 minutos. O último homem de pé, ou nesse caso, sentado, ganharia uma viagem de luxo para o Pro Bowl da NFL no Havaí. Mas depois que um dos oito abandonou o desafio, os sete remanescentes fizeram algo que os organizadores não esperavam: se uniram como uma equipe, ajudando uns aos outros a fugir do sono para que pudessem quebrar o recorde juntos. "Decidimos logo no início que iríamos trabalhar juntos para quebrar o recorde, então colocamos de lado nossos objetivos pessoais para nos unirmos nesse pacto para que todos fossem ganhadores", disse Chris Chambers, que representava o Dallas Cowboys. Sentados um ao lado do outro em uma fila de poltronas reclináveis assistindo apenas a futebol, os sete remanescentes se uniram, ignorando as rivalidades de seus times do coração e encorajando uns aos outros. Quando tinham quebrado o recorde e chegado a 70 horas completas, seguiram o plano definido e afastaram os rostos das telas simultaneamente, encerrando suas tentativas exatamente ao mesmo tempo — determinando um empate. A camaradagem inesperada foi tão comovente que a rede DISH decidiu premiar todos os sete concorrentes com a viagem ao Havaí, além de poltronas reclináveis, grandes televisores de alta definição e um receptor de satélite. Algumas tentativas de recordes que estudei me fizeram querer chorar de desespero. Embora esta não tenha me levado às lágrimas, se tivesse, seriam lágrimas de alegria, pela natureza feliz do resultado. Pelos padrões do *Guinness World Records* isso pode ser classificado como muito tocante.

A caminhada pelo mundo: Este recorde me levou às lágrimas, e continuará sendo um dos meus Recordes Mundiais Guinness preferidos, em grande parte porque estabelecer o recorde não era a preocupação de Steven Newman quando ele iniciou o esforço que testou sua disposição e suas crenças, e que quase foi abandonado diversas vezes. De 1983 a 1987, Newman embarcou em uma jornada verdadeiramente impressionante, levando-o às páginas do Guinness de 1988 — por todas as razões certas. Como ele lembrou de ter contado a seus pais perturbados em suas comoventes memórias *Worldwalk*: "No dia 1º de abril de 1983, cruzei a porta da frente para iniciar uma jornada que nunca tinha sido feita por ninguém... sozinho." Newman não fez isso para entrar para o Guinness — o que aconteceu depois como subproduto da publicidade que recebeu —, mas porque o aspirante a jornalista encontrou um jornal querendo que ele fizesse uma coluna semanal documentando sua viagem de quatro anos e 90 mil quilômetros por vinte países. Newman, que por vários anos tivera um emprego perigoso e servil como minerador de urânio em Wyoming para economizar dinheiro para a viagem, nunca tinha viajado ao exterior antes de iniciar sua jornada, e a única língua estrangeira que ele falava era o espanhol aprendido no colégio. Seus pais compreensivelmente acharam difícil conceber a ideia, que ele apresentou após quase dois anos de planejamento secreto, então explicando sua verdadeira motivação:

> *Esta caminhada é algo que eu tenho de fazer se um dia quiser ter uma verdadeira noção de como são o mundo e seus povos. Quero fazer isso como uma experiência de aprendizado, para descobrir quais são os sonhos, as esperanças e os medos das outras pessoas, mas também como um teste para descobrir se o mundo ainda é um lugar onde prevalecem o amor e a compaixão. E um lugar onde ainda abundam romance e aventura como nos dias de Marco Polo e sir Francis Drake. Quero fazer isso sozinho, sem patrocinadores, para que possa ter completa liberdade de fazer qualquer coisa e ir para qualquer lugar que deseje. Com exceção de um ou dois bibliotecários que me ajudaram a encontrar os mapas certos, fiz tudo sozinho neste projeto. Fiz isso porque quero mostrar aos outros, especialmente aos jovens, que um indivíduo pode realizar seus sonhos sem recursos externos. Terei apenas uma mochila para carregar meus suprimentos, portanto dependerei da generosidade dos outros para me alimentar e me abrigar. Espero que isso me leve a muitas casas, para que eu possa ver como é a vida cotidiana deles. (...) Porque, se isso não acontecer, provavelmente não durarei. Como veem, estabeleci duas condições para mim mesmo: nunca pagar por acomodações, exceto se minha saúde estiver em risco ou se estiver muito atrasado em meu relato, e nunca comer em restaurantes melhores que um café de esquina ou uma casa de chá.*

Newman também ficou surpreso ao experimentar o tipo de celebridade passageira que é sinônimo do livro. Após ter completado a primeira etapa de sua viagem por terra, de Ohio a Boston, onde planejava pegar um avião para a Irlanda, em vez disso se viu na direção de um lugar do qual acabara de passar semanas se afastando, Nova York. Dessa vez ele cobriu a distância de avião, para aparecer no *CBS News*. "Então, de feijões enlatados e sanduíches de pasta de amendoim, dormindo no chão em cima de um cobertor puído que era mais adequado a uma lixeira escondida, fui levado — ainda sujo e suado da caminhada do dia — de Boston a Nova York em 20 minutos, sobrevoando o mesmo interior que demorara um mês para atravessar a pé. (...) Quando aterrissei no aeroporto JFK de Nova York, eu tinha menos de 5 dólares no bolso. Mas o que aconteceu nas 20 horas seguintes foram limusines com motorista, um quarto de 200 dólares no Hotel Parker Meridien em Manhattan e serviço de quarto em bandejas elegantes — tudo por conta da CBS. Eu não podia comer no restaurante do hotel porque não tinha paletó e gravata. Era o mais perto que tinha chegado de me sentir uma celebridade ou um milionário", lembrou Newman.

Se alguém merece um lugar no Guinness é Newman, que, a despeito de desafios e dúvidas, foi bem-sucedido, e fez isso de forma espetacular, ficando nas casas de dezenas de estranhos bem-intencionados, recebendo vinho e jantar de fazendeiros americanos e de aborígines australianos. Mesmo os habitantes mais pobres da África e os beduínos do deserto o receberam, alimentaram e abrigaram. Seu recorde é o que gostaríamos que os Recordes Mundiais Guinness fossem mais: impressionante de uma forma que vai além do puro choque, impossivelmente difícil em seus compromissos e verdadeiramente único, com um limite para a melhoria que nem mesmo as mais banais regras da Guinness World Records conseguem intuir. Em vez disso, Newman impôs suas próprias regras, que prejudicavam sua tentativa e a tornavam muito mais difícil — e perigosa — do que precisava ser, e agindo assim ele encontrou sua redenção e conquistou a admiração dos cidadãos do mundo e dos leitores do livro que escreveu contando a viagem. *Worldwalk* está fora de catálogo, mas um exemplar usado seria um excelente investimento. Para coroar essa história comovente, sua odisseia de quatro anos levou até mesmo ao amor. Ele se casou com uma professora que conheceu em uma turnê nacional de visitas a escolas para falar aos alunos sobre sua caminhada.

APÊNDICE 2

O LONGO CAMINHO RUMO AO GUINNESS: UMA ODE AO ESFORÇO

> *A principal característica que os recordistas partilham é sua teimosia.*
> — NORRIS MCWHIRTER

> *Após passar 147 dias enterrado, dentro de um caixão, 1,80 metro abaixo do estacionamento de um pub de Mansfield, Inglaterra — comendo, respirando e excretando por um tubo plástico de 25 centímetros de diâmetro—, GEOFF SMITH sai triunfante, tendo quebrado o recorde de mais tempo enterrado vivo, estabelecido por sua mãe, Emma, em 1968.*
> OUTSIDE, JUNHO DE 2004

O título deste livro é *Tudo para entrar no Guinness* porque foi para isso que o livro e nossa cultura evoluíram, chegando a um ponto em que o objetivo não costuma ser uma grande realização ou testar os limites da condição humana, mas ter o nome impresso por uma série de razões frequentemente egoístas.

Mas nem todo recorde é quebrado para entrar para o livro. Alguns são resultado de objetivos elevados, alguns de deficiências mentais, outros de paixão religiosa. O que muitos recordes que não parecem fruto da busca do recorde têm em comum é que são esforços do tipo mais demorado. Esse não é um "mais" visto com tanta frequência quanto mais rápido, mais alto ou mais forte, pela razão bem simples de que os recordes levam mais tempo para ser estabelecidos. Ao ler e refletir sobre milhares de recordes e não recordes para este livro, comecei a agrupá-los por tema. Os que me impressionaram particularmente foram os recordes baseados não em perigo, capricho ou comida gigante, mas em esforço.

São aqueles buscados por alguma outra razão que não o livro, porque, francamente, 15 minutos de fama ou síndrome do herói local não são suficientes para justificar anos e, às vezes, toda uma vida de labuta. Enquanto recordistas em série como Ashrita Furman podem dedicar décadas a quebrar dezenas ou centenas de recordes diferentes, essa personalidade única dedica o mesmo tempo enorme a apenas um feito. Exijam eles não cortar as unhas por meio século ou caminhar ao redor do mundo — mais de uma vez —, esses recordes são, pelo seu alcance, os mais difíceis de quebrar. Eu os chamo de "recordes de esforço" porque o que mais os distingue é a devoção absoluta que exigem. Assim, antes de virar a página de todas as coisas ligadas ao *Guinness World Records*, gostaria de fazer uma pequena homenagem a algumas realizações muito demoradas.

Já mencionei a caminhada de quatro anos de Steven Newman ao redor do planeta, que ele fez como "uma experiência de aprendizado" para "ter uma verdadeira noção de como são o mundo e seus povos". Newman fez isso belamente, e qualquer um que ler suas memórias em *Worldwalk* ficará convencido de que o Recorde Mundial Guinness que ele recebeu por seu esforço provavelmente foi a parte menos importante desse processo. De fato, Newman nem sequer menciona o Guinness em seu livro, mas seu recorde tem espaço garantido na capa em um esforço de marketing do editor. A dele pode ser a mais comovente história de esforço, mas não é a única. Veja essas mais demoradas:

Uma cruz para carregar: Quando o evangélico Arthur Blessitt decidiu carregar uma cruz de madeira de 3,6 metros e 18 quilos, não estava pensando pequeno. Blessitt saiu da Califórnia no Natal de 1969 com o objetivo de levar sua cruz a todos os países da Terra. Mais de quarenta anos depois ele já visitou cerca de duzentos países e carregou seu fardo por quase 64 mil quilômetros. Sua peregrinação é nada menos que a mais demorada caminhada do mundo, segundo o Guinness. Mas a quilometragem não foi o único desafio enfrentado por Blessitt: ele foi colocado em frente a um pelotão de fuzilamento, atravessou zonas de guerra em cinquenta diferentes países e em 2002 já havia sido detido ou preso duas dúzias de vezes. Mas Blessitt não desiste, e ainda está em algum lugar, caminhando.

Correr o mundo — literalmente: Como já fora batido por Newman na caminhada pelo mundo e no maior tempo caminhando por Blessitt, a meta óbvia que restava a Robert Garside era se tornar a primeira pessoa a correr o mundo. Assim, ele deixou Piccadilly Circus com uma mochila nas costas e começou a correr. Isso reflete a tradicional obsessão do *Guinness World Records* por esportes de pista e corrida em geral, o que gerou muitos recordes diferentes, desde a luta constante pela milha mais rápida até os intermináveis recordes de maratona (mais rápida, maior número, de costas, fazendo malabarismo, empurrando um carrinho de bebê, fantasiado de Elvis, de prisioneiros acorrentados e assim por diante). Mas Garside se destaca em meio a isso, pelo menos segundo o *London Daily Mail*, que descreve seu esforço como "tendo superado todos na história da humanidade". Será mesmo? Quase imediatamente depois que o Guinness deu a ele um lugar no livro, começaram a aparecer furos enormes na história de Garside, incluindo fotos colocadas em seu próprio site na internet que conflitavam, em milhares de quilômetros, com seu diário oficial da corrida. Uma impressionante falta de testemunhas não o ajudava. Então foi descoberto que, após ter sido barrado na fronteira da Rússia com o Cazaquistão, ele simplesmente voou para a Índia, pulando 3.200 quilômetros. Ele não apenas acabou admitindo ter inventado uma história dramática sobre ter sido roubado no Paquistão como nunca esteve no Paquistão. Mas demonstrou o mesmo tipo de perseverança obcecada exigida pelos recordes de esforço para levar a cabo o seu objetivo. Deu a explicação simples de que devido a essas dificuldades ele ignorou o primeiro ano de sua viagem, de Londres à Índia, e então recomeçou, concluindo sua corrida global pela segunda vez em mais dois anos. E a Guinness World Records acredita nisso. Marco Frigatti, o chefe de recordes, disse ao *Daily Mail* que sua equipe passara mais de três anos examinando 15 caixas de recibos de cartão de crédito e centenas de fitas com código de tempo, e dando telefonemas de verificação para testemunhas independentes, e acrescentou que o Guinness também permaneceu em contato com Garside durante cada trecho da viagem por 29 países de seis continentes. Seu diário do período descreve como ciganos russos atiraram nele, como correu por campos de batalha no Afeganistão, como foi assaltado à mão armada (duas vezes), preso na China por suspeita de espionagem e como sobreviveu roubando comida e bebendo água em riachos, tudo isso sem nenhuma equipe de apoio.

Mas sua corrida gerou teorias conspiratórias na comunidade de fundistas, alimentadas por evidências de problemas de visto inventados para explicar voos suspeitos e um ritmo impressionante de 112 quilômetros por dia — da Cidade do México à fronteira americana —, descrito em sua documentação. Isso inspirou muitos incrédulos, como o ex-editor da *Runner's World*, Steven Seaton, que disse: "Não me interessa o que o Guinness diz. Não há chance alguma de Garside ter corrido por algumas daquelas rotas sul-americanas na altitude, na selva, em trilhas acidentadas, sozinho e com uma mochila." Provavelmente não ajudou o fato de Garside ter conseguido antes o patrocínio da revista para a infame Marathon des Sables, uma prova de resistência infernal através do deserto do Saara, e não aparecido para a corrida. Se ele fez ou não o que diz, pelo menos não há dúvida de que Garside passou a maior parte de seus três anos viajando a pé por cenários excepcionalmente difíceis, e isso certamente se encaixa na categoria de esforço. Ele também deu a partida em uma espécie de maratona jornalística, quando os jornais ingleses acompanharam de perto a sua história. O *Daily Mail* o chamou de "mentiroso global", mas o Guinness o apoiou, mesmo após ele admitir ter tirado dias de folga e eliminado centenas ou milhares de quilômetros com voos, porque as regras referentes a essas jornadas épicas permitem dias de descanso e a travessia de massas de água indo de navio ou de avião. Assumindo uma posição diametralmente oposta ao que costuma ser habitual, e após descartar muitos outros pedidos por falta de papelada, Stewart Newport, do Guinness, acabou com a polêmica dizendo: "Há um certo grau de confiança."

Pense pequeno: a história de Eric Peters é o oposto da glória decadente de Garside. Em vez de ter uma recepção de herói que se transformou em descrença, ele começou com a descrença e acabou confirmando seu caminho para o Guinness. Peters era um inglês pobre que gastou dois anos de seguro-desemprego transformando um barril de fibra de vidro com menos de 1,80 metro de comprimento em um barco a vela. Então, levando apenas nozes, azeite e um pouco de água, passou 46 dias no mar comandando a menor embarcação a cruzar o oceano Atlântico, das Ilhas Canárias a Guadalupe. Aparentemente, a dúvida quanto a seu esforço se deveu, em grande parte, à falta de patrocínio, de notificação prévia ou de divulgação do seu esforço, e durante algum tempo Peters foi penalizado por simplesmente fazer do modo antigo, sozinho, com coragem e determinação. Mas tanto o Guinness quanto a comunidade de navegantes se convenceram, como contou o porta-voz do livro Colin Smith: "Nossos especialistas ficaram satisfeitos. Sem dúvida nenhuma", o que por sua vez levou o *Times* de Londres a cunhar outro termo importante no léxico gerado pelo livro ao descrever Peters como "não mais Guinnessem".

Oito por terra, nada por mar: Combinando o espírito de Newman, Peters e Blessitt temos George Meegan, um marinheiro mercante britânico que descobriu que seu talento em terra era maior que no mar ao caminhar quase 32 mil quilômetros, indo do ponto mais ao sul do hemisfério ocidental, a Terra do Fogo, até o mais ao norte, no Alasca. Ele precisou de sete anos inteiros, incluindo montanhas enormes, climas gélidos, terreno extremamente irregular e frequentemente uma infraestrutura muito limitada, mas ao terminar tinha reunido impressionantes oito Recordes Mundiais Guinness em uma só caminhada. Entre eles, o de mais longa caminhada de todos os tempos (atualmente pertencente a Blessitt) e o de primeira travessia a pé do hemisfério ocidental.

Curiosamente, Meegan teve duas filhas com sua esposa japonesa durante a caminhada, dando a uma o nome de Ayumi, "caminhada" em japonês, e à outra o nome do meio Susumu, que pode ser traduzido como "siga em frente". Quando finalmente chegou ao mar de Beaufort, no norte do Alasca, após 2.426 dias de estrada, Meegan disse: "Eu pensei: 'Meu, Deus, terminou. O fim do meu sonho'. Foi uma experiência terrivelmente triste. Foi uma perda."

Programa de milhagem: Poucos guerreiros das estradas, mesmo os mais ousados, podem se comparar a Charles Veley. Quando Veley pisou na desabitada ilha Bouvet, no Atlântico Sul, em 2003 — viagem que antes exigira que ele fosse baixado de um helicóptero para um barco de pesquisa —, ele fez história no *Guinness World Records*. Era o 350º diferente país, enclave, ilha, federação ou território disputado que Veley tinha visitado no redemoinho da excursão de mascate que fez dele o Homem Mais Viajado do Mundo. Ninguém visitou tantos lugares quanto ele, e de forma impressionante, tudo isso em apenas três anos de viagem ininterrupta, percorrendo quase 1,6 milhão de milhas. Veley já era um homem realizado: formou-se em Harvard, pilotava jatos F15 no programa Top Gun da Marinha americana e depois criara uma empresa de software multibilionária antes de embarcar em sua viagem. O motivo? Seus pais não gostavam de viajar, e quando criança ele nunca tirou férias. Um milhão e seiscentas mil milhas depois — e gastando um milhão de dólares do próprio bolso —, Veley entrou para o Guinness.

Viciado, mas de respeito: Quando eu conheci Ashrita Furman, ele parecia os muitos viciados em esqui que eu conheço, pessoas que conseguiram organizar sua vida fazendo a atividade que mais lhes dá prazer. No caso de viciados em esqui ou surfe, são as inclinações e as ondas que tornam a vida interessante. Para Ashrita é estabelecer Recordes Mundiais Guinness. No caso de Rainer Hertrich e de Dale Webster, são ambos. Se um esquiador extremamente ávido pode se gabar de ter feito mais de cem dias em uma temporada, Hertrich deslizou para o Guinness somando mais de mil dias consecutivos de esqui sem perder um só. O esquiador britânico e jornalista respeitado Arnie Wilson já havia estabelecido a marca de esquiar todos os dias de um ano, 365 seguidos, planejando cuidadosamente voos e viagens de carro por oceanos e continentes de modo a nunca estar longe demais das encostas e conseguir pelo menos uma descida por dia. Algumas vezes isso significava escalar as montanhas à noite ou na escuridão antes do amanhecer, quando os elevadores não estão funcionando, para conseguir uma descida antes de um voo matinal. Sua aventura teve a ver tanto com viagens quanto com esquiar, e o levou a incontáveis resorts ao redor do planeta. Embora Hertrich tenha conseguido mais de três anos, ele simplificou a logística passando toda a temporada de inverno nos Estados Unidos no Colorado, onde trabalha em um resort de esqui; a temporada intermediária no Oregon, trabalhando nas encostas sempre nevadas do monte Hood; e depois seguindo para a América do Sul, onde os habitantes o apelidaram de "Gringo loco del Guinness", limitando seu esforço recordista ao hemisfério ocidental. Ainda assim não foi fácil: Hertrich sustentou o esforço esquiando com um ombro deslocado, costelas machucadas e um polegar torcido, e se aventurando em temperaturas de 20 graus abaixo de zero. Também não fazia jornadas normais, trabalhando duro e acumulando anos em horas extras; somou bem mais de 9 milhões de metros verticais, e em um dia normal esquia uma altura superior à do monte Everest. Seu melhor dia teve inacreditáveis 34.500 metros verticais. Por mais impressionante que seja o feito de Hertrich, Dale Webster, que apareceu com destaque no famoso documentário de surfe *Step into Liquid*, faz seu colega terrestre corar. Em meados de 2006 ele tinha surfado por mais de 11.200 dias seguidos — mais de trinta anos. Consome em média um traje de neoprene e uma prancha por ano, e já surfou em meio a tempestades tropicais, em climas e águas gelados, e até mesmo com dolorosos cálculos renais. Tanto Hertrich quanto Webster entraram para o Guinness, e nenhum dos dois parece saber quando parar. Após quebrar o recorde, Hertrich colocou a seguinte mensagem em seu diário na internet: "Grande dia, neve e diversão!!! Acho que terei de acordar vivo mais uma vez e esquiar amanhã." Foi o que ele fez. E continua fazendo. Da mesma forma, Webster disse: "Eu podia parar e acabar com essa maldita coisa amanhã, mas sei que não vou conseguir."

Webster claramente tem o espírito do Guinness. Há algo de inspirador em esforços que duram anos ou décadas em vez de horas e em caminhadas ou corridas medidas mais facilmente em continentes do que em quilômetros. Mas mesmo no mundo do grande esforço, em que a maioria dessas realizações não são levadas a cabo basicamente por causa do livro, ainda há a eventual tentativa do que poderia ser chamado de Guinnesporte ultramaratona. Embora o livro tenha rejeitado o supostamente longo esforço (especialmente considerando-se seu grau de concentração) de um garoto de 10 anos que escreveu a letra A 17.841 vezes, eles foram levados a incluir o recorde mundial de datilografar todos os números entre um e um milhão. Foi mais difícil do que escrever a letra A, já que Les Stewart, o australiano que fez isso, não apenas registrou cada número por extenso em vez de numerais, em uma máquina de escrever, como também o fez com apenas um dedo, por ter ficado parcialmente paralítico na Guerra do Vietnã. Precisou de quase 20 mil folhas de papel e 16 anos. Da mesma forma, em um adequado aceno para si mesma, a edição de 2008 do *Guinness World Records* inclui o que talvez seja o caso mais radical de Guinnesporte. O recorde de livro datilografado de trás para frente pertence a um italiano que datilografou 57 livros na ordem inversa — e em seus idiomas originais —, começando em 1992 e entrando na edição de 2008 como um novo recorde, presumivelmente gastando 15 anos no esforço. Entre os títulos estão clássicos como *Odisseia*, peças de Shakespeare e, é claro, o *Guinness World Records 2002*.

Apêndice 3

ENTÃO VOCÊ QUER SER UM RECORDISTA?

Então você quer ser um recordista? Um estabelecedor de recordes? Se sua meta é entrar para o Guinness, isso não faz muita diferença, já que muitos dos passos necessários da logística são idênticos. Apenas lembre-se de duas regras fundamentais desse mundo antes de embarcar em qualquer luta por um recorde:

1. Estabelecer ou quebrar um recorde sempre é mais difícil do que você pensa. Eles podem parecer bobos ou banais, mas a maioria das pessoas não tem, nem nunca terá, um recorde mundial. Até mesmo o maior detentor de recordes do mundo, Ashrita Furman, fracassou em suas primeiras tentativas.

2. Faça uma pesquisa prévia. Milhares de recordes foram recusados porque não foram previamente aprovados. Alguns não passaram de perda de tempo, porque nunca poderiam ser aceitos, mas outros poderiam ser recordes, embora não tenham sido estabelecidos segundo as regras oficiais. Se você fizer o maior número de flexões em uma hora mas não tiver o número certo de testemunhas, não adianta nada. A única coisa pior que fracassar em uma tentativa de Recorde Mundial Guinness é ser bem-sucedido e ainda assim não conseguir entrar para o Guinness.

Como você deve fazer? Não há uma resposta fácil, já que o porquê e o como alguns recordes são aceitos e outros rejeitados são um mistério e com frequência dependem de capricho de terceiros. Algumas atividades aparentemente normais como cabo de guerra serão consideradas perigosas demais, enquanto outras aparentemente suicidas, como saltar de um avião na esperança de agarrar um paraquedas que despenca, a "queda livre banzai", são permitidas. Não faça suposições sobre como o Guinness irá reagir a um pedido.

Por isso, é mais fácil, pelo menos na logística, quebrar recordes existentes. Há algumas exceções a essa regra, como recordes impressos que foram aposentados, motivo pelo qual você sempre deve se lembrar da regra número 2 apresentada. Ninguém vai querer terminar como o inglês Tony Wright, que confiou exclusivamente no que tinha lido em um exemplar do livro e permaneceu 266 horas acordado para quebrar o recorde de 164, estabelecido mais de quarenta anos antes. Se Wright tivesse verificado, teria descoberto a razão para a longevidade do recorde: tinha sido aposentado e considerado inquebrável por razões de saúde e segurança. O nome dele pode ser Wright, certo, mas ele escolheu a abordagem errada para entrar. Não cometa esse erro. Você terá uma chance maior de entrar para o livro caso quebre um recorde já impresso. Vamos admitir, todo mundo prefere estar no livro a simplesmente ter um certificado na parede de casa. Portanto, em geral, se você conseguir encontrar no livro um recorde que consiga quebrar, esse é o caminho mais fácil para ser um recordista mundial. Vamos chamá-lo de Plano A.

PLANO A

1. Ache no livro um recorde que você acredite poder quebrar. Não é tão fácil assim, mas Ashrita encontra dez ou mais deles por ano. O livro indica, em geral com estrelas vermelhas, quais são os novos recordes daquela edição. Esses costumam ser os mais fáceis de superar.

2. Entre no site do livro na internet, em www.guinnessworldrecords.com. O desenho muda periodicamente, mas você encontrará um botão dizendo algo como "Seja um recordista". Clique no link e preencha um formulário eletrônico informando qual recorde pretende quebrar, fornecendo todas as informações pedidas.

3. A menos que o recorde tenha sido aposentado, algumas semanas depois eles mandarão um formulário por e-mail (caso o recorde tenha sido aposentado, eles simplesmente o recusarão). Você terá de assinar e mandar para Londres por fax ou correio. É basicamente um acordo legal, dando a eles a permissão para usar sua imagem e seu nome, protegendo-os de processos. Assim que tiver assinado e enviado, em algum momento entre quatro e oito semanas você deverá receber as regras as quais deverá seguir em sua tentativa e as exigências de documentação, incluindo o número e a qualificação das testemunhas, e provavelmente também provas em vídeo, foto ou pela imprensa. Em alguns casos, mais material é exigido, como cartões de embarque em aviões, como no caso do meu recorde baseado em viagem. Siga as instruções ao pé da letra.

4. Supondo que tenha recebido autorização prévia, quebre o recorde e o documente adequadamente, e após enviar todas as informações exigidas deverá ser

nomeado um recordista mundial e receber o certificado pelo correio em semanas ou meses. A não ser que mais alguém quebre o recorde na mesma época, ou que você seja no mínimo azarado — como o beijador de cobras tailandês que teve autorização e quebrou um recorde existente segundo as regras exigidas apenas para descobrir que o recorde era perigoso demais para ser quebrado. Lembre-se de que essas coisas acontecem.

Você talvez pergunte qual é o problema do Plano A. Bem, os recordes no livro chamam muito mais atenção, e, se você encontrou um que parecia fácil de quebrar, pode apostar que outras pessoas, talvez muitas, quem sabe até mesmo Ashrita, pensaram o mesmo. Furman falou sobre como o recorde de empurrar a laranja se tornava cada vez mais difícil para ele na semana ou no mês em que estava treinando; essa pode ser uma grande desvantagem, e deve ser avaliada em comparação com a maior vantagem do Plano A — a de que é mais provável que você entre para o livro. Se o recorde em si for mais importante que um verbete no livro, tente o Plano B.

PLANO B

Ache um recorde fora do livro que você acredite poder quebrar. Não se passa um dia sem que um recorde seja estabelecido, e quase todos são notícia em algum lugar. Jornalistas têm acesso a bancos de dados mundiais de matérias, como o Lexis-Nexis. Se você não conseguir acessar uma rede assim no escritório ou com a ajuda de amigos, tente uma biblioteca pública ou universitária. Muitas delas, especialmente em instituições de ensino, têm acesso livre a bancos de dados de periódicos. Visito regularmente a biblioteca universitária local e faço pesquisas de termos como "Guinness World Records", "Guinness Records" e "World Records", e há matérias novas quase todo dia. Ashrita fez isso e descobriu um novo recorde que nunca tinha sido impresso, de jogar mais longe o próprio livro Guinness. Em geral esses tipos de recordes são tão fáceis de quebrar quanto os que estão no livro, mas são muito menos disputados. Você pode ser o único a tentar quebrar. Se você o quebrar, há mais probabilidade de que dure. O lado ruim é que os editores já decidiram que esse recorde não merece estar no livro, e provavelmente não mudarão de ideia, embora eles às vezes resgatem recordes ou publiquem antigos pela primeira vez. Se você seguir o Plano B, após encontrar um recorde vulnerável siga os passos 2 a 4 anteriores.

Paradoxalmente, estabelecer um novo recorde é ao mesmo tempo mais fácil e mais difícil que quebrar um recorde existente. É difícil porque você precisa de aprovação prévia — convencer a Guinness World Records do valor do feito que você está sugerindo. Mas se eles comprarem a ideia costuma ser mais fácil, porque o limite é mais baixo, já que mais ninguém fez isso antes, e, vamos admitir, você não estaria sugerindo algo que não pudesse realizar... ou não merece entrar para o Guinness. Eles provavelmente aceitarão o primeiro homem a voar sem ajuda mecânica, mas você provavelmente não irá decolar batendo os braços. Portanto, um dos segredos é traçar uma linha e fazer o recorde parecer o mais impressionante possível, mas permanecendo no âmbito do possível, ou o que Norris McWhirter chamou de "no limite do possível". Estabelecer um novo recorde será o Plano C, e ele exige os mesmos passos do Plano A, com a diferença de que no primeiro passo você terá de fornecer descrição e justificativa mais detalhadas do recorde pretendido ao preencher o formulário on-line. Pense nisso como uma espécie de concurso de redação, uma oportunidade de convencer o júri. Por exemplo: eis uma proposta real de um novo recorde que eu submeti à Guinness World Records:

DETALHES DA TENTATIVA

Título da tentativa: Maior número de ascensões do Alpe d'Huez de bicicleta em um dia
    Data da tentativa: Segunda-feira, 25 de julho de 2005
    Local da tentativa: França
    Detalhes: O Alpe d'Huez é a mais famosa subida de montanha de bicicleta do mundo, uma das etapas da Tour de France e local da prova individual por tempo do Tour Centennial vencida por Lance Armstrong. Aficionados por bicicleta de todo o mundo tentam a subida, que tem aproximadamente 22,5 quilômetros de comprimento e 21 famosos zigue-zagues, terminando em uma área de esqui no alto da passagem dos Alpes franceses. A imensa maioria dos ciclistas sobe uma vez e fica satisfeita por ter vencido o desafio, assim como os corredores do Tour de France. Alguns famintos por punição decidem subir duas vezes no mesmo dia, o que é considerado uma medalha de honra. Pretendo subir pelo menos cinco vezes no mesmo dia do calendário, um feito do qual não encontrei provas de que tenha sido realizado. Este é o equivalente ciclístico do monte Everest. Vou fazer isso sozinho, ou talvez com um amigo ciclista, James Offensend, mas nesse

caso ainda teremos de concluir as subidas individualmente e ficaremos felizes de sermos ambos recordistas. Voltaremos de carro ao início após cada subida, o que qualquer desafiante pode fazer, mas toda ascensão, seguindo a rota da prova de tempo do Tour de France de 2004 (que é a ascensão padrão da prova), será por força humana. Como atual detentor de dois Recordes Mundiais Guinness, estou bem familiarizado com suas políticas e padrões, e estarei preparado para fornecer testemunhas e outras informações requeridas. Acredito ser esse um objetivo de qualidade, especialmente por haver tão poucos recordes de ciclismo. Além disso, ele atende ao conceito esportivo de ser eminentemente superável e fácil de ser tentado por outros entusiastas. Desde já agradeço sua atenção, Lawrence Olmsted.

Para começar, tentei fazer várias coisas nesse pedido. Deixei bem claro o seguinte: que o Alpe d'Huez, uma passagem na montanha na França, é *a mais famosa* ascensão da *mais famosa* corrida de bicicletas da Terra, a Tour de France, o que me coloca no mesmo nível de um verdadeiro campeão como Lance Armstrong. Também destaquei que ciclistas ávidos de todo o mundo partem em peregrinação para escalá-la e me preocupei em descrevê-la como o equivalente ciclístico do Everest, uma montanha que o pessoal do Guinness conhece bem. Fiz isso para determinar como a ascensão é tradicional, assim como o Canal da Mancha é o modelo tradicional para natação em mar aberto. Então tentei estabelecer um patamar, bem no "limite do possível", que parecesse muito mais impressionante que as duas ascensões por dia, e após muito refletir escolhi um mínimo de cinco, pois aprendi com minha tentativa no pôquer que é melhor mirar um pouco abaixo de seu potencial máximo, que eu achava que seriam seis ascensões. Sabendo que a subida seria mais fácil acompanhado, deixei a opção de fazer com ou sem um parceiro ciclista. Finalmente, achei que eles me dariam mais consideração por ser duas vezes recordistas, ou pelo menos iriam levar a ideia mais a sério.

Eles recusaram.

Eles também recusaram a minha proposta do maior número de pessoas jogando croqué ao mesmo tempo, embora existissem muitos recordes assim — desde o maior número de pessoas jogando Twister ao maior número de pessoas usando óculos e narizes de Groucho Marx ao mesmo tempo. Você nunca sabe o que irá impressionar aquele pessoal inconstante. Mas há algumas generalizações que você deve ter em mente.

DICAS PARA APROVAÇÃO DE UM NOVO RECORDE

1. Leia edições recentes do livro e anote os novos recordes. Isso provavelmente significa que eles acabaram de ser aprovados pela primeira vez, então, estudando alguns, você terá noção do que os editores gostam.

2. Pense em variações de recordes existentes. Jogar, puxar, levantar e equilibrar coisas novas funcionaram muitas vezes. Tijolos, barris de chope, outras pessoas e carros são coisas populares para levantar ou colocar na cabeça. Então talvez você possa tentar algo novo mas divertido. Você também pode mudar o método em vez do item: pessoas empurram carros, puxam, puxam com as pálpebras, com as barbas ou com ganchos cravados na pele, os movem de todo modo. As variações não precisam ser tão dramáticas; podem ser simples como fazer algo em marcha a ré, de cabeça para baixo ou debaixo d'água. Mesmo meu recorde de pôquer, embora novo, era basicamente uma variação de muitas outras maratonas, de jogos de cartas a jogos de Banco Imobiliário realmente demorados.

3. Tente recordes em grupo. O livro dá muito valor a recordes de participação em massa, desde pessoas bebendo chá juntas até enormes grupos raspando as cabeças, passando por correntes de sutiãs. Mais uma vez, foi minha lógica no croqué.

4. Faça por caridade. Isso vale especialmente para recordes de grupo.

5. Faça primeiro. Os precursores formam uma categoria especial de recordes, e, entre os aficionados por recordes, são considerados os melhores por nunca poderem ser batidos. Contudo, o livro é caprichoso quanto aos seus primeiros, e o site dá exemplos de primeiros bons e ruins. Os bons são "absolutos", e poucos se qualificam. A primeira mulher na Lua ainda está em aberto e seria aceito. A primeira mulher de Cingapura na Lua não seria. Da mesma forma, eles normalmente não dividem e, embora tenham categorias para vários primeiros voos (transatlântico, transpacífico, ao redor do mundo) em várias categorias de aeronaves (avião, balão de ar quente), afirmam que não aceitarão variações por classe ou tipo de avião, por exemplo. Em geral, eles gostam de primeiros de significado histórico duradouro: monte Everest sim, monte no seu quintal, não.

6. Evite os nãos. Embora não possam ser considerados absolutos, há certos tipos de recorde que o Guinness afirmou não aceitar. Entre eles estão recordes baseados em idade, com algumas exceções. Ainda mantém as categorias de mais jovem e mais velho em feitos como correr maratonas e escalar o Everest, mas não por fazer flexões. Certamente não aceitarão o "mais" em certa idade, como milha mais rápida corrida por um adolescente. Da mesma forma, eles não costumam aprovar pedidos com base em nacionalidade e decididamente não gostam

daqueles baseados em raça ou religião. Não aceitam recordes de animais de estimação mais pesados ou leves, e nas categorias aceitáveis não fazem distinção de raça. Não aceitam recordes de velocidade envolvendo veículos motorizados em estradas públicas ao estilo *Quem não corre voa*. E, em função de uma experiência particularmente ruim, não aceitam recordes de sequência de cartas, seja por correio ou e-mail.

Portanto, se sua meta é entrar para o Guinness, escolha os Planos A, B ou C, e boa sorte. Ter muitas ideias aumenta sua chance, e você pode muito bem apresentá-las de uma vez e não esperar a primeira resposta. A paciência também é uma virtude, já que a GWR costuma demorar muito para responder. Quando você tiver uma aprovação e estiver pronto para tentar, siga o conselho de Ashrita e mande um fax (eles não leem e-mails) para verificar se o recorde não mudou nesse ínterim. Quando e se você atingir a linha de chegada e se tornar um detentor de Recorde Mundial Guinness, sua primeira pergunta provavelmente será: "Então, eu vou estar no livro?"

A triste resposta é que provavelmente não. Apenas cerca de 8% dos recordes oficialmente reconhecidos são impressos, menos de um a cada dez. Essa magra seleção é baseada em uma avaliação editorial do valor de diversão e da variedade, e é difícil de prever. Recordes mais impressionantes, especialmente aqueles com fotografias igualmente impressionantes, parecem ter mais chance de serem publicados. Recordes que já estão no livro têm maior probabilidade de permanecer uma vez quebrados. Cerca de 20% do conteúdo muda todos os anos: um recorde pode aparecer uma vez, como meu recorde de maratona de pôquer em 2006, e depois desaparecer, tendo ou não sido quebrado. É preciso trabalho duro, talento e dedicação para estabelecer ou quebrar um recorde. É preciso muita sorte para vê-lo impresso. A forma estatisticamente mais fácil de garantir que você verá seu nome impresso é quebrar ou estabelecer cerca de dez recordes.

Apêndice 4

LINHA DO TEMPO DA QUEBRA DE RECORDES

1759: Arthur Guinness começa a produzir cerveja tipo *stout* na cervejaria St. James Gate, em Dublin. Posteriormente ele assina um contrato de aluguel da propriedade por nove mil anos. No final do século XIX, a Arthur Guinness & Sons é a maior cervejaria do mundo.

Setembro de 1954: Sir Hugh Beaver, KBE, diretor administrativo da Arthur Guinness & Sons, vai caçar pássaros no condado de Wexford, na Irlanda, o que gera uma discussão sobre qual ave de caça é a mais rápida, o galo-selvagem ou a tarambola-dourada. Sua incapacidade de responder a essa pergunta leva à criação do *Guinness Book of Records*.

Maio de 1955: Sir Beaver recebe os gêmeos Norris e Ross McWhirter para almoçar na sede da empresa, em Londres, e pede que criem uma nova empresa, a Superlatives Ltd., e produzam um livro de recordes para a cervejaria.

27 de agosto de 1955: O primeiro exemplar do *Guinness Book of Records* é publicado pela Guinness Superlatives Ltd., Ludgate House, Fleet Street, Londres.

1956: David Boehm, fundador da Sterling Publishing, compra os direitos para publicação do livro nos Estados Unidos, rebatizando-o de *Guinness Book of World Records*.

1960: Sir Hugh Beaver se aposenta.

1962: Boehm licencia os direitos de publicação em brochura para a Bantam, que publica a primeira edição brochura do *Guinness Book of World Records*, com mais de 50 milhões de exemplares vendidos.

Abril de 1970: Vai ao ar o primeiro especial de TV americano baseado no livro. O programa, com uma hora de duração, é patrocinado pela AT&T e apresentado pelo comediante Flip Wilson.

1972: Lançado o programa de TV *Record Breakers* pela British Broadcasting Corporation (BBC). Será exibido em horário nobre por mais de trinta anos.

1973: A Guinness PLC assina um contrato atualizado com a Sterling Publishing e a Bantam estendendo os direitos até 2016. Sterling se associa ao apresentador sir David Frost e à Twentieth Century Fox para produzir seis especiais de horário nobre, juntamente com 24 episódios de um *game show* baseado no livro Guinness.

1975: Ross McWhirter é assassinado em casa por atiradores do Exército Republicano Irlandês (IRA) após organizar um esforço para acabar com os atentados terroristas. A *Newsweek* diz que após vinte anos o *Guinness Book of World Records* "estabeleceu o recorde de livro mais vendido — depois da Bíblia: 26,3 milhões de exemplares".

1979: Ashrita Furman estabelece seu primeiro Recorde Mundial Guinness fazendo 27 mil polichinelos. Ele se tornaria o maior recordista da história.

1985: Norris McWhirter se aposenta como editor do livro após trinta anos.

1989: Boehm e Sterling vendem os direitos da edição americana novamente para a Guinness por 8 milhões de dólares.

1995: A Guinness Publishing rouba o executivo Chris Irwin da BBC e o nomeia diretor administrativo. Após descobrir recordes guardados em 42 arquivos, sem uma base de dados, Irwin diz ao *Wall Street Journal* que "o livro está fossilizado" e que "o lugar está em uma cápsula do tempo. Uma mulher percorre o escritório com um carrinho de chá". Do final dos anos 1970 até meados dos anos 1990, a vendagem do livro caiu constantemente em cerca de 5% ao ano. Quase quarenta empregados são demitidos ou substituídos, uma nova equipe editorial é contratada e a sede é transferida dos subúrbios para o centro de Londres. Irwin diz: "Não foi uma transição fácil. Nós sentimos que temos uma das melhores marcas do mundo, mas ela está imobilizada." A Guinness Publishing vende dois museus e os direitos de operar e abrir sete outros para a Ripley's Entertainment.

1996: A edição anual passa por uma grande mudança gráfica, com ênfase cada vez maior em fotografias coloridas. Categorias são atualizadas e modernizadas, e surgem mais celebridades.

1997: A Guinness PLC e sua concorrente Grand Met acertam uma fusão de 22 bilhões de dólares para formar a Diageo, com a estratégia de ser uma empresa dedicada exclusivamente a vinhos e destilados, abrindo mão de investimentos em outros setores. Colocado à venda, o livro dos recordes muda de nome. "Agora nos chamamos Guinness World Records", diz Alistair Richards, o executivo-chefe. "A Diageo queria um nome que corresse menos risco de ser confundido com a marca Guinness. Portanto eles queriam que a palavra 'Guinness' estivesse o mais perto possível das palavras 'world records'. Para as pessoas em geral isso provavelmente não faz muito sentido. Mas, para muitos homens de negócios e advogados, isso na época era terrivelmente importante."

1995-98: As vendas triplicam com as mudanças estruturais e a nova concepção do livro. O sucesso é maior nos Estados Unidos, onde as vendas tinham caído de 1,4 milhão em meados dos anos 1970 para 408 mil em 1995 e dispararam para 1,3 milhão em 1998. As previsões para 1999 eram de 2,4 milhões de exemplares vendidos em inglês e 1,3 milhão em outros idiomas, em capa dura, além de outros 900 mil em brochura nos Estados Unidos.

1998: *Guinness World Records: Primetime* estreia na FOX nos Estados Unidos.

1999: *Guinness World Records: Primetime* ganha versões na Grã-Bretanha, na Alemanha e na Escandinávia. É aberto um novo museu Guinness World Records em Orlando, operado sob licença pela Ripley's Entertainment, com ênfase em mostras interativas. O público-alvo muda de meninos de 10 a 15 anos para aqueles entre 7 e 15 anos.

1º de julho de 1999: A Guinness Publishing, subsidiária da Diageo PLC, muda oficialmente de nome para Guinness World Records Ltd. A empresa desiste de publicar vários títulos derivados, como *Guinness Book of Military Blunders* e *Ultimate Joke Encyclopedia*.

2000: A Diageo vende a Pillsbury para a General Mills.

2001: A Diageo vende a Guinness World Records Ltd. para a Gullane Entertainment por 45,5 milhões de libras. A Gullane é uma das principais empresas britânicas de diversão infantil, dona de marcas valiosas como a do personagem do desenho *Thomas e Seus Amigos*. O livro dos recordes, dirigido a jovens adolescentes, parece se encaixar no nicho da empresa, mas alguns analistas acreditam que a Gullane pagou caro demais pelas propriedades relacionadas a recordes.

2002: Após dificuldades financeiras provocadas pela compra do livro, a Gullane é adquirida pela empresa de entretenimento concorrente HIT Entertainment. A oferta original da HIT foi de 225 milhões de libras, mas, quando o faturamento do período 2001-2002 ficou abaixo do esperado, o preço de venda caiu para 139 milhões. A HIT, dona dos personagens Bob the Builder e Barney the Dinosaur, rapidamente coloca à venda a Guinness World Records Ltd., incluída na compra da Gullane. Mas, após receber algumas ofertas respeitáveis, acaba mudando de ideia e mantém a empresa, acreditando que o negócio tem grande potencial de crescimento e prevendo que os lucros poderiam dobrar em dois ou três anos. No mesmo ano, a Diageo dá continuidade à sua estratégia vendendo a rede de lanchonetes Burger King.

2003: A Diageo adquire a gigante dos destilados Seagrams.

19 de abril de 2004: Norris McWhirter morre jogando tênis.

Novembro de 2004: Vendido o centésimo milionésimo exemplar do livro Guinness.

2005: A HIT é incorporada pela Sunshine Acquisitions, uma holding privada que por sua vez é parte da firma de capital de risco americana Apax Partners, a real dona das propriedades da Guinness World Records. Em Londres, a Diageo fecha a Park Royal Brewery, onde o livro nasceu, e transfere as operações para St. James Gate, em Dublin, onde o aluguel de nove mil anos foi assinado em 1759 por sir Arthur Guinness.

9 de novembro de 2005: Acontece o primeiro Guinness World Records Day anual.

Dezembro de 2007: O *Times* de Londres anuncia que a Guinness World Records está novamente à venda, ao preço de 60 milhões de libras.

Janeiro de 2008: A Guinness World Records Ltd. lança um site na internet exclusivo para recordes de vídeo e jogos de computador, em www.gwrgamersedition.com.

Fevereiro de 2008: A Guinness World Records Ltd. é comprada pelo Jim Pattison Group, empresa privada canadense que também é dona da velha concorrente da Guinness, a Ripley's Entertainment. A Reuters estima o valor da venda em 118 milhões de dólares.

Agradecimentos

Há muitas pessoas sem as quais teria sido impossível escrever este livro, e muitas mais sem as quais teria sido muito mais difícil. Como um ganhador do Oscar, não tenho tempo para agradecer a todas elas antes que a música comece a tocar para me expulsar do palco, mas vou fazer de tudo para correr sem insultar ninguém.

Primeiramente e acima de todas, minha adorável esposa Allison, que há anos tem sido submetida a minhas repetidas ausências provocadas por um trabalho que me leva a todos os cantos do mundo, e que há muito é quem sofre quando eu me meto em proezas algumas vezes perigosas. Também na frente doméstica, um alô para Armstrong, Stretch e o filhote Sundance, que passou boa parte de sua juventude debaixo ou ao lado da cadeira do meu escritório enquanto eu escrevia este livro. Eles podem nunca ter conseguido segurar cinco bolas de tênis na boca ao mesmo tempo, mas se um dia o Guinness criar um recorde para o golden retriever mais bonito da história, será um empate triplo.

Minha vida ficou muito mais fácil — e muito mais divertida — graças a todos os especialistas e recordistas que generosamente usaram seu tempo para discutir suas experiências, obsessões e loucuras comigo, entre eles, mas não apenas, Ashrita Furman, Jackie Bibby — "o Homem-cobra do Texas", sir Richard Branson, Ben Sherwood, Jake Halpern, Greg Childs, Ken Jennings, Jez Edwards, Terrance Brennan, Michael Roberts, Mark Frary, Nobby Orens e Jason Daley.

Glória à grande nação australiana, que não apenas forneceu a matéria-prima para tantas histórias engraçadas incluídas aqui, como também foi cenário de minha primeira tentativa de recorde e continua a provar todos os dias que a vida pode e deve ser divertida. Voltarei lá.

Meus próprios recordes, minha saúde e minha sanidade provavelmente não seriam o que são hoje sem o apoio inestimável de um grupo de amigos que literalmente me guiou nas minhas horas mais difíceis, entre eles Joe Feeney, Tony Matos, Dave McGrath e qualquer outro que eu tenha esquecido em meu estupor inconsciente, todos liderados pelo *dream team* invencível formado por Matt Rosenthal, Joe Kresse e Naim "JP" Peress.

Não consigo imaginar um escritor, não importa quão admirável seja sua reputação, que não quisesse estar no meu lugar quanto à representação profissional. No que diz respeito a agentes, Jill Kneerim é para a profissão o que Ashrita Furman é para o estabelecimento de Recordes Mundiais Guinness: se ela diz que pode ser feito, ela faz. E sua casa é mais barata que um hotel de aeroporto.

Um último grupo que eu não posso ignorar: todas as pessoas, amigas ou desconhecidas, às quais eu mencionei este projeto nos últimos dois anos. O entusiasmo unânime de suas reações foi o ingrediente secreto por trás de minha inspiração, uma lembrança constante de que esta era uma ideia boa e valiosa, e de que vocês realmente querem ouvir esta história. Grandes realizações profissionais, não importa quão promissoras, sempre são acompanhadas de alguma dúvida. Sua paixão por este projeto eliminou minhas preocupações. E, se cada um de vocês fizer o que prometeu e comprar um exemplar, eu estarei bem.

Finalmente, não posso me esquecer de sir Hugh Beaver, Norris McWhirter e Ross McWhirter, os três homens que, pelos melhores motivos e com as mais nobres intenções, colocaram no mundo o *Guinness Book of Records*, sem nenhuma pista de que estavam mudando a história do mercado editorial e o rumo dos acontecimentos humanos contemporâneos. Tudo bem, ao fazer isso eles também podem ter criado os programas sensacionalistas e a reality TV, mas não os culpe — eles não estavam interessados nisso. Só queriam o que todos queremos: respostas.

Ashrita Furman empurra uma laranja com o nariz por uma milha, em Nova York, em 12 de agosto de 2004. Furman quebrou o recorde mundial com o tempo de 24 minutos e 36 segundos. (© **SHANNON STAPLETON/Reuters/Corbis**)

Ashrita Furman tenta estabelecer o recorde mundial de rodar o maior bambolê do mundo, no Flushing Meadows Park de Nova York, em 15 de junho de 2005. Ashrita conseguiu quebrar o recorde com três voltas de seu bambolê, que tinha 4,46 metros de diâmetro. (© **SHANNON STAPLETON/Reuters/Corbis**)

Velocistas olímpicos britânicos, os gêmeos Norris (1925-2004) e Ross (1925-1975) McWhirter, que criaram o *Guinness Book of World Records* em 1954. (**© Getty Images**)

O famoso corredor da milha Roger Bannister (atrás) acompanhando o líder Chris Chataway, a caminho de estabelecer o recorde de 3 minutos e 59 segundos e 4 décimos em Oxford, 6 de maio de 1954. Norris McWhirter, colega dos dois na universidade, foi contratado para comentar a corrida. Chataway depois se tornou empregado da cervejaria Guinness e foi o responsável por apresentar os McWhirter aos executivos da Guinness, o que os levou à supervisão editorial do livro dos recordes por muitos anos. (© **Getty Images**)

Norris McWhirter com o centésimo milionésimo exemplar do *Guinness World Records*, no lançamento na galeria Tate Modern de Londres, em 11 de novembro de 2003. (© **LES BESFORD/Reuters/Corbis**)

Robert Wadlow, detentor do recorde de homem mais alto do mundo, em Hollywood, 1938, com as atrizes Maureen O'Sullivan e Ann Morris. Wadlow, que ao morrer tinha 2,71 metros, media 2,65 metros quando a foto foi tirada. (© **Bettmann/Corbis**)

"Os maiores gêmeos do mundo", Billy e Benny McCrary, que juntos pesavam 589 quilos, em Hendersonville, Carolina do Norte, 25 de novembro de 1969. (© **Bettmann/Corbis**)

Jackie Bibby, "o Homem-cobra do Texas", segura com a boca dez cascavéis de 76 centímetros por 12,5 segundos, sem ajuda, no programa matinal da CW11 em 9 de novembro de 2006. Estabelece assim um novo recorde mundial de maior número de cascavéis vivas presas com a boca. O acontecimento foi parte do Guinness World Records Day, quando pessoas de todas as partes do mundo se juntam para tentar recordes impressionantes. (© **TIMOTHY A. CLARY/AFP/Getty Images**)

O alpinista sir Edmund Hillary sentado no acampamento-base, se preparando para a tentativa vitoriosa de ser o primeiro a escalar o monte Everest, Nepal, maio de 1953. (© **Express Newspapers/Getty Images**)

Madame Jeanne Calment, de Arles, França, aos 120 anos de idade em meados dos anos 1990. Ela acabou vivendo até os 122 anos e se tornou a pessoa mais velha de todos os tempos. Ao explicar sua impressionante longevidade, ela disse: "Fui esquecida por Deus." (© **Eric Fougére/Kipa/Corbis**)

O fundador da Virgin, sir Richard Branson, pilota seu carro anfíbio *Gibbs Aquada* em uma travessia recordista no Canal da Mancha, em 14 de junho de 2004. (© **Carl de Souza/ Getty Images**)

Michel Lotito, apelidado Monsieur Mangetout, ou Sr. Come Tudo, provando a bicicleta que iria comer diante do público no 11º Festival de Recordes Fantásticos, em Every, Paris, 1977. (© **Keystone/Getty Images**)

O autor, em casa, com a primeira edição "verde" (1955) do livro dos recordes, a edição do 50º aniversário (com seu recorde no golfe) e dezenas de outros exemplares de sua coleção particular. (**Allison Olmsted**)

Notas

p. 7. Adrian Hilton recitou as *Obras completas de Shakespeare*: *Investor's Business Daily*, 30 de março de 2007.

Capítulo 1. Conheça Ashrita, o recordista de Deus

p. 21. *Just for the Record:* www.ashrita.com.
p. 21. segundo livro mais lido: *Oregonian*, 18 de novembro de 1990, T6.
p. 22. "A revista *People* me ligou": *The New York Times*, 12 de junho de 2003, 1.
p. 22. "Ashrita é de longe": *The New York Times*, 12 de junho de 2003, 1.
p. 22. Em janeiro de 2008: www.ashrita.com.
p. 23. halterofilista peso leve russo: *The New York Times*, 12 de junho de 2003, 1.
p. 23. Para se igualar à marca de Alekseyev: www.ashrita.com.
p. 25. "traça de livro": *The New York Times*, 11 de maio de 1988, 16.
p. 25. "Eu era fascinado pelo livro": *The Christian Science Monitor*, 22 de dezembro de 2000, 12.
p. 26. segundo sua biografia oficial, Chinmoy: www.srichinmoy.org.
p. 26. Chinmoy teve um movimentado passado atlético: www.srichinmoy.org.
p. 26. Corrida da Harmonia Mundial: www.worldharmonyrun.org.
p. 27. Com 1,75 metro e 75 quilos: *The Christian Science Monitor*, 22 de dezembro de 2000, 12.
p. 28. "Em busca de uma espécie de excelência": *The Globe and Mail*, 18 de janeiro de 1986, A6.
p. 28. "Rei dos Recordes Mundiais": *The Toronto Star*, 27 de junho de 1990, A6.
p. 28. "Rei das proezas estranhas pela paz interior": *The New York Times*, 12 de junho de 2003, 1.
p. 28. "Sr. Versatilidade": *The Christian Science Monitor*, 22 de dezembro de 2000, 12.

p. 36. James Carville, de passagem, a dizer a ele: "Você não é maluco": *The Washington Post*, 3 de novembro de 1995, F1.

p. 37. o Empire State Building, o World Trade Center e a Torre Eiffel terem recusado seu pedido: *The Toronto Sun*, 24 de junho de 2001, 22.

p. 38. Segundo uma edição do *New York Times*: *The New York Times*, 12 de junho de 2003, B1.

p. 42. Seu site na internet o apresenta como "Suresh Joachim": www.sureshjoachim.org.

p. 43. "quase absolutamente impossível": Greg Childs, ex-produtor de *Record Breakers* para a BBC.

Capítulo 2. O maior recorde de todos: pássaros, castores, cerveja e a pergunta impossível de sir Hugh

p. 45. *A melhor coisa depois*: Dr. Laurence J. Peter, *Peter's Quotations* (Nova York: Bantam/William Morrow, 1977), xiii.

p. 45. A edição original traz uma introdução do presidente da Arthur Guinness & Co.: *Independent* (Londres), 29 de outubro de 2004, 37.

p. 46. "tudo isso começou com um rato": *The Quotable Walt Disney* (Nova York: Disney Editions, 2001).

p. 47. "Os índices de criminalidade (...) nos Estados Unidos": Ken Jennings, *Brainiac: Adventures in the Curious, Competitive, Compulsive World of Trivia Buffs* (Nova York: Villard, 2006), 74.

p. 47. Hugh Beaver se mudou várias vezes: Coleção de registros pessoais de sir Hugh Beaver na Biblioteca Britânica de Ciências Políticas e Econômicas, London School of Economics.

p. 48. Além de comandar a maior cervejaria do mundo: *Ibid*.

p. 49. Segundo seu obituário de 1967: *Guinness Time* (sem *copyright*), vol. 20, nº 2, primavera de 1967.

p. 49. Mas o relato mais preciso parece ser o de Norris McWhirter: Norris McWhirter, *Ross* (Londres: Churchill Press, 1976).

p. 49. a Guinness atendia a cerca de 84.400 pubs nas Ilhas Britânicas: *The Herald* (Glasgow), 18 de agosto de 1997, 10.

p. 49. Sabe-se que fora disparado em Castlebridge House: *The Sunday Mail*, 27 de novembro de 1988.

p. 50. essa edição foi escrita em apenas 16 semanas: *The Daily Telegraph*, 21 de abril de 2004, 25.

p. 50. Tanto o *New York Times* (*The New York Times*, 7 de outubro de 1992, C1) quanto o *Scotsman* (*Scotsman*, 17 de novembro de 2004, 16) atribuem a gênese da ideia de sir Beaver a 1954.

p. 50. Nas agendas pessoais de Beaver, anotadas meticulosamente: Coleção de registros pessoais de sir Hugh Beaver na Biblioteca Britânica de Ciências Políticas e Econômicas, London School of Economics.

p. 51. *Meu caro Hugh*: Ibid.

p. 51. Como tudo mais que sir Beaver fazia, esse momento foi registrado em precisas cartas a lápis. *Ibid.*

p. 51. nascidos com vinte minutos de intervalo: David Boehm, org., *The Fascination of Book Publishing* (Salt Lake City: Sterling Publishing, 1994, 9).

p. 51. o avô dos gêmeos, também William McWhirter: *The Daily Telegraph*, 21 de abril de 2004, 25.

p. 51-2. "Desde pequenos, eu e meu irmão gêmeo, Ross": *The Advertiser* (Brisbane), 27 de outubro de 1993.

p. 52. o tempo que passaram juntos na faculdade preparatória Marlborough: *The Irish Times*, 24 de abril de 2004, 14.

p. 52. "Eles decoraram todas as datas importantes": Boehm, *Fascination*, 9.

p. 52. Eram atletas de qualidade, que competiam nas pistas em nível nacional e internacional, e também se superaram no rúgbi: McWhirter, *Ross*, 87.

p. 52. A equipe de corrida também incluía Chris Chataway: Boehm, *Fascination*, 11.

p. 52. "Teria sido mais necessário um clarividente": McWhirter, *Ross*, 85.

p. 52-3. "Nunca ocorreu a nenhum de nós": *Ibid.*, 75.

p. 53. os gêmeos conceberam um plano para montar: *Ibid.*, 94.

p. 53. seu primeiro livro, *Get to Your Marks*: *Ibid.*, 94-95.

p. 53. no dia 2 de março de 1951 a McWhirter Twins Ltd. foi registrada oficialmente: *Ibid.*, 101.

p. 53. Os gêmeos ganharam o contrato apenas quando sugeriram usar "objetos e pessoas superlativos": *Ibid.*, 106.

p. 54. O trabalho de Norris na BBC também deu um grande salto: *The Irish Times*, 24 de abril de 2004, 14.

p. 54. "Senhoras e senhores. Eis o resultado da nona prova, a milha": McWhirter, *Ross*, 134.

p. 54. "O público total foi estimado em 1.200 pessoas, mas desde então eu tenho conhecido todas as 10 mil!": *Ibid.*, 131.

p. 54. Norris contou que os cambistas: *Ibid.*, 136.

p. 54. Chataway tinha acabado de abandonar o atletismo: Boehm, *Fascination*, 11.

p. 55. certa manhã os dois conversaram: McWhirter, *Ross,* 141.

p. 55. "aparentemente sir Hugh tinha um instinto para a confidencialidade": *Ibid.,* 142.

p. 55. Assim Norris recordou a reunião profética: *Ibid.,* 142-44.

p. 56. Eles só tinham 16 semanas: *Daily Telegraph,* 21 de abril de 2004, 25.

p. 56. "o trabalho no livro podia ser resumido como extrair 'mais'": McWhirter, *Ross,* 148.

p. 57. "Pessoas que resistem muito a dar informações": *Ibid.*

p. 57. No dia 27 de agosto de 1955: *Ibid.*

p. 57. o livro original tinha cerca de oito mil recordes: *Sports Illustrated,* 3 de maio de 2004, vol. 100, nº 18, 227.

p. 58. Sir Beaver respondeu imediatamente aos gêmeos: McWhirter, *Ross,* 149-50.

p. 58. "Rapidamente percebemos que o livro": *Ibid.,* 150.

p. 58. "As raízes dos conhecimentos gerais": Jennings, *Brainiac,* 55.

p. 59. "Também é um equívoco histórico": *The Guardian,* 22 de abril de 2004, 6.

p. 59. "As discussões de bar, assim como o rock and roll dos anos 1960": Jennings, *Brainiac,* 215.

p. 60. os dois McWhirter se casaram com mulheres: McWhirter, *Ross,* 112-13.

p. 60. com o nome *Guinness Book of Superlatives,* por medo de os leitores confundirem: Boehm, *Fascination,* 15.

p. 61. "nos Estados Unidos as pessoas não irão comprar nada a não ser que seja anunciado": McWhirter, *Ross,* 151.

p. 61. *Le Livre des Extremes:* Paris: Hachette, 1962.

p. 61. *Rekorde Rekorde Rekorde:* Viena: Carl Ueberreuter, 1964.

p. 61. Obituário de Sir Hugh Beaver, KBE (1890-1967): *Guinness Time* (sem copyright), vol. 20, nº 2, primavera de 1967.

Capítulo 3. Entrar para o Guinness se torna uma questão pessoal

p. 63. *Embora alguns recordes:* Peter Matthews, *Glasgow Herald,* 18 de agosto de 1997, 10.

p. 68. "Algumas vezes somos vistos como um serviço público": *The Wall Street Journal,* 10 de junho de 2006, 1.

p. 68. "Achamos que estávamos no livro": *Sports Illustrated,* 30 de julho de 1979, 68.

p. 72. historicamente, cerca de três quartos dos recordes publicados são repetidos: *Ibid.*

Capítulo 4. Guinnesporte: entrar para o Guinness chega ao horário nobre

p. 75. *Se você quiser resolver uma discussão de bar em 2004*: *The Independent* (Londres), 29 de outubro de 2004, 37.

p. 77. "São os prediletos de crianças": Jennings, *Brainiac*, 113-14.

p. 79. Nascido em Alton, no estado de Indiana, nos Estados Unidos, em 22 de fevereiro de 1918, Robert Pershing Wadlow: Claire Folkard, gerente editorial, *Guinness World Records 2005* (Londres: Guinness World Records Ltd., 2004), 6-17.

p. 79. na edição de 50º aniversário, em 2005: *Ibid.*

p. 80. principal museu no Trocadero, em Londres, o Wadlow sintético: *Times* (Londres), 12 de janeiro de 1985, 14.

p. 80. De modo impressionante, Wadlow ainda crescia rapidamente: Folkard, *The Guinness World Records 2005*, 16-17.

p. 80. Após sua morte, o irmão de Wadlow, Howard, lembrou: *Ibid.*

p. 80. Chris Sheedy, representante da Guinness World Records na Austrália: *The Age* (Melbourne), 25 de agosto de 2007, 3.

p. 80. "Ele precisava se agachar para passar pelas portas": Folkard, *The Guinness World Records 2005*, 16-17.

p. 80. Visto que Wadlow também deteve os recordes de maiores: *Ibid.*

p. 80. levou o renomado diretor italiano Federico Fellini: Norris McWhirter et al., *Guinness: The Stories Behind the Records* (Salt Lake City: Sterling Press, 1981), 100.

p. 81. O jornal *The New York Times*: *The New York Times*, 7 de agosto de 1978, D9.

p. 81. Bao salvou a vida de dois golfinhos: *The New York Times*, 15 de dezembro de 2006, A10.

p. 81. "depois de procurar muito": CNN.com, 28 de março de 2007.

p. 81. "Para mim, a melhor coisa do emprego": *Edmonton Journal* (Alberta), 1º de setembro de 2006, F5.

p. 81. *Os recordes dão a você um lugar no mundo*: *Times* (Londres), 29 de agosto de 2004, C8.

p. 83. "Uma das coisas maravilhosas deste trabalho": *Scotsman*, 17 de novembro de 2004, 16.

p. 83. David Boehm, editor da versão americana, levou Izumi: *The New York Times*, 14 de junho de 1980, 29.

p. 83. McWhirter se orgulhava muito por ter sido: *Scotsman*, 17 de novembro de 2004, 16.

p. 84. "Foi fascinante; ela se lembra de Vincent Van Gogh": *The Herald* (Glasgow), 4 de outubro de 1996, 11.

p. 84. Na França há uma assustadora: *The Washington Post*, 21 de fevereiro de 1995, D1.

p. 84. Curiosamente, por um período de tempo em 2007: *Yahoo News*, www.yahoo.com, 18 de junho de 2007.

p. 85. "Lá os recordes são usados": *Newsweek*, 15 de setembro de 1975, 81.

p. 86. "O velho Guinness parecia mais um livro de salmos": *Ibid*.

p. 86. *Nada, porém, demonstra melhor o sucesso do livro*: *Sports Illustrated*, 30 de julho de 1979, 60.

p. 87. "Atalhos: Como entrar para os livros de recordes": CNN.com, 22 de setembro de 2006.

p. 96. um novo recorde para "Trabalho de demolição": Ross and Norris McWhirter, *The Guinness Book of Records* (Londres: Superlatives Ltd., 1972), 277.

p. 96. Esse recorde duraria mais de uma década: N. McWhirter, *The Guinness Book of World Records 1984* (Londres: Superlatives Ltd., 1984), 186.

p. 97. quando acendeu o pavio de um fogo de artifício de 326,5 quilos: *The New York Times*, 29 de junho de 1980, SM6.

p. 99. Em 1999, o *Wall Street Journal* divulgou: *The Wall Street Journal*, 30 de julho de 1999, B1.

p. 99. *A não ser pelo fato de que não é mais aquele tipo de livro*: *The Independent* (Londres), 29 de outubro de 2004, 37.

p. 102. O *Guinness Book of Records* teve seu primeiro espaço na TV americana: Boehm, *Fascination of Book Publishing*, 17.

p. 103. A revista *Smithsonian* relatou que: *Smithsonian*, agosto de 2005.

p. 103. Em 2005, metade dos recordes no livro eram realizações humanas: *Ibid*.

p. 104. um aspirante ao Guinnesporte de 10 anos de idade, do Texas: *The Wall Street Journal*, 21 de setembro de 1988, 1.

p. 104. "Recebemos pedidos de pessoas que usaram um par de meias": *Smithsonian*, agosto de 2005.

p. 105. Chris Sheedy, ex-vice-presidente da Guinness World Records: *The Age* (Melbourne), 25 de agosto de 2007, 3.

p. 105. "O que tornou a milha em quatro minutos especial": *Sports Illustrated*, 30 de julho de 1979, 70.

Capítulo 5. Quinze minutos de fama

p. 107. *Seu objetivo não era*: Ben Schott, *Schott's Sporting Gaming & Idling Miscellany* (Londres: Bloomsbury, 2004, 44).

p. 107. No fascinante prefácio: *The Independent* (Londres), 29 de outubro de 2004, 37.

p. 108. Um nadador até mesmo foi laureado: Schott, 59.

p. 109. "As pessoas dizem que entrar para o livro é um sonho": *The Washington Times*, 28 de setembro de 2007, A12.

p. 109. "Para a maioria dessas pessoas, a motivação é colocar": *Edmonton Journal* (Alberta), 1º de setembro de 2006, F5.

p. 109. "pessoas buscando seus 15 minutos de fama": *USA Today*, 9 de janeiro de 2003.

p. 109. Norris McWhirter identificou rapidamente o apelo da notoriedade: *Newsweek*, 12 de novembro de 1979, 131.

p. 110. Ele contou ao jornal inglês *The Guardian*: *The Guardian* (Londres), 11 de dezembro de 2000.

p. 110. colocou-as à venda na internet: *The Guardian* (Londres), 11 de dezembro de 2000.

p. 112. Nascido em um Sri-Lanka arrasado pela guerra: *The Toronto Sun*, 15 de julho de 2007, 8.

p. 113. a *Newsweek* apelidou de "Guinnesite": *Newsweek*, 15 de setembro de 1975, 81.

p. 113. Em um matéria de 1979 da revista *Sports Illustrated*: *Sports Illustrated*, 30 de julho de 1979, 56.

p. 114. "Por que as pessoas quebram Recordes Mundiais Guinness?": Trailer promocional da *Guinness World Record Breakers Week* na *Food Network*, EUA, 2006.

p. 114. O *Times* de Londres chegou mesmo a cunhar um termo: *Times* (Londres), 21 de setembro de 1983, 12.

p. 114. Lucky Diamond Rich é um exemplo: *The Age* (Melbourne), 25 de agosto de 2007, 3T.

p. 118. "O calor da fama pode ser brutal": Maureen Orth, *The Importance of Being Famous* (Nova York: Henry Holt, 2004, 25).

p. 118. "Desde que comecei a cobrir": *Ibid.*, 303.

p. 118. Carey Low, a porta-voz do livro no Canadá: *The Toronto Sun*, 15 de julho de 2007, 8.

p. 119. Segundo Elizabeth Vandiver: Elizabeth Vandiver *et al.*, *Great Authors of the Western Literary Tradition, Course Guidebook* (Chantilly, VA: The Teaching Company, Ltd., 2004), pt. 1, 34.

p. 119. Vandiver define o conceito de *kleos aphthiton*: *Ibid.*, 36.

p. 119. veja o caso de Philip Rabinowitz: Transcrição, *All Things Considered*, 6 de julho de 2004.

p. 121. A mesma edição apresenta: Craig Glenday, org., *The Guinness World Records 2007* (Londres: Guinness World Records Ltd., 2006, 6).

p. 121. Da mesma forma, a primeira página da edição de 2006: Glenday, ed., *The Guinness World Records 2006* (Londres: Guinness World Records Ltd., 2005), 6.

p. 121. "Segredos das celebridades", descritos como: Glenday, *The Guinness World Records 2007*, 160-62.

p. 122. Como escreveu Stephen Moss: *The Guardian* (Londres), 22 de abril de 2004, 6.

p. 122. McWhirter, aos 75 anos, realmente se opôs às grandes mudanças: *The Guardian* (Londres), 23 de março de 2001, 25.

p. 123. Sem a promessa de fama, John Evans teria: *Telegraph* (Londres), 21 de novembro de 2004, 7.

p. 123. Pode ter sido isso o que em 1989 levou Christopher, então com 28 anos, e seus amigos: *The Wall Street Journal*, 21 de junho de 1989, A14.

p. 124. "As motivações para dominar certas áreas": McWhirter *et al.*, *Guinness: The Stories*, 3.

p. 124. o próprio Boehm entrevistou o recordista mundial de caminhada em perna de pau: *Ibid.*, 9.

p. 124. o que se acredita ser a ÚNICA recordista anônima: Ross e Norris McWhirter, *The Guinness Book of Records* (Londres: Superlatives Ltd., 1971, 175).

Capítulo 6. Setenta e duas horas no inferno: voltando ao Guinness

p. 125. *Se fosse fácil*: *The Wall Street Journal*, 21 de junho de 1989, A14.

Capítulo 7. O queijo não está sozinho: comida gigante e o Guinness

p. 144. Na Feira Mundial de Seattle de 1962: *Guinness Time* (sem copyright), vol. 20, nº 2, primavera de 1967.

p. 146. Até hoje, o maior *haggis* registrado: *The Herald* (Glasgow), 18 de agosto de 1997, 10.

p. 147. A tentativa de quebra de recorde: *Reed Business Information Ltd. Hospitality* (Austrália), 17 de fevereiro de 2005.

p. 147. a tentativa exigiu uma panela feita sob medida: *AAP Newswire* (Sidney), 26 de novembro de 2004, 1.

p. 148. Funcionários do *Guinness World Records* às vezes: Associated Press State & Local Wire, 25 de maio de 2007.

p. 148. Segundo as regras do Guinness, o biscoito ainda tinha de ser comestível por cães: *Telegram & Gazette* (Worcester, MA), 25 de junho de 2007.

p. 151. Para marcar o relançamento da Vanilla Coke ano passado: Associated Press State & Local Wire, 25 de maio de 2007.

p. 152. O recordista de 2003 foi um Rich Dark Kiss da Hershey: *Professional Candy Buyer*, setembro de 2003, 86.

p. 152. O dia 7 de julho de 2007 marcou o 100º aniversário do Kiss: *Confectioner*, julho de 2007, 6.

p. 152. Eepybird Perfetti Van Melle: *Candy Industry*, junho de 2007, 15-16.

p. 153. Krispy Kreme, que forneceu a matéria-prima para a torre: *Evening Mail* (Birmingham, Inglaterra), 10 de novembro de 2005.

p. 153. Como observou ironicamente a *PR Week*, uma publicação: *PR Week* (EUA), 27 de junho de 2005, 2.

p. 154. "Ele explicou que a tentativa foi para": *Times* (Londres), 4 de março de 2007.

p. 154. "Reivindicações que não queremos ver": Glenday, *The Guinness World Records 2008*, 13.

p. 155. "Nós também desapontamos a aldeia húngara": *Telegraph* (Londres), 21 de novembro de 2004, 7.

Capítulo 8. Recordes globais

p. 157. *Há um recorde para o país com mais tempo livre?*: *Time*, 20 de janeiro de 2006, 26.

p. 158. ele foi traduzido para 37 idiomas: *The London Daily Mail*, 30 de outubro de 2006.

p. 158. Em número de recordes: Associated Press, 4 de setembro de 2007.

p. 159. Na verdade, a Índia é apenas a décima na relação: Associated Press, 4 de setembro de 2007.

p. 159. Nos anos 1990, a mania de recordes na Índia: Associated Press, 6 de maio de 1993.

p. 159. um bebê de 17 meses que em menos de quatro horas comeu: Indo-Asian News Service, 10 de julho de 2007.

p. 159. "A Índia é uma terra obcecada por superlativos": Associated Press, 4 de setembro de 2007.

p. 160. Guinness Rishi, de 66 anos, cujo cartão de visitas: Associated Press, 4 de setembro de 2007.

p. 160. Rishi foi presidente do Guinness World Record Holder Club da Índia: Associated Press, 6 de maio de 1993.

p. 161. O intitulado *Limca Record Book* foi criado: http://en.wikipedia.org/wiki/Limca_Book_of_Records.

p. 162. Ele não está só. O dublê de Toronto: *Toronto Sun*, 24 de junho de 2001.

p. 163. Para não ser superada, a própria CN Tower: *Toronto Sun*, 10 de novembro de 2006.

p. 163. "A maioria dos funcionários de prédios é ranzinza com essas coisas": *Toronto Sun*, 24 de junho de 2001.

p. 163. Isso explicaria muitas coisas: *Toronto Sun*, 15 de julho de 2007.

p. 164. "para o bem ou para o mal, o Canadá deixou sua marca": *Ottawa Citizen*, 10 de setembro de 2006.

p. 164. O país está entre os cinco maiores: *Toronto Star*, 26 de agosto de 2007.

p. 164. com o país de apenas 33 milhões comprando anualmente: *Ottawa Citizen*, 10 de setembro de 2006.

p. 164. Com o quádruplo da população de Cingapura, o Chile apresentou: Financial Times Information, Global News Wire, 12 de novembro de 1999.

p. 165. Segundo Wu Xiaohong: *Daily Telegraph*, 20 de fevereiro de 2005.

p. 165. *Irish News, Irish Independent* e *Daily Mail* fizeram reportagens: *Irish News*, 29 de setembro de 2006; *Irish Independent*, 30 de outubro de 2006; *London Daily Mail*, 30 de outubro de 2006.

p. 166. "artista mais consistente em vendas da Grã-Bretanha": *London Daily Mail*, 30 de outubro de 2006.

p. 166. a maior reivindicação da Irlanda: *Irish Independent*, 30 de outubro de 2006.

p. 166. "é um volume impressionante de chá": *Irish Independent*, 30 de outubro de 2006.

Capítulo 9. O lado negro: os recordes Guinness do mal

p. 170. dono de um bar em Viena e apaixonado paraquedista: *The Washington Post*, 8 de fevereiro de 1998, F1.

p. 170. o único recorde inédito que restava era saltar nos dois polos: *Ibid.*

p. 170. Segundo o *Washington Post*, Rezac se juntou: *Ibid.*

p. 171. Kearns não conseguiu explicar: *Ibid.*

p. 172-3. Boonreung Buachan, conhecido como "o Homem-cobra": *The Independent*, 23 de março de 2004.

p. 173. o *Independent* de Londres noticiou que em 1990 o Guinness tinha eliminado todos os recordes de resistência: *The Independent*, 23 de março de 2001, 10.

p. 174. "Agora que se reconhece oficialmente que comer pode ser muito prejudicial à saúde": *Times*, 23 de maio de 1989.

p. 174. o cidadão de Grenoble consumiu uma dieta impressionante: *Edmonton Journal*, 1º de setembro de 2006, F5.

p. 174. "Acredito que ele tenha sido o único homem a ter um caixão": *Ibid*.

p. 175. "O problema é que estamos com imitadores": Ben Sherwood, *The Man Who Ate the 747* (Bantam, Nova York, 2000, 155).

p. 176. Bennet D'Angelo aprendeu da pior forma possível: McWhirter *et al.*, *Guinness: The Stories*, 52-53.

p. 176. "Este senhor regurgitou o que tinha bebido na metade": *Times*, 12 de agosto de 1971, 6.

p. 177. "alguns dos recordes foram de tal modo levados a extremos": *Ibid*.

p. 177. Seu raciocínio? Os peixinhos dourados comidos: *The New York Times*, 10 de fevereiro de 2000, B10.

p. 178. a funcionária do Guinness Carole Jones disse (...) que a glutonaria como categoria: *Los Angeles Times*, 19 de fevereiro de 1996, E1.

p. 179. Mestre Chi, cujo nome verdadeiro era Ronald Chamberlain: *The New York Times*, 3 de janeiro de 1977, 24.

p. 180. quando, infelizmente, Jessica Dubroff, de 7 anos, morreu: *The Washington Post*, 13 de abril de 1996, B1.

p. 180. O mesmo vale para helicópteros: *Telegraph*, 21 de dezembro de 2003, 6.

p. 181. 1974, quando oficiais da Marinha Real tentaram quebrar: *Times*, 27 de setembro de 1974, 7.

p. 181. Em 1995, um garoto morreu esmagado na Alemanha: *Los Angeles Times*, 19 de fevereiro de 1996, E1.

p. 181. John DiPietro, de Eastport, Maryland, descobriu: *The Washington Post*, 4 de novembro de 2006, 61.

p. 182. "uma das muitas divergências que eu tinha": Boehm, *Fascination of Book Publishing*, 24-25.

p. 182. "Apenas não queremos encorajar": *Los Angeles Times*, 19 de fevereiro de 1996, E1.

p. 182. mas o livro contorna isso criativamente permitindo: *People*, 14 de maio de 2007.

p. 183. as terríveis consequências que enfrentou Tony Wright: *Daily Mail*, 25 de junho de 2007.

p. 184. Em 2007, o funcionário público Barry Kwok, de Hong Kong: *Birmingham Post*, 10 de setembro de 2005.

p. 184. funcionários da Guinness World Records contaram ao Times: *Times*, 21 de janeiro de 2007.

p. 184. O recorde não oficial de tentativa fracassada de recorde bizarro: *Times*, 22 de junho de 2007, 45.

p. 185. Os funcionários do livro disseram ter sido procurados: *Evening Times* (Glasgow), 5 de setembro de 2003.

p. 186. "As pessoas fazem coisas perigosas": *The Financial Times*, 21 de janeiro de 2006, 1.

Epílogo

p. 193. o pato-ferrão: *Calgary Herald*, 25 de abril de 2004, B6.

p. 193. enquanto o grande vencedor era, segundo os McWhirter: *Smithsonian*, agosto de 2005.

Apêndice 1: As histórias dos meus recordes preferidos

p. 196. os organizadores conseguiram incluir um elemento de celebridade: *The Washington Post*, 15 de março de 2007.

p. 196. onde ficam os Smith em tudo isso?: *The Guinness Book of Records* (Londres: Superlatives Ltd., 1955, 77).

p. 196. *Herói por acaso*: Boehm, *Fascination of Book Publishing*, 24.

p. 197. Mas a despeito de sua reputação de paixão: *Time*, 20 de novembro de 2006, 26.

p. 197. o dublê Eric Scott voou: *Popular Science*, março de 2006, 44.

p. 197. Desde que Berg estabeleceu seu primeiro recorde em 1992: CNN.com, 14 de novembro de 2007.

p. 198. O repetido e múltiplo recordista construiu: *Weekly Reader*, 8 de abril de 2005.

p. 198. conquistou um segundo Recorde Mundial Guinness: CNN.com, 14 de novembro de 2007.

p. 198. Essa cidade em miniatura exigiu 178 mil cartas: *Weekly Reader*, 8 de abril de 2005.

p. 198. Na Feira Estadual do Texas de 2007: CNN.com, 14 de novembro de 2007.

p. 198. Kontrimas também conquistou um lugar na relação de "Feitos de força": *Joe Weider's Muscle & Fitness*, dezembro de 2004, 92.

p. 199. Josh, o Cão Maravilha: *The Washington Post*, 29 de julho de 1997.

p. 200. *Fome de seios*: U.S. Federal News Service (HT Media Ltd.), 31 de julho de 2006.

p. 200. *Trivialidades de bar — sem as trivialidades*: Australian Associated Press, 19 de outubro de 2006.

p. 201. *Não existe "eu" em uma equipe*: Business Wire, 28 de setembro de 2006.

p. 202. *Esta caminhada é algo que eu tenho de fazer*: Steven M. Newman, *Worldwalk* (Nova York: William Morrow, 1989, 2-3).

p. 202. "Então, de feijões enlatados e sanduíches de pasta de amendoim": *Ibid.*, 82.

Apêndice 2: O longo caminho rumo ao Guinness: uma ode ao esforço

p. 205. *A principal característica que os recordistas partilham*: *Newsweek*, 12 de novembro de 1979.

p. 205. *Após passar 147 dias enterrado, dentro de um caixão*: *Outside*, junho de 2004.

p. 206. *Mas a quilometragem não foi o único desafio*: *Express* (Londres), 21 de maio de 2002.

p. 206. *Mas Blessitt não desiste*: *Outside*, junho de 2004.

p. 207. "tendo superado todos na história da humanidade": *Daily Mail*, 2 de abril de 2007.

p. 207. *Seu diário do período descreve*: *The Guardian*, 28 de março de 2007.

p. 207. *Isso inspirou muitos incrédulos*: *Daily Mail*, 2 de abril de 2007.

p. 208. *o Guinness o apoiou*: *Daily Mail*, 18 de fevereiro de 2008.

p. 208. *a história de Eric Peters*: *Times*, 21 de setembro de 1983.

p. 208. *George Meegan, um marinheiro mercante britânico*: *Times*, 31 de julho de 1984.

p. 208-9. *Quando finalmente chegou ao mar de Beaufort*: *Times*, 20 de setembro de 1983.

p. 209. *Poucos guerreiros das estradas, mesmo os mais ousados*: *Telegraph*, 8 de março de 2004.

p. 210. *Hertrich sustentou o esforço*: *Oregon Mail Tribune*, 1º de setembro de 2006.

p. 210. *Dale Webster, que apareceu*: *Washington Post*, 21 de novembro de 2006.

p. 210. "Grande dia, neve e diversão!!!": *Oregon Mail Tribune*, 1º de setembro de 2006.

p. 210. "Eu podia parar e acabar com essa maldita coisa amanhã": *The Washington Post*, 21 de novembro de 2006.

p. 210. eles foram levados a incluir: *Express* (Londres), 9 de novembro de 2006.

Apêndice 4: Linha do tempo da quebra de recordes

p. 219. 1960: Sir Hugh Beaver se aposenta: *Times*, 31 de dezembro de 1960, 14.

p. 219. 1962: Boehm licencia os direitos de publicação em brochura para a Bantam: Boehm, *Fascination of Book Publishing*, 17.

p. 219. Abril de 1970: Vai ao ar o primeiro especial de TV americano: *Ibid*.

p. 220. 1973: A Guinness PLC assina um contrato atualizado com a Sterling Publishing e a Bantam: *Ibid*.

p. 220. 1975: o *Guinness Book of World Records* "estabeleceu o recorde de livro mais vendido": *Newsweek*, 15 de setembro de 1975, 81.

p. 220. 1995: Irwin diz ao *Wall Street Journal* que: *Wall Street Journal*, 30 de julho de 1999.

p. 220. 1995: A Guinness Publishing vende dois museus: *Business Week*, 13 de março de 1995.

p. 220. 1997: "Agora nos chamamos Guinness World Records", diz Alistair Richards: *The Financial Times*, 21 de janeiro de 2006, 1.

p. 221. 1995-98: As vendas triplicam: *The Wall Street Journal*, 30 de julho de 1999.

p. 221. 1999: *Guinness World Records: Primetime* ganha versões na Grã-Bretanha, na Alemanha e na Escandinávia: *The Wall Street Journal*, 30 de julho de 1999.

p. 221. 1999: O público-alvo muda: *The Wall Street Journal*, 30 de julho de 1999.

p. 222. Fevereiro de 2008: A Guinness World Records Ltd. é comprada pelo Jim Pattison Group: Reuters, 15 de fevereiro de 2008.

ÍNDICE

A

abdominais 35, 37, 40
abelhas, "barba de" 19, 76
acidentes 88, 171
 piores 88
Akabusi, Kriss 102
Alekseyev, Vasily 23
Alemanha 157, 158, 167, 181, 221
Alexander Gibb & Company 47
Ali, Muhammad 26
Allen, Sandy 80, 81
All Things Considered (programa de rádio) 119
Almedovar, Louisa 130
Alpinistas Sociais (Darwin) 124
amamentação 200
Amazonas, rio 36
American Broadcasting Company (ABC) 73
American Idol 102
andar na corda bamba a grande altura 172
andar plantando bananeira 89, 114
Angkor Vat 36
animais de estimação, mais pesados e mais leves 182
Aniston, Jennifer 120
Antártica *ver* Polo Sul
Apax Partners 222
Arábia Saudita 167
Argélia 167
Armstrong, Lance 18, 87, 121, 139, 214, 215
Armstrong, Neil 18, 54, 61, 71, 98, 104, 107, 124, 172
arremesso 29, 89, 97, 144
 de máquina de lavar 98, 119, 165-166
Arthur Guinness & Sons 11, 12, 47, 49, 50, 56, 61, 219
Artisanal Bistro and Wine Bar (Nova York) 148
árvove, comer 38
Ashton, Felicity 92
Associação Aeronáutica Nacional 180
Associação Espeleológica Britânica 56
Associação Filológica Americana 119
Associação Internacional de Federações de Atletismo 130
Associated Press 139, 145, 151, 159, 160, 185
astros do cinema, recordes atribuídos a 120-122
Athletics World (revista) 53
Atlântico, travessias do 89, 90, 97
AT&T 102, 219
Austrália 124, 158, 161, 167
 comida grande na 145-146

maratonas de bar na 201
séries de TV na 103, 167
ave de caça mais rápida 219
aviões 172
    comer 143, 174, 180
    empurrar 102
    pilotos mais jovens 180
    segurar 182
Ayers Rock (Austrália) 36

B

Bahrein 167
Bailey, Emmanuel MacDonald 52
Bajpai, Radhakant 159
Baker, Cheryl 102
balões
    chapéus feitos de 162
    de ar quente 35, 97
banana, maior coleção de material relativo a 102
Bannister, Roger 36, 52, 54, 55, 85, 105, 172
Bantam Books 219, 220
Bao Xi Shun 79, 81
barba
    levantamento de peso com 198, 216
    mais comprida 19, 76, 83, 88
barcos mais rápidos 89, 90
Barrymore, Drew 121
Baseball 192
batatas fritas, maior volume comido 92
bater palmas 30
Beatles 59
Beaver, sir Hugh 46, 47-51, 54, 86, 91, 144
    aposentadoria de 219
    carreira de 47
    inspiração para livro de recordes 49-50, 54, 61-62, 165, 188, 193, 219

os McWhirter contratados por 51, 55-56, 219
    primeiro exemplar do livro recebido por 58
bebidas alcoólicas
    bebedor mais rápido 143, 175
    maior bebedor 175
    maior coquetel 164
    maratonas de bares 200
Beckett, Samuel 166
beijo 197
Belmondo, Dave 178
Berg, Bryan 197, 198
Berkeley (Califórnia) 200
Berlin, Irving 79
best-seller, recorde 11, 86
bhaji, maior 144, 147, 155
Bibby, Jackie, "o Homem-cobra do Texas" 45, 82, 92, 97, 110, 111, 139, 174
    busca da fama por 107, 109, 115-116
    feitos perigosos de 172, 177
    quebra do próprio recorde 151
Bíblia 21, 86, 220
bicicleta
    comer 87, 143, 174, 177
    corridas de 27, 215
    maior número de pessoas em uma 76
bigode mais comprido 76, 78, 83, 88
Birmingham Post 184
biscoito de cachorro, maior 148
Blaine, David 185
Blessitt, Arthur 206, 208
Bodill, Colin 180
Boehm, David 52, 61, 76, 124, 219, 220
    e recorde perigosos 179, 182
    programa de televisão de 83, 196
    recordes de comer eliminados por 177
    registros de maiores comidas recusados por 147

bola de exercícios, equilíbrio em 23
bolas de golfe
    equilíbrio de 87
    maior coleção de 65
boliche 98
    ao contrário 35
bolos, maiores 144, 145, 146
Bolsa de Valores de Londres 49
Bonds, Barry 192
boneco de neve, maior do mundo 113
Borobudur (Indonésia) 37
Boston Bruins, time de hóquei 97
Botín, El (Madri) 193
Boyd, visconde de 50
Boyzone 166
Brainiac (Jennings) 47, 58, 77
Branson, sir Richard 82, 90, 91, 96, 97, 126, 139, 172
Breedlove, Craig 89, 90
Brennan, Terrance 143, 148, 149, 150, 151
British Broadcasting Corporation (BBC) 36, 53, 54, 56, 75, 100, 101, 108, 115, 167, 219, 220
British Open 66
British Trust for Ornithology 193
bronzeamento artificial 195
Brosnan, Pierce 122
Brunei 167
Buachan, Boonreung 173
Budapeste 197
budistas, monges 38
Bulgária 35, 39
burritos, maiores 147

C

cabine telefônica, maior número de pessoas dentro de 98, 101
Cable News Network (CNN) 81, 87
cabo de guerra 181, 182, 211
cachorro 199
    caçador de roedores 45, 88, 199
    maior equipe de 85
    mais acariciado 199
    mais pesado e mais leve 182-183
    saltar de pula-pula segurando 38, 45
Califórnia, Universidade da, em San Diego 135
Calment, Jeanne 84
camas de pregos 179
cambalhota para a frente *ver* salto mortal
Camboja 36, 167
caminhada
    ao redor do mundo 201, 206
    mais demorada 206, 208
caminhão de bombeiros, arrasto de 199
Campbell, Donald Malcolm 89, 90
Canadá 80, 118, 158, 162-164, 167
    Jogos da Comunidade Britânica no 54-55
Canada Globe and Mail 28
Canal da Mancha
    travessia a nado 45, 94, 107, 139, 215
    travessia em carro anfíbio 96
Candy Industry, revista 152
Care Australia 147
caridade, quebra de recorde de 92, 93, 124, 145
carregar maca 30
carros
    equilibrados na cabeça 123, 124, 216
    maior número de pessoas dentro 98
    mais rápidos 89, 90
    montagem e desmontagem 163
    puxar 195
cartas, castelos de 197, 198
Carville, James 36

casamento
  com maior diferença de peso 82
  maior número de 91
  maior número de padrinhos e madrinhas em 42
  mais duradouro 78
Casanova (filme) 81
casas, destruição de 96
cascavéis, venenosas 109, 115-116, 151, 172, 183
cassino Harrah's 128
castelos de cartas 197, 198
Castle, Roy 100, 101
Castro, Fidel 18
Cataratas do Niágara 108
catedral de São Basílio (Moscou) 36
cerca viva mais alta 166
cerveja, consumo de 175
Chamberlain, Ronald *ver* Chi, Mestre
Chambers, Chris 201
Chang e Eng 83
Chataway, Chris 52, 55
Chaucer, Geoffrey 59
chá, beber 19, 166, 197, 216
Chi, mestre 179, 182
Childs, Greg 36, 75, 100, 102, 108
Chile 158, 164, 171
Chillal, Sridhar 82, 83, 110-111, 118
China
  Grande Muralha da 36
Chinmoy, Sri 25, 26, 27, 29, 30, 32, 33, 35, 38, 39
  programa *Lifting Up the World with a Oneness-Heart* 26
chocolate, maior pedaço de 144, 146, 152
Chocolate World (Hershey, Pensilvânia) 152
Christian Science Monitor 28

Cingapura 37, 157, 161-164
cirurgião mais jovem 159, 184
City Harvest 150
Claxton, Stuart 81, 98, 100, 103, 104, 109, 114, 190
CN Tower (Toronto) 36, 37, 163, 193, 197
Cobb, Ty 18
Coca-Cola 146, 151, 161
código Da Vinci, O (filme) 120
Columbia Broadcasting System (CBS) 41, 46, 47, 202, 203
Colúmbia, Universidade de 27
Comaneci, Nadia 30, 109
comer 143-144, 173-175, 177-178
  árvores 38
  aviões 143, 174-175, 180
  batatas fritas 92
  bicicletas 87, 143, 174, 177
  hambúrgueres 85, 143
  pimenta 159, 160
  tortas 101, 144
comida
  gigante 143
  perigosa 177
  ver também comer
Comissão sobre Poluição do Ar 48
Conselho de Comércio Sino-Britânico 47
copos, equilíbrio de 172, 199
Copperfield, David 121
corda de pular 89
coroa de flores mais cara 30
corrida
  ao redor do mundo 206
  fazendo malabarismo 35, 89
  mais jovem participante de maratona 26, 216
  para trás 159

Corrida da Harmonia Mundial 26
corrida de saco 34, 38, 43
   com animais 38

Cosby, Bill 35
Crowe, Russell 71, 121
Cruise, Tom 120, 124
cruz, carregamento de 206
curry, maior 144

D

D'Angelo, Bennet 176
Daley, Jason 82, 87, 104, 105, 114
dama de ferro 179, 182
dança das cadeiras 68
Dartmouth College 113
Darwin, Christopher 123, 124, 125, 127
datilografar
   livros de trás pra frente 210
   números de um a um milhão 210
"Dedication" (Castle) 100
demolição 230
Departamento de Pesquisa Científica e Industrial 47
de pé em uma perna só 42
Depp, Johnny 121
Derby College of Technology 93
desastres 88, 92
Detroit Lions, time de futebol americano 97
Devine, John 166
Diageo PLC 11, 221
DiGiovanni, C. 140
DiPietro, John 181, 182
DISH (serviço de televisão por satélite) 201
Disney, Walt 46, 198
DJ, maratonas de 125, 132, 178

Doggonest Christmas, The (Stack) 199
Dolnick, Sam 159
donuts
   consumo mais rápido de 175
   maior torre de 173
Downey Jr., Robert 121
Drake, sir Francis 90, 202
Dubroff, Jessica e Lloyd 180

E

EchoStar Communications Corporation 201
Eckert, Carole 60
Eddie the Eagle 101
Edwards, Jez 102, 115, 223
Eepybird Perfetti Van Melle 152
Egito 39, 167
Eiffel, Torre 36, 37, 163
elefante 35, 37, 45
Eminem 122
Emirados Árabes Unidos 167
Empire State Building 37, 103, 115, 163, 198
empurrar carros 22, 216
engolir espadas 78, 172
engolir peixes 195
engolir peixes dourados 177
enterrado vivo 98, 185, 205
Épico de Gilgamesh 119
equilíbrio de garrafas de leite 30-33, 36, 40, 43, 124
equilíbrio de taco de beisebol 40, 43
equilibrismo
   bolas de golfe 65, 87
   carros 124
   copos 199
   garrafas de leite 30, 31, 40, 94, 124
   taco de beisebol 94
   tijolos 123, 216

escada rolante, uso de 42
espaço, mais jovem e mais velho no 91
Espanha 167
Espinoza, Amarilis 160, 185
ESPN 73, 113, 139, 173
esquiar 60, 127, 209
Estados Unidos 158, 161
   homem mais alto nos 80
   recorde de comida gigante nos 147
   recordes de velocidade nos 89
   sobrenome mais comum nos 196
estalar dedos 23
Eubanks, Steve 126
Eurovision 102
Evans, John 123
Everest, monte 58, 95, 102, 107, 170, 210, 214, 215, 216
   alpinistas de Cingapura do 161
   escalada mais rápida do 105
   escalada por Hillary do 79, 87, 143, 162
   imagens do 82
Exército Republicano Irlandês 220

F

Facebook 108
Faculdade de Administração Ashridge 47
falação contínua 89
Fame Junkies (Halpern, Jake) 111
Fascination of Book Publishing, The (Boehm) 196
Fast, Kevin 198, 199
Fazio, Tom 71
Federação de Indústrias Britânicas 47
Feira Mundial de Seattle 144
feitos debaixo d'água
   girar bambolê 44
   malabarismo 28
   saltar de pula-pula 35
   tocar violino 87
Fellini, Federico 80
Fiji 52
Filipinas 167, 200
Financial Times 186
Finlândia 167, 183
Flatley, Michael 166
Flynn, Errol 121
fogos de artifício, maiores 97
fondue, maior 143, 148, 149, 150, 151
Food Network 103, 145
Força Aérea argentina 36
Força Aérea dos Estados Unidos 171
Ford, Harrison 18
Fossett, Steve 90, 172
Foster, Jodie 120
Fox 103
Foxwoods Resort & Casino 142
França 84, 103, 120, 167, 214, 215
Frary, Mark 59, 60, 101
French Culinary Institute 152
Frend, Patricia 92
Frigatti, Marco 207
Frost, sir David 102, 103, 182, 196, 220
Fucqua, William 180, 181
Fuji, monte 33, 34, 36
Fundo Industrial para a Melhoria do Ensino Científico nas Escolas 47
Furman, Ashrita 21-44, 68, 149, 183, 193, 197, 200, 209, 211, 212, 213, 217
   aparições na TV de 35-36, 102, 162
   capacidade atlética de 21, 23, 24, 30
   cenários para recordes 33-35, 36-38, 39, 43-44, 54
   espiritualidade de 22, 25-28, 32, 33, 34, 38-40, 108-109
   fama de 24, 28, 31, 35, 108-109, 111, 157

fracassos determinados pelas regras 29, 132
ferimentos 39, 172
Guinnesporte e 92, 94, 98, 104
infância de 22, 24-25, 28, 97
propostas de recordes feitas por 66
quebrador de recordes em série 89, 116-117, 169, 206
ritmo para estabelecer recordes 22, 34-35, 39-40, 44, 164
rivais de 30-31, 34, 41-42, 112, 159
status de maior recordista do Guinness de todos os tempos 22-23, 28, 31, 41, 42, 157, 162, 211, 220
tentativas de recordes com animais 37-39, 45
versatilidade de 23, 28, 121

G

Gardner, Randy 183
Garside, Robert 206-208
Garson, Greer 166
Gascoyne, David 93
Geldof, Bob 166
Geórgia, Universidade da 126
Germeny, Gerry 93
Get to Your Marks (McWhirter) 53
Ghose, Chinmoy Kumar *ver* Chinmoy, Sri
Glasgow Hilton Hotel 146
Glenday, Craig 68, 81, 82, 102, 109, 147, 155, 164, 174, 184, 186, 192
Gobi, deserto (Mongólia) 43
Goethe, Johann von 125
Goh, Robert 162
golfe 63-66, 90, 129-130
  em longa distância 66, 68-74, 126-127, 139, 141, 189
Golf Magazine 63, 72, 73, 127, 187

Good Morning America (programa de TV) 41, 73, 77, 112
Gorbatchev, Mikhail 26
gorila, maior número de pessoas fantasiadas de 19
Goya, Francisco 193
Grã-Bretanha 53, 78, 82, 89, 103, 158, 166, 196, 221
  homem mais alto na 80
  maratona de bar na 200
  recordes de velocidade na 89
  sobrenome mais comum da 196
Grandes Pirâmides 36
Grand Met 220
Great Gorilla Fun Run (Londres) 19
Green, Henrietta Howland 78
Greener, Chris 81
Greyfriar's Bobby (Edimburgo) 37
Grice, Rosemary 60
Guarda Costeira 56
Guardian, The 59, 110, 122
Guerra Revolucionária 33
Guide to British Track and Field Literature from 1275-1968, The (McWhirter) 53
Guinnesporte 86-99, 102-105, 120, 127, 158, 195
  aprovação do 103-104
  arremesso 97-98
  autoestima e 123
  canino 199
  competitividade no 89-90
  de destruição 96
  esmagamento 93-96
  estreia 91, 97
  mais radical 210
  na televisão 102-103
  origens do 86-87, 113-114,
  por caridade 92-93

Guinness, Arthur 49, 219, 222
Guinness Book of Irish Facts & Feats, The 167
Guinness Book of Records, The ver *Guinness World Records*
Guinness Book of Superlatives, The 11, 60, 61
Guinness, cerveja *stout* 11, 12, 49, 57, 99, 175, 176, 219
 beber mais rápido 176
Guinness PLC 11, 12, 144, 161, 220
Guinness Publishing 11, 220, 221
Guinness: The Stories Behind the Records 124
Guinness Time 48, 62, 144
Guinness World Records (antes *The Guinness Book of Records* e *The Guinness Book of World Records*) 11-12, 64, 92, 141, 143, 159, 162, 188-189
 alertas no 173, 176-179, 182
 atividades concebidas para conseguir recorde no ver Guinnesporte
 celebridades no 18, 120-123, 220
 como livro com direitos autorais mais vendido 17, 21, 46, 51, 77, 220
 datilografado de trás para frente 210
 edições em outros idiomas 17, 61, 158, 164, 167, 188, 221
 edição especial do milênio do 144, 178
 edição original do 45-47, 49, 50-61, 84-86, 99, 107, 165, 175
 fama e 111, 112-114, 118, 119, 120, 123
 Guardião dos Recordes do 22, 72, 73, 94, 109, 131, 174, 186
 imagens no 76, 78, 82
 imprensa e 28, 34, 40, 55, 67, 81, 92, 93, 113
 mortes relacionadas ao 171-172
 mudanças no 40-41, 78, 85-86, 99-100, 122-123, 220
 museus baseados no 17, 19, 80, 103, 157, 158, 160-161, 167, 179, 220, 221
 parcela dos recordes incluída no 217
 primeira edição americana do 59-61, 78, 196, 220
 primeira edição brochura do 219
 primeira edição revisada do 91
 programas de televisão baseados no 102-103, 167, 182, 188, 196, 219, 220 (ver também *Record Breakers*)
 público-alvo do 22, 25, 99, 221
 quinquagésimo aniversário do 17, 63, 79, 165
 regras de segurança do 132, 184-186
 resistência à edição completa do 190
 tentativas de recorde banidas pelo 173-174, 176-183
Guinness World Records Ltd. 11, 221, 222
 propostas apresentadas à 214-215
 site na internet da 222
Gullane Entertainment 221

H

haggis
 arremesso 89, 98
 maior 144, 145, 146
Halpern, Jake 111, 112, 116, 117, 118, 119, 121, 126, 169
hambúrguer
 maior 144
 maior número comido 85, 143
Hanks, Tom 82, 120
Harvard Crimson 52

Harvard, Universidade 209
Healy, Pete 152
helicópteros 171, 180, 209
Hello!, revista 123
Hemingway, Ernest 193
Herrera Delgado, Jorge 147
Hershey Foods 146, 152
Hertrich, Rainer 209, 210
Hillary, sir Edmund 54, 79, 87, 143, 162, 172
Hilton, Paris 121
Hindustan Times 159
HIT Entertainment 221
Hoffman, Toby 196
Hogan, Ben 63
Hollingsworth, William 124
Homem que comeu o 747, O (Sherwood) 41, 77, 112, 158, 174
Homero 119, 210
Hoover, represa 79
Horn, Rudy 19
Howard, Ron 120, 121
Huascaranin, monte 123
Hughes, Robert Earl 76, 77, 82, 85
Hungria 197
Huntley-Flint, Dorothy 90
hurling 166

I

Iêmen 167
Ilíada (Homero) 119
Importance of Being Famous, The (Orth) 118
Inc, revista 129
Independent, The 45, 75, 86, 99, 173
Índia 37, 47, 157-160, 166-167
    cobertura da mídia das tentativas de recorde 157
    comida grande na 147
    museus Guinness World Records na 157, 161
    tentativas de recordes bizarras na 159, 184-185
Indo-Asian News Service 169
Indonésia 37, 167
Instituto Britânico de Administração 47
internet 110, 128
Iraque 167
    guerra no 139
Irish Daily Mail 165, 207, 208
Irish Independent 165, 166
Irish News 165
Irlanda 17, 94, 165-166
    cervejaria Guinness na 161
    homem e mulher mais gordos na 82
irmãos siameses 83
Irwin, Chris 220
Islândia 36
Itália 146, 167
Iveagh, Rupert Guinness, conde de 45, 47, 57, 99, 100
Izumi, Shigechiyo 83, 84

J

Jacko (terrier matador de roedores) 45, 88, 199
Jackson, Michael 112
Japão 167, 197
jejum 186
Jennings, Ken 47, 58-59, 77, 82, 125, 128
Jeopardy! 47, 125
Joachim, Suresh 42, 112, 169
João Paulo II, papa 26
Joe Weider's Muscle & Fitness, revista 198
Jogos da Comunidade Britânica 54
jogos de tabuleiro, maratona de 98, 132, 216

Johnson, Samuel 45
Jolie, Angelina 120
Jones, Bobby 63
Jones, Carole 178
Jones, Dame Gwyneth 196
Jones, Grace 196
Jones, pessoas com o sobrenome 196
Jordânia 167
Josh, o Cão Maravilha 199
judaísmo 25, 27, 39

K

Karunakaren, Vadivelu 159
Kearns, Michael 171
Key Largo (Flórida) 43
Khoo Swee Chiow 162
Kingston, Miles 75
Kirshenbaum, Jerry 86, 87
Knievel, Evel 18
Kontrimas, Antanas 198
Kresse, Joe 15, 135
Krispy Kreme 153
Kuwait 167
Kwok, Barry 184

L

Landers, Ann 18
Landy, John 54, 55, 85
Langley, Rich 130
lápis, maior 23
laranja, empurrar 32, 34, 68, 90, 159, 213
Lasky, Michael 154
Leonard, Sugar Ray 97
Leppard, Tom, "o Homem-leopardo" 114
Letterman, David 35
levantamento de peso 99, 100
Lewis, Carl 26
Lexis-Nexis 213

Líbano 167
Líbia 167
liga americana de hóquei 97
liga nacional americana (beisebol) 97
limão
    descascar e comer 33
Limca Record Book 161
Lincoln, Abraham 83
Lions Clube de Lunenburg (Massachusetts) 148
Lipscomb, Steve 129
Live Aid 166
London Daily Mail 207, 208
London Daily Telegraph 155, 165
London School of Economics 50
Lopez, Jennifer 121
Los Angeles Times 178, 182
Lotito, Michel 174, 175, 177
Love, Courtney 121
Low, Carey 118, 163, 164
Loz, Ted 65

M

Madri 193
mães de leite 200
Major League Baseball 192
malabarismo 29, 32, 34, 35, 78, 86
    debaixo d'água 28, 35, 37
    maior número de bolas ou pratos 85
Malásia 37, 157, 175
Mall (Washington) 36
Mama Lena's Pizza House (Pittsburgh) 145
Mandela, Nelson 26
manequim humano 181
máquina de lavar, arremesso de 98, 119, 166

Mara, Ratu Kamisese 52
Marathon des Sables 207
maratona de assistir à TV 132, 201
maratona de banho 98
maratona de canto 164
maratona de cinema 130
maratona de Londres 36
maratona de pôquer 162
maratona de pubs 200
Marinha Real 52, 181
Marrocos 41, 167
Marshall, Arron 113, 114, 124
Martel, Jim 125
Martin, Lang 87
Maryborough (Austrália) 200, 201
Masterson, Robert 160, 161, 183, 192
Matthews, Peter 63, 182
McCrary, gêmeos 76, 82, 99, 109, 174, 187
McEwan, Roger 92, 93
McFarlan, Donald 174, 184
McGauran, Terry 162, 163
McWhirter, Norris 51-61, 89, 98, 121, 188, 193, 205
   aparições na televisão de 54, 61, 100, 101
   aposentadoria de 220
   Ashrita parabenizado por 28
   contratado por sir Hugh 51, 55-56, 190, 219
   empresa de fatos criada por 53
   em Oxford 52, 54
   e o mercado nos Estados Unidos 60-61, 76
   e pessoas mais velhas vivas 83-84
   feitos considerados quase impossíveis 43, 75, 214
   fenômeno americano de quebra de recordes reconhecido por 158
   Guinnesporte defendido por 105
   histórico familiar de 51-52
   inspiração de sir Hugh para o livro 49
   morte de 221
   mudanças no livro criticadas por 122
   primeira edição do Guinness Book of Records produzida por 56-59, 85-86, 91
   sobre caçadores de fama 109
McWhirter, Ross 55, 56, 58, 59, 60, 91, 158
   assassinado pelo IRA 220
   contratado por sir Hugh 51, 55-56, 219
   empresa de fatos criada por 53
   em Oxford 52, 54
   e televisão 61, 101
   fenômeno americano de quebra de recordes reconhecido por 85, 158
   histórico familiar de 51-52
   primeira edição do Guinness Book of Records produzida por 56-59, 85-86, 91
McWhirter Twins Ltd. 53
McWhirter, William 51
Medway College of Art e Medway College of Technology 94
Meegan, George 208
Melville, Herman 143
Men's Journal 82, 87
mensagem de texto mais rápida 162
Mentos 152, 153
mergulho com cilindro mais longo 162
México, recordes de comidas grandes no 147, 155
Microsoft Corporation 148
milha em quatro minutos, quebra da 36
milionária avarenta 78

Miller, Ray 171
Million of Facts, A (Phillips) 59
Minagawa, Yone 84
Ministério do Trabalho Britânico 47
Minoff, Marv 182
Mission Hills, resort de golfe (China) 193
Moby Dick (Melville) 143
Mongólia 38, 43
monociclismo 104
Moore, Archie 97
Morse, Wayne 55
Moss, Stephen 59, 122
motocicleta
    salto de 172
    subindo a CN Tower 163
movimento para trás, recordes de 34, 69, 105, 159
Moyne, lorde 55
Mulholland, Steve 171
Murphy, Rick 114
Murray, Jennifer 180
Murugesan, família 184-185
Musso, Derek 151
MySpace 108, 188

N

nariz, empurrar laranja com 32, 34, 68, 94
natação 107, 126, 215
Nathan's Conney Island 173
National Basketball Association (NBA) 139
National Broadcasting Company (NBC) 73, 103, 148, 149, 180
National Football League (NFL) 97
National Geographic Kids, revista 189
Nelson, Dorothy 61
Netherland, Chad 179, 182
Newbold, C.J. 47

Newman, Steven 201, 202, 203, 206, 208
Newport, Stewart 22, 109, 186, 208
New South Wales Golf Club (Sidney) 69
Newsweek 113, 116, 127, 220
New York Daily News 133
New York Magazine 128
New York Post 154
New York Times 22, 28, 38, 50, 81, 121
Nicklaus, Jack 63, 66
Nightly News with Tom Brokaw 77
Nixon, Richard 103
Norberg, pessoas com o sobrenome 196
Norris McWhirter Book of Millennium Records (Mc Whirter) 122
Northcliffe Newspaper Group 51
Noruega 44
Notre Dame, Universidade 68
Nova York 11
    baralho em homenagem a 198
    Corpo de Bombeiros 150
    corridas de bicicleta em 27, 193
    fogos de artifício em 97
    Guinness World Records Museum em 179
Nummisto, Ilkka 182

O

obesidade *ver* pessoas gordas
Odisseia (Homero) 119, 210
O'Donnell, Daniel 166
O'Donnell, Rosie 121
Offsend, James 214
Old Faithful (Parque Yellowstone) 36
Olimpíadas 23, 37
Omã 167
O'Malley, Beverly Nina 91
onívoro, maior 174
Open Net (Plimpton) 97

Orens, Nobby 66, 68, 71, 72, 73
Orth, Maureen 118
Oscar 46, 112
Ottawa Citizen 164
Out of My League (Plimpton) 97
Outside, revista 82, 120, 205
Owens, Jesse 124
Oxford, Universidade 36, 52, 54, 176

P

pandemia 88
Pandya, Arvind Morarbhai 159
Panteão 36
Paper Lion (Plimpton) 97
Parade, revista 116
paraquedismo 170
paraquedismo em queda livre banzai 186, 211
Pardellas, Alberto 154
Paris 96, 100, 121, 197
Park Royal Brewery 50, 55
Partenon 36
patins online, maior número de pessoas em fila com 162
Pattison Jr., Jim 192, 222
Peary, comodoro Robert E. 143
pele, remoção de grandes áreas de 184
Pelican Hill Golf Club (Newport Beach, Califórnia) 69, 72, 73
pelos mais compridos
    braço 164
    orelha 159
Pentágono 79
People, revista 22, 33, 34
Peress, Naim "JP" 135, 136, 137, 138
perna de pau 35
    de latas e cordas 38, 104
    mais alta 85

pular corda em 35, 43
gêmeas
pessoa mais alta
    de todos os tempos 79
    viva 81
pessoas mais baixas 76, 78, 85, 87
pessoas mais gordas 22, 76-78, 82-83, 84
    gêmeas 76-77, 82, 99, 109, 174, 187
pessoas mais velhas
    caminhada e corrida competitiva 119
    no espaço 91
Peters, Eric 208
Philbin, Regis 46
Phillips, sir Richard 59
piano
    destruição de 77, 93, 94, 95, 96, 97
    maratona tocando 89
Picholine, restaurante (Nova York) 148
picolé, maior 75, 153
pinball, maratona 126
pizza
    comer mais rápido 178
    maior 144, 145, 146, 147
Playboy (revista) 74, 116, 128
Plimpton, George 97
polichinelo 29, 30, 35, 39, 170, 220
Polo, Marco 202
Polo Norte 143, 170, 171
Polo Sul 170, 171, 180, 186
Popular Science, revista 197
pôquer
    maratona de 17, 126, 128, 130, 162, 217
pouso na Lua 82
P.O.V., revista 128
prédio de escritórios, maior 79
privação de sono 16, 133, 134, 135, 183, 201

Professional Poker Tour (programa de TV) 129
PR Week 153
pula-pula 28-29, 32, 33, 34-38, 54, 89, 187
   debaixo d'água 35, 36
   fazendo malabarismo 35
   segurando um cachorro 37-38, 45
   subindo a CN Tower 36, 37, 162, 163
   subindo o monte Fuji 33, 34, 36
pular 23, 86, 89, 159
   com um tigre 38, 45
pular corda 43, 180, 199

Q

Qatar 167

R

Rabinowitz, Philip 119, 120
Radcliffe, Paula 122
Radio City Music Hall 37
Raymond, Kathy 129, 139, 142
Reagan Jr., Ron 102
Record Breakers (programa de TV) 36, 75, 100, 101, 102, 108, 115, 129, 162, 167, 219
Record Breakers Singapore (RBS) 161
recordes de menor idade de pilotos, fim dos 180
recordes esportivos 60, 120
recordistas em série 24, 30, 44, 126, 179, 206
   competitividade e 41-42, 89-90
   vício na fama 116-117
   ver também Furman, Ashrita; Joachim, Suresh
Reid, Joe 180
represa, maior do mundo 79
resistência, feitos de 169
   fim dos 173

Reuter's News Service 222
Revere, Paul, corrida de saltos mortais de 33, 34, 43, 173
Rezac, Hans 169, 170, 171, 172, 186
Rich, Lucky Diamond 114, 115
Richards, Alistair 182, 220
Ripley's Believe It or Not 160, 179
Ripley's Entertainment 160, 161, 179, 183, 191, 192, 220, 221, 222
Rishi, Guinness 160
risoto, maior 145, 146
Riverdance 166
Rivers, Joan 35
Roberts, Michael 82, 120
Rockefeller Center 37, 149
Rogers, Jim 91, 92, 93, 97
Romênia, comida grande na 147
Rosenthal, Matt 135, 223
Ross (McWhirter) 49, 54
Rothman, Evan 63, 64
Runner's World, revista 207
Russell, John 124

S

salsichas
   comer mais rápido 178
   mais compridas 19, 144, 145, 154, 155
saltar como sapo 23, 86
salto mortal 34
   na corrida de Paul Revere 34
Sanchez, Dionsio 143
Schott's Sporting Gaming & Idling Miscellany 107, 230
Scotsman 50
Scott, Eric 197
Scott, Robert Falcon 90
Seaton, Steven 207
Selfridges, supermercados 153

Semana Mundial da Amamentação 200
serrar 95, 96
Shakespeare, William 7, 210
Shaw, J. 88
Sherwood 175
Sherwood, Ben 41, 43, 76, 77, 82, 92, 93,
    112, 113, 122, 144, 145, 158, 174,
    175
  sobre Ashrita 41
  sobre fascínio da imprensa com
    recordes 92
Siew, Edwin 162
Simpson, Jessica 121
Singapore Book of Records 161
Síria 167
$64,000 Question, The (programa de TV)
    46
Smiley, Norman 55
Smith, Colin 208
Smith, Emma 205
Smith, Geoff 205
Smith, pessoas com sobrenome 196
Smithsonian, revista 103, 104
Smith, W. H. 58, 59
Smith, Will 121
Snapple 146, 153
Snyman, Peter 177
sobrenome, reuniões de pessoas com o
    mesmo 196
Sociedade Micológica Britânica 56
Soini, Toimi 183
sol também se levanta, O (Hemingway)
    193
sopa, maior tigela de 147
Sorenstam, Annika 63, 66
sorvete
  comido mais rapidamente 176
  maior receita de 144, 151, 153

Space Needle (Seattle) 171
SportsCenter (programa de TV) 73, 113,
    139
Sports Illustrated 86, 113, 139
Sri Aurobindo Ashram (Índia) 26
Sri Lanka 112
Stack, Richard Lynn 199
Stacking the Deck (Berg) 198
Stadnick, Leonid 79
Star (Londres) 53
Step into Liquid (documentário) 210
Sterling Publishing 11, 76, 124, 179, 219,
    220
Steve, o Cara das Uvas 42
Stewart, Les 210
Stewart, Poter 64
Sting 26
St. James Gate, cervejaria (Dublin) 219
Stocker, Bram 166
Stonehenge 23, 25, 36
Sudão 167
Suécia 167, 196
Sunshine Acquisitions 222
Superlatives Book of World Records 11
Suprema Corte 64
surfe 209, 210
sushi, o maior 144
Sussex, Universidade de 47, 51

T

Taco Bell 147
Tailândia 38, 39, 183
tambor, maratona de tocar 91, 92, 93, 97,
    99
Tanabe, Tomoji 84
tatuagens 86
Taylor, Helen e John 161
Teo Yen Kai 162

Teresa, madre 26
Texas, revista 116
Thompson, Mickey 89
tijolos
　arremesso 97, 98
　carregados 41, 43, 90, 94, 98, 146, 149, 173
　equilibrados na cabeça 123, 216
　levantamento 102, 196, 197
tijolos, assentamento mais rápido de 85
Tikal (Guatemala) 36, 104
Time, revista 116, 157
Times de Londres 59, 80, 101, 114, 154, 174, 176, 177, 184, 185, 208, 222
Times of India 159
Today Show (programa de TV) 67, 148, 149, 150, 180
Toronto Star 28
Toronto Sun 118, 169
Torre de Londres 185
tortas
　comer 101
　maiores 94, 144, 147
Tour de France 18, 87, 139, 214, 215
tricotar sem parar 92
Trinity College 52, 57
trivialidades de pub 46, 49, 55-56, 58-59, 75
Trocadero (Londres) 80, 103
troféu Blue Riband 90, 97
troféu Seagrave 90
Trump, Donald 121
Tunísia 167
Turquia 39, 56
Twentieth Century Fox 102, 220
20/20 (programa de TV) 35

U

U2 166
Ultimate Joke Encyclopedia 221
unhas das mãos mais compridas 22, 76, 77, 82, 83, 89, 110, 198, 206
United Way 163
Universidade Estadual Wayne 94
US Open, torneio de golfe 66
uvas apanhadas com a boca 42

V

vaca mais velha 165
Valley News 73, 139
Vandiver, Elizabeth 119
van Gogh, Vincent 84
Vardon, Harry 66
vedanta 26
viagem mais longa 208
vidro laminado, atravessar 195
Vietnã, Guerra do 210
vinho, consumo de 143, 175, 176
violino tocado debaixo d'água 87
Virgin Atlantic 90
Virgin Publishing 122
voo com mochila a jato 197

W

Wadlow, Robert Pershing 79, 80, 83, 84, 85, 99, 109, 144, 158, 174, 187
Waes, Tom 178
Wall Street Journal 68, 99, 123, 192, 220
Walt Disney World 198
Warhol, Andy 108
Washington Post 109, 170, 180, 181
Washington Times 109
Wat Pa Luangta Yanasampanno, mosteiro da floresta de (Tailândia) 38

Webb, Matthew 107, 108, 126, 170
Weber, Timothy 130, 131
Webster, Dale 209, 210
Webster, Daniel 113
Week that Was, The (programa de TV) 103
Westlife 166
Wheeler, Jack 170
White Christmas (Berlin) 79
Whiterspoon, Reese 121
Whitman College 119
Willis, Bruce 188
Wilson, Flip 102, 219
Winfrey, Oprah 35
Woods, Tiger 18, 63, 64, 66

World Poker Tour (programa de TV) 128, 129, 133, 139
World Trade Center (Nova York) 37
Worldwalk (Newman) 202, 203, 206
Wright, Tony 183, 212
Wu Xiaohong 165

X

Xixabangma, monte 162

Y

Yazdik, Philip 143
Yellowstone, parque 36
Young, Mark 174, 180
YouTube 188

Este livro foi composto em Arno Pro 11/14
e impresso pela Ediouro Gráfica sobre
papel pólen soft 70g para a Ediouro em julho de 2010.